高等职业教育校企“双元”合作开发教材

ERP供应链管理系统综合实训

（第四版）（用友U8V10.1版）

新准则 新税率

主　编　牛永芹　杨　琴　陶克三

副主编　何亚伟　张春想　王　敏

ERP GONGYINGLIAN GUANLI XITONG ZONGHE SHIXUN

本书另配：账　套
录　屏
课　件
教　案
课程标准
无纸化测评系统

高等教育出版社·北京

内容提要

本书是高等职业教育校企“双元”合作开发教材。

本书以突出实务为指导思想，以一个商业企业的经济业务为原型，为使读者熟悉信息环境下供应链业务的处理方法和处理流程编写了综合实训并提供结果账套，为检验学习效果编写了模拟题，以满足不同层次教学需求。

本书共分四个项目，项目一以商业企业一个月的业务活动展现账套建立、基础信息设置、日常业务、期末业务及报表处理；项目二至项目四分别以不同难易程度的模拟题检验学习效果。

本书可作为高等院校会计等经济管理相关专业的会计信息化教学用书，也可作为社会从业人员的辅导用书。

图书在版编目(CIP)数据

ERP供应链管理系统综合实训：用友U8 V10.1版 / 牛永芹，杨琴，陶克三主编. —4版. —北京：高等教育出版社，2019.8(2021.7重印)

ISBN 978-7-04-051295-3

Ⅰ.①E… Ⅱ.①牛… ②杨… ③陶… Ⅲ.①企业管理—供应链管理—计算机管理系统—高等职业教育—教材 Ⅳ.①F274-39

中国版本图书馆CIP数据核字(2019)第025879号

策划编辑 毕颖娟 责任编辑 毕颖娟 封面设计 张文豪 责任印制 高忠富

出版发行	高等教育出版社	网　　址	http://www.hep.edu.cn
社　　址	北京市西城区德外大街4号		http://www.hep.com.cn
邮政编码	100120		http://www.hep.com.cn/shanghai
印　　刷	杭州广育多莉印刷有限公司	网上订购	http://www.hepmall.com.cn
开　　本	787mm×1092mm 1/16		http://www.hepmall.com
印　　张	15.75		http://www.hepmall.cn
字　　数	395千字	版　　次	2016年2月第1版
			2019年8月第4版
购书热线	010-58581118	印　　次	2021年7月第3次印刷
咨询电话	400-810-0598	定　　价	36.00元

物 料 号 51295-A0

第四版前言

《ERP供应链管理系统综合实训》(第三版)(用友U8V10.1版)自2017年8月出版以来,承蒙读者厚爱,取得了较好的效果。应广大读者的要求,同时为体现最新财税政策的变化,我们对第三版教材内容进行了全面更新。

本次修订主要在以下方面进行了改进:

(1) 涉及“增值税税率”下调(13%,9%)的业务已全部更新。

(2) 书中综合练习的每一个业务题都提供操作录屏,以二维码的形式呈现在书中。

本实训书与其他ERP供应链实训书相比,具有以下明显的特点:

(1) 实用性强。本书以某商业企业一个月的业务为主要素材进行编写,供应链业务类型丰富且业务描述以原始单据形式呈现,能够更好地培养学生的会计职业操作能力。

(2) 教学资源丰富。在教学资源的提供上,校企合作共同开发教学资源,包括操作录屏、账套等,以丰富的资源为教师和学生提供全面教学支持。教师可按本书末页教学资源索取单与高等教育出版社联系索取。

(3) 教学与实践相结合。在本书编写过程中,编者深入企业、财务咨询公司等单位进行调研,收集了大量素材和业务资料,使本书内容能与实践接轨。为满足不同层次教学需求,本书编写了三套难易程度不同的期末测试模拟题,教师可选择使用,以检验教学及学生学习效果。

本书由安徽商贸职业技术学院牛永芹、杨琴、陶克三担任主编,安徽商贸职业技术学院何亚伟、张春想、王敏担任副主编。

由于编者水平有限,对实际工作研究不够全面,书中难免存在疏漏和不当之处,在此,我们期待使用本书的教师和学生不吝指正,以便今后不断完善。

编　者

2019年8月

目　录

项目一　综合实训

实训一　账套建立

一、企业背景资料

（一）企业概况

企业名称：合肥飞翔电器销售公司。

企业地址：合肥市庐阳区长江中路355号。

企业电话：0551－99878897。

法定代表人：王翔。

企业类型：商业企业，增值税一般纳税人。

纳税人识别号：913401092876591456。

开户银行及账号：交通银行合肥市长江路支行，3324844655783652598。

企业主营业务：洗衣机、冰箱、空调及配件的销售。

供应商主要包括：青岛海尔集团洗衣机有限公司、广东美的精品电器制造有限公司、海信容声冰箱有限公司和金鑫家电配件制造有限公司。

客户主要包括：合肥市及其周边的家电及电器经销商及零售商。

（二）操作要求

1. 科目设置要求

“应付账款”科目下设“暂估应付款”和“一般应付款”两个二级科目，其中“一般应付款”科目设置为受控于应付款系统、“暂估应付款”科目设置为不受控于应付款系统。

“预收账款”科目下设“一般预收款”和“定金”两个二级科目，其中“一般预收款”科目设置为受控于应收款系统，“定金”科目设置为不受控与应收款系统。

2. 辅助核算要求

日记账：库存现金、银行存款、银行存款/交行存款。

银行账：银行存款、银行存款/交行存款。

客户往来：应收票据、应收账款、预收账款/一般预收款、预收账款/定金。

供应商往来：应付票据、应付账款/一般应付款、应付账款/暂估应付款、预付账款。

3. 会计凭证的基本规定

（1）录入或生成“记账凭证”均由指定的会计人员操作，不需要出纳签字。

（2）采用复式记账凭证，采用单一凭证格式。

(3) 对已记账凭证的修改，只采用红字冲销法。

(4) 为保证财务与业务数据的一致性，能在业务系统生成的记账凭证不得在总账系统直接录入。

(5) 根据原始单据生成记账凭证时，除特殊规定外不采用合并制单。

(6) 收到发票同时支付款项的业务，根据题目要求选择是否使用现付功能处理。

(7) 开出发票同时收到款项的业务，根据题目要求选择是否使用现结功能处理。

4. 货币资金业务的处理

公司采用的结算方式包括现金、支票、汇票、电汇、委托收款等结算方式。收、付款业务由财务部门根据有关凭证进行处理。

5. 存货业务的处理

(1) 公司存货包括商品、配件、受托代销品、赠品四类，按存货分类进行存放。

(2) 赠品类存货只在库存管理系统中登记出入库数量，不核算出入库成本。

(3) 除赠品类存货外，按照实际成本核算，采用永续盘存制；发出存货成本采用“移动平均法”按仓库进行核算，普通采购业务入库存货对方科目全部使用“在途物资”科目，受托代销入库存货对方科目使用“受托代销商品款”科目，委托代销成本核算方式按发出商品核算。

(4) 采购、销售必有订单，订单号为合同号；发票号、零售日报号为必填项；到货必有到货单，发货必有发货单。

(5) 出库单与入库单原始凭证以软件系统生成的为准。

(6) 存货按业务发生日期逐笔记账并制单，暂估业务除外(其中普通销售业务货物先于开票时间发出的，按开具发票业务发生日期逐笔记账并制单)。

(7) 存货核算系统制单时，仅在采购业务出现非合理损耗业务时允许勾选“已结算采购入库单自动选择全部结算单上单据，包括入库单、发票、付款单，非本月采购入库按蓝字报销单制单”选项。其他情况不允许勾选“已结算采购入库单自动选择全部结算单上单据，包括入库单、发票、付款单，非本月采购入库按蓝字报销单制单”选项。

6. 财产清查的处理

公司期末对存货进行清查，根据盘点结果编制“盘点表”，并与账面数据进行比较，由单位主管部门审核后进行处理。

7. 损益类科目的结转

每月末将各损益类科目余额转入“本年利润”科目，结转时按收入和支出分别生成记账凭证。

二、建立账套

(一) 账套信息

账套号：801。

账套名称：合肥飞翔电器销售公司。

启用日期：2019 年 1 月。

其他：默认。

(二) 单位信息

单位名称：合肥飞翔电器销售公司。

单位简称：合肥飞翔。

单位地址：合肥市庐阳区长江中路355号。
法人代表：王翔。
联系电话：0551-99878897。
纳税人识别号：913401092876591456。
其他：默认。

（三）核算类型

企业类型：商业。
行业性质：2007年新会计制度科目。
其他：默认。

（四）基础信息

存货是否分类：是。
客户是否分类：否。
供应商是否分类：否。
有无外币核算：否。

（五）编码方案

会计科目编码：4-2-2-2-2。
收发类别编码：1-1-2。
其他：默认。

（六）数据精度

默认。

（七）系统启用

立即启用总账、销售管理、采购管理、库存管理、存货核算、应收款管理、应付款管理，启用时间均为2019年1月1日。

三、设置操作员及其权限（表1-1）

表1-1 用户及其权限

操作员编码	操作员姓名	所属部门	操作分工
A01	王翔	经理办公室	账套主管
W01	张国	财务部	凭证审核、总账结账
W02	孙庆	财务部	总账（填制、查询凭证、账表、期末处理、记账）、应收应付系统权限、存货核算、UFO报表权限
W03	周冲	财务部	总账（出纳签字），票据管理，收付款单填制权限（卡片编辑、卡片删除、卡片查询、列表查询）
X01	李力	销售部	销售管理的全部权限
G01	杨钱	采购部	采购管理的全部权限
C01	许良	仓储部	库存管理的全部权限 公用目录和公共单据权限

1

四、备份账套数据

在D盘建立“实训账套”文件夹，并在该文件夹下建立“1－1”文件夹，将账套备份至此文件夹。

实训二 基础信息设置

一、设置子系统参数（表1－2）

表1－2 设置各子系统选项

子系统	选项卡	选项设置
采购管理	业务及权限控制	1.“业务选项”选中“启用受托代销” 2.“单行容差”修改为“10.00” 3.“合计容差”修改为“50.00”
销售管理	业务控制	1.选中“有零售日报业务” 2.选中“有直运销售业务” 3.选中“有委托代销业务” 4.取消“销售生成出库单” 5.取消“报价含税”
	其他控制	1.“新增发货单默认”选择“不参照单据” 2.“新增退货单默认”选择“不参照单据” 3.“新增发票默认”选择“不参照单据”
库存管理	通用设置	“修改现存量时点”选中“采购入库审核时改现存量、销售出库审核时改现存量、其他出入库审核时改现存量”
	专用设置	1.选中“允许超采购到货单入库” 2.“自动带出单价的单据”选择“销售出库单、其他出库单、盘点单”
存货核算	核算方式	1.“核算方式”选择“按仓库核算” 2.“暂估方式”选择“单到回冲” 3.“委托代销成本核算方式”选择“按发出商品核算”
应收款管理	常规	1.“单据审核日期依据”选择“单据日期” 2.“坏账处理方式”选择“应收余额百分比法” 3.选中“自动计算现金折扣”
	凭证	“受控科目制单方式”选择“明细到单据” “销售科目依据”选择“按销售类型”
	权限与预警	取消“控制操作员权限”
应付款管理	常规	1.“单据审核日期依据”选择“单据日期” 2.选中“自动计算现金折扣”
	凭证	“受控科目制单方式”选择“明细到单据” “采购科目依据”选择“按采购类型”
	权限与预警	取消“控制操作员权限”

续 表

子系统	选 项 卡	选 项 设 置
总 账	凭 证	“凭证控制”取消“现金流量科目必录现金流量项目” “凭证控制”选中“自动填补凭证断号”
	权 限	取消“允许修改、作废他人填制的凭证”

二、企业基础资料

（一）设置部门档案（表1－3）

表1－3 部 门 档 案

部门编码	部门名称	成 立 日 期
1	经理办公室	2019年1月1日
2	财务部	2019年1月1日
3	销售部	2019年1月1日
4	采购部	2019年1月1日
5	仓储部	2019年1月1日

（二）设置人员档案（表1－4）

表1－4 人 员 档 案

人员编码	人员名称	性别	行政部门	雇佣状态	人员类别	是否业务员
A01	王 翔	男	经理办公室	在职	正式工	是
W01	张 国	男	财务部	在职	正式工	是
W02	孙 庆	男	财务部	在职	正式工	是
W03	周 冲	男	财务部	在职	正式工	是
X01	李 力	男	销售部	在职	正式工	是
X02	郑 想	女	销售部	在职	正式工	是
X03	吴 方	女	销售部	在职	正式工	是
X04	陈 思	女	销售部	在职	正式工	是
X05	蒋 芯	女	销售部	在职	正式工	是
G01	杨 钱	男	采购部	在职	正式工	是
C01	许 良	男	仓储部	在职	正式工	是

1

(三) 设置存货信息

1. 存货分类(表 1-5)

表 1-5 存货分类资料

分类编码	分类名称
01	商品
02	配件
03	受托代销品
04	赠品
05	劳务费用

2. 计量单位组与计量单位

(1) 计量单位组(表 1-6)。

表 1-6 计量单位组资料

计量单位组编码	计量单位组名称	计量单位组类别
01	基本单位	无换算率

(2) 计量单位(表 1-7)。

表 1-7 计量单位资料

计量单位编码	计量单位名称	计量单位组编码	计量单位组名称
101	台	01	基本单位
102	只	01	基本单位
103	个	01	基本单位
104	盒	01	基本单位
105	片	01	基本单位
106	件	01	基本单位
107	公里*	01	基本单位
108	次	01	基本单位

(3) 存货档案(表 1-8)。

表 1-8 存货档案

分类编码	分类名称	存货编码	存货名称	规格型号	计量单位组名称	主计量单位	存货属性	销项/进项税率	入库超额上限
1	商品	0101	直筒洗衣机	MBR-702	基本单位	台	内销、外购	13%	
		0102	滚筒洗衣机	MDR-715	基本单位	台	内销、外购	13%	
		0103	壁挂式空调	BGS-356	基本单位	台	内销、外购	13%	

* 本书因配套软件中实际生成业务需要,以"公里"作为路程计量单位。

续 表

分类编码	分类名称	存货编码	存货名称	规格型号	计量单位组名称	主计量单位	存货属性	销项/进项税率	入库超额上限
1	商品	0104	立柜式空调	LGS-726	基本单位	台	内销、外购	13%	
		0105	双开门冰箱	BCD-400	基本单位	台	内销、外购	13%	
		0106	多开门冰箱	BFD-600	基本单位	台	内销、外购	13%	
2	配件	0201	主机控制板	DAH-564	基本单位	件	内销、外购	13%	
		0202	触摸开关	CMK-956	基本单位	只	内销、外购	13%	2
		0203	遥控开关	KZB-152	基本单位	个	内销、外购	13%	
		0204	照明灯	ZMD-963	基本单位	个	内销、外购	13%	
		0205	温度器	DJH-982	基本单位	个	内销、外购	13%	
		0206	电器盒	YKK-576	基本单位	件	内销、外购	13%	
3	受托代销品	0301	电机	YSH-215	基本单位	台	内销、外购、受托代销	13%	
		0302	压缩机	WDQ-365	基本单位	台	内销、外购、受托代销	13%	
4	赠品	0401	接线板		基本单位	个	内销、外购	13%	
		0402	五金工具套装		基本单位	盒	内销、外购	13%	
5	劳务费用	0501	运输费用		基本单位	公里	内销、外购、应税劳务	9%	
		0502	装卸费用		基本单位	次	内销、外购、应税劳务	6%	
		0503	代销手续费		基本单位	次	内销、外购、应税劳务	6%	

(四) 设置仓库档案(表1-9)

表1-9 仓 库 档 案

仓库编码	仓库名称	计价方式	是否计入成本
001	商品库	移动平均法	是
002	配件库	移动平均法	是
003	代销库	移动平均法	是
004	赠品库	移动平均法	否

1

(五) 设置收发类别(表 1-10)

表 1-10 收发类别资料

收发类别	类别编码	类别名称	收发标志
收	1	入库	收
	11	库存管理	收
	1101	采购入库	收
	1102	赠品入库	收
	1103	受托代销入库	收
	1104	盘盈入库	收
	1105	其他入库	收
	12	免核算管理入库	收
	1201	直接领用商品	收
	13	非库存管理入库	收
	1301	应税劳务	收
发	2	出库	发
	21	库存管理	发
	2101	销售出库	发
	2102	手续费模式代销出库	发
	2103	视同买断模式代销出库	发
	2104	委托代销出库	发
	2105	展销出库	发
	2106	盘亏出库	发
	2107	其他出库	发
	22	免核算管理出库	发
	2201	直接领用商品	发
	2202	自用不计成本商品	发
	23	非库存管理出库	发
	2301	应税劳务	发

(六) 设置客户信息

1. 客户档案(表 1-11)

表 1-11 客 户 档 案

客户编码	客户名称	客户简称	纳税人识别号	地址电话	开户银行	银行账号	默认值
01	合肥天马家电经营部	天马家电	913401052175510136	合肥市庐阳区二环路 329 号，0551-57652584	中国工商银行合肥市庐阳支行	4525621059186961363	是

续 表

客户编码	客户名称	客户简称	纳税人识别号	地址电话	开户银行	银行账号	默认值
02	合肥卓越电器商行	卓越电器	913401029087372236	合肥市蜀山区金寨路 91 号，0551-96584214	中国建设银行合肥市蜀山支行	7878935366458325256	是
03	合肥美乐家电经营部	美乐家电	913401059775797356	合肥市庐阳区长江中路 426 号，0551-58256566	中国农业银行合肥市庐阳支行	8521329867347778789	是
04	合肥东科家电经营部	东科家电	913401018558368486	合肥市蜀山区望江西路 75 号，0551-74859656	中国工商银行合肥市蜀山支行	1704768504356385213	是
05	合肥惠光电器经销部	惠光电器	913401080947886556	合肥市瑶海区站前路 645 号，0551-36953575	中国建设银行合肥市瑶海支行	8724465781011441047	是
06	合肥七彩电器商行	七彩电器	913401062452376726	合肥市庐阳区庐江路 127 号，0551-72165060	中国农业银行合肥市庐阳支行	2880236289520787244	是
07	合肥广聚源家电经销部	广聚源家电	913401095793870836	合肥市蜀山区官亭路 140 号，0551-05265209	中国银行合肥市蜀山支行	2193045899201028802	是
08	合肥天鹅家电经营部	天鹅家电	913401006694669186	合肥市经济技术开发区玉屏路 189 号，0551-74940175	中信银行合肥市瑶海支行	7103334539120021934	是
09	金鑫家电配件制造有限公司	金鑫配件	913401043538369886	合肥市蜀山区临江东路 186 号，0551-74859656	中国工商银行合肥市蜀山支行	6754465534320137819	是
10	合肥路路通快递有限责任公司	路路通快递	913401103965602556	合肥市包河区东流路 176 号，0551-62999666	中国建设银行合肥市东流支行	4321055698762100122	是
11	合肥鸿盛五金电器	鸿盛五金		合肥市天香国际电子城 A 区 16 号，0551-53836988			
12	合肥三元五金电器	三元五金		合肥市太湖路太湖苑 6 幢 12 号，0551-47418392			

2. 销售类型（表 1-12）

表 1-12 销售类型资料

销售类型编码	销售类型名称	出库类别	是否默认值
11	直接销售	销售出库	否
12	零售	销售出库	否

续 表

销售类型编码	销售类型名称	出 库 类 别	是否默认值
13	受托代销-手续费	手续费模式代销出库	否
14	受托代销-视同买断	视同买断模式代销出库	否
15	委托代销	委托代销出库	否
21	退货-直接销售	销售出库	否
22	退货-零售	销售出库	否
23	退货-受托代销-手续费	手续费模式代销出库	否
24	退货-受托代销-视同买断	视同买断模式代销出库	否
25	退货-委托代销	委托代销出库	否
31	代销手续费	应税劳务	否
32	其他	其他出库	否

（七）设置供应商信息

1. 供应商档案（表 1－13）

表 1－13 供应商档案

供应商编码	供应商名称	供应商简称	纳税人识别号	地址电话	开户银行	银行账号
01	青岛海尔集团洗衣机有限公司	海尔洗衣机	913702172165060546	青岛市海尔路 1 号海尔工业园创牌大楼，0532－78694532	中国工商银行青岛市海尔支行	7585924059687263343
02	广东美的精品电器制造有限公司	美的空调	914401005265209646	佛山市顺德区北滘镇林港美的工业城，0757－28694526	中国建设银行佛山市顺德支行	9888736356453241206
03	海信容声冰箱有限公司	容声冰箱	914401094749401756	佛山市顺德区容奇大道东 12 号，0757－54958532	中国农业银行佛山市顺德支行	1223324857365779980
04	金鑫家电配件制造有限公司	金鑫配件	913401043538369886	合肥市蜀山区临江东路 186 号，0551－74859656	中国工商银行合肥市蜀山支行	6754465534320137819
05	合肥惠光电器经销部	惠光电器	913401080947886556	合肥市瑶海区站前路 645 路，0551－36953575	中国建设银行合肥市瑶海支行	8724465781011441047
06	合肥路路通快递有限责任公司	路路通快递	913401103965602556	合肥市包河区东流路 176 号，0551－62999666	中国建设银行合肥市东流支行	4321055698762100122

2. 采购类型(表 1－14)

表 1－14 采购类型资料

采购类型编码	采购类型名称	入库类别	是否默认值	是否委外默认值
11	直接采购	采购入库	否	否
12	受托采购-手续费	受托代销入库	否	否
13	受托采购-视同买断	受托代销入库	否	否
21	退货-直接采购	采购入库	否	否
22	退货-受托采购-手续费	受托代销入库	否	否
23	退货-受托采购-视同买断	受托代销入库	否	否
31	采购职工福利品	直接领用商品	否	否
32	代销手续费	应税劳务	否	否
33	采购运费	应税劳务	否	否
34	销售运费	应税劳务	否	否
35	其他	其他入库	否	否

(八) 设置费用项目信息

1. 费用项目分类(表 1－15)

表 1－15 费用项目分类资料

费用项目分类编码	费用项目分类名称
1	无分类

2. 费用项目(表 1－16)

表 1－16 费用项目资料

费用项目编码	费用项目名称	费用项目分类名称
01	运输费	无分类
02	装卸费	无分类
03	委托代销手续费	无分类

(九) 设置财务信息

1. 会计科目设置(表 1－17)

表 1－17 会计科目资料

科目编码	科 目 名 称	余额方向	辅助账类型	受控系统
1001	库存现金	借	日记账	
1002	银行存款	借	日记账、银行账	

1

续 表

科目编码	科 目 名 称	余额方向	辅助账类型	受控系统
100201	交行存款	借	日记账、银行账	
1121	应收票据	借	客户往来	应收系统
1122	应收账款	借	客户往来	应收系统
1123	预付账款	借	供应商往来	应付系统
1321	受托代销商品	借		
1481	合同资产	借	客户往来	应收系统
2201	应付票据	贷	供应商往来	应付系统
2202	应付账款	贷		
220201	一般应付款	贷	供应商往来	应付系统
220202	暂估应付款	贷	供应商往来	
2203	预收账款	贷		
220301	一般预收款	贷	客户往来	应收系统
220302	定金	贷	客户往来	
2204	合同负债	贷	客户往来	应收系统
2221	应交税费	贷		
222101	应交增值税	贷		
22210101	进项税额	借		
22210102	转出未交增值税	借		
22210103	销项税额	贷		
22210104	进项税额转出	贷		
22210105	转出多交增值税	贷		
2314	受托代销商品款	贷	供应商往来	
4104	利润分配	贷		
410409	未分配利润	贷		
6601	销售费用	借		
660101	职工薪酬	借		
660102	广告费	借		
660103	委托代销手续费	借		
660104	展销赠品费	借		
660105	运输费用	借		
660109	其他	借		

2. 凭证类别

设置凭证类别为“记账凭证”。

3. 结算方式(表 1－18)

表 1－18　结算方式资料

结算方式编码	结算方式名称
1	现金
2	支票
201	现金支票
202	转账支票
3	银行汇票
4	银行本票
5	商业汇票
501	商业承兑汇票
502	银行承兑汇票
6	电汇
9	其他

4. 付款条件(表 1－19)

表 1－19　付款条件资料

付款条件编码	付款条件名称	信用天数	优惠天数 1	优惠率 1	优惠天数 2	优惠率 2
01	2/10,1/20,n/30	30	10	2	20	1

5. 本单位开户银行

编码：01。

银行账号：332484465578365 2598。

账户名称：合肥飞翔电器销售公司。

开户日期：2017 年 1 月 1 日。

币种：人民币。

开户银行：交通银行合肥市长江路支行。

所属银行：交通银行。

(十) 设置非合理损耗类型(表 1－20)

表 1－20　非合理损耗类型资料

非合理损耗类型编码	非合理损耗类型名称	是否默认值
01	运输部门责任	是

(十一) 设置单据格式及编号

1. 单据格式设置

(1) 销售专用发票表体增加"退补标志"项目,"数量"项目取消"必输"属性。

(2) 委托代销结算单表头增加"发票号"项目。

(3) 销售订单表头增加"必有定金、定金原币金额、定金本币金额"项目。

2. 单据编号

采购订单、采购普通发票、采购专用发票、销售订单、销售专用发票、销售普通发票、销售零售日报,完全手工编号。

(十二) 设置数据权限控制

取消对所有"记录级"业务对象的权限控制。

三、企业各子系统初始设置与期初数据

(一) 采购管理

期初采购入库单资料如下:

2018 年 12 月 30 日,采购部杨钱自容声冰箱购入的 50 台双开门冰箱 BCD－400,已验收入库,入商品库,暂估入库单位成本 1 600 元/台,采购类型为直接采购,入库类别为采购入库,专用发票未到,款未付。

(二) 库存管理

仓库期初结存资料(表 1－21)。

表 1－21 仓库期初存货结存数量

仓库名称	仓库编码	存货编码	存货名称	存货规格	主计量单位	数量	单价/元	金额/元
商品库	001	0101	直筒洗衣机	MBR－702	台	150	800.00	120 000.00
商品库	001	0102	滚筒洗衣机	MDR－715	台	170	1 600.00	272 000.00
商品库	001	0103	壁挂式空调	BGS－356	台	140	3 800.00	532 000.00
商品库	001	0104	立柜式空调	LGS－726	台	80	5 200.00	416 000.00
商品库	001	0105	双开门冰箱	BCD－400	台	110	1 600.00	176 000.00
商品库	001	0106	多开门冰箱	BFD－600	台	90	2 400.00	216 000.00
配件库	002	0201	主机控制板	DAH－564	件	130	1 500.00	195 000.00
配件库	002	0202	触摸开关	CMK－956	只	250	30.00	7 500.00
配件库	002	0203	遥控开关	KZB－152	个	280	60.00	16 800.00
配件库	002	0204	照明灯	ZMD－963	个	190	200.00	38 000.00
配件库	002	0205	温度器	DJH－982	个	500	5.00	2 500.00
配件库	002	0206	电器盒	YKK－576	件	180	700.00	126 000.00
赠品库	004	0401	接线板		个	490	0.00	

(三) 存货核算

1. 初始设置

(1) 存货科目(表 1－22)。

表 1－22 存货核算——存货科目

存货编码	存货名称	存货科目编码	存货科目名称	委托代销发出商品科目编码	委托代销发出商品科目名称	直运科目编码	直运科目名称
0101	直筒洗衣机	1405	库存商品	1406	发出商品	1402	在途物资
0102	滚筒洗衣机	1405	库存商品	1406	发出商品	1402	在途物资
0103	壁挂式空调	1405	库存商品	1406	发出商品	1402	在途物资
0104	立柜式空调	1405	库存商品	1406	发出商品	1402	在途物资
0105	双开门冰箱	1405	库存商品	1406	发出商品	1402	在途物资
0106	多开门冰箱	1405	库存商品	1406	发出商品	1402	在途物资
0201	主机控制板	1405	库存商品	1406	发出商品	1402	在途物资
0202	触摸开关	1405	库存商品	1406	发出商品	1402	在途物资
0203	遥控开关	1405	库存商品	1406	发出商品	1402	在途物资
0204	照明灯	1405	库存商品	1406	发出商品	1402	在途物资
0205	温度器	1405	库存商品	1406	发出商品	1402	在途物资
0206	电器盒	1405	库存商品	1406	发出商品	1402	在途物资
0301	电机	1321	受托代销商品				
0302	压缩机	1321	受托代销商品				

(2) 对方科目(表 1－23)。

表 1－23 存货核算——对方科目

收发类别编码	收发类别名称	对方科目编码	对方科目名称	暂估科目编码	暂估科目名称
1101	采购入库	1402	在途物资	220202	暂估应付款
1103	受托代销入库	2314	受托代销商品款	2314	受托代销商品款
1104	盘盈入库	1901	待处理财产损溢		
2101	销售出库	6401	主营业务成本		
2102	手续费模式代销出库	2314	受托代销商品款		
2103	视同买断模式代销出库	6401	主营业务成本		
2104	委托代销出库	6401	主营业务成本		
2105	展销出库	660104	展销赠品费		
2106	盘亏出库	1901	待处理财产损溢		

2. 期初余额

除“0401 接线板”外，其他商品期初余额与库存管理子系统期初结存资料一致。

(四) 应收款管理

1. 初始设置

(1) 设置基本科目(表 1-24)。

表 1-24 应收款管理——基本科目

基础科目种类	科 目	币 种
应收科目	1122	人民币
预收科目	220301	人民币
销售收入科目	6001	人民币
税金科目	22210103	人民币
银行承兑科目	1121	人民币
商业承兑科目	1121	人民币
现金折扣科目	6603	人民币
销售定金科目	220302	人民币

(2) 设置产品科目(表 1-25)。

表 1-25 应收款管理——产品科目

业务类型编码	业务类型名称	销售收入科目	应交增值税科目	销售退回科目
11	直接销售	6001	22210103	6001
12	零售	6001	22210103	6001
13	受托代销-手续费	220202	22210103	220202
14	受托代销-视同买断	6001	22210103	6001
15	委托代销	6001	22210103	6001
21	退货-直接销售	6001	22210103	6001
22	退货-零售	6001	22210103	6001
23	退货-受托代销-手续费	220202	22210103	220202
24	退货-受托代销-视同买断	6001	22210103	6001
25	退货-委托代销	6001	22210103	6001
31	代销手续费	6051	22210103	6051

(3) 设置结算方式科目(表 1-26)。

表 1－26 应收款管理——结算方式科目

结算方式	币 种	科 目
1 现金	人民币	1001
201 现金支票	人民币	100201
202 转账支票	人民币	100201
3 银行汇票	人民币	100201
4 银行本票	人民币	100201
6 电汇	人民币	100201

(4) 设置坏账准备

提取比率：0.5%；坏账准备期初余额：348.00；坏账准备科目：1231；对方科目：6701。

2. 期初余额

(1) 应收票据(1121)期初余额(表 1－27)。

表 1－27 应收票据(1121)期初余额

日 期	客户简称	摘 要	方向	金额/元
2018－11－15	七彩电器	销售部吴方收到七彩电器签发的银行承兑汇票一张，票号 24711587，签发日期 2018－11－15，到期日 2019－4－15。承兑银行中国农业银行	借	58 200.00
2018－10－26	惠光电器	销售部吴方收到惠光电器签发的银行承兑汇票一张，票号 76984362，签发日期 2018－10－26，到期日 2019－3－26。承兑银行中国建设银行	借	36 160.00

(2) 应收账款(1122)期初余额(表 1－28)。

表 1－28 应收账款(1122)期初余额

日 期	客户简称	摘 要	方向	金额/元
2018－12－8	天鹅家电	销售部陈思向天鹅家电销售 25 台滚筒洗衣机 MDR－715，不含税单价 2 400 元/台，开具专用发票，票号 35276169	借	67 800.00

(3) 预收账款——一般预付款(2203)期初余额(表 1－29)。

表 1－29 预收账款——一般预付款(220301)期初余额

日 期	客户简称	摘 要	方向	金额/元
2018－12－22	卓越电器	销售部李力，收到卓越电器开具的转账支票，预付购货款，票号 82661834	贷	40 000.00
2018－12－26	美乐家电	销售部郑想，收到美乐家电开具的转账支票，预付购货款，票号 97980187	贷	80 000.00

1

（五）应付款管理

1. 初始设置

（1）基本科目设置（表 1－30）。

表 1－30 应付款管理——基本科目

基础科目种类	科 目	币 种
应付科目	220201	人民币
预付科目	1123	人民币
采购科目	1402	人民币
税金科目	22210101	人民币
银行承兑科目	2201	人民币
商业承兑科目	2201	人民币
现金折扣科目	6603	人民币

（2）控制科目设置。

应付科目均为 220201，预付科目均为 1123。

（3）产品科目设置（表 1－31）。

表 1－31 应付款管理——产品科目

业务类型编码	业务类型名称	采购科目	税金科目
11	直接采购	1402	22210101
12	受托采购-手续费	220202	22210101
13	受托采购-视同买断	2314	22210101
21	退货-直接采购	1402	22210101
22	退货-受托采购-手续费	220202	22210101
23	退货-受托采购-视同买断	2314	22210101
31	采购职工福利品	2211	22210101
32	代销手续费	660103	22210101
33	采购运费	1402	22210101
34	销售运费	660105	22210101

（4）结算方式科目设置（表 1－32）。

表 1-32 应付款管理——结算方式科目

结算方式	币种	科目
1 现金	人民币	1001
201 现金支票	人民币	100201
202 转账支票	人民币	100201
3 银行汇票	人民币	100201
4 银行本票	人民币	100201
6 电汇	人民币	100201

2. 期初数据

(1) 应付账款——一般应付款(220201)期初余额(表 1-33)。

表 1-33 应付账款——一般应付款(220201)期初余额

日期	供应商简称	摘要	方向	金额/元
2018-12-9	海尔洗衣机	采购部杨钱自海尔洗衣机购入 40 台壁挂式空调 BGS-356,不含税单价 3 800 元/台,收到专用发票,票号 65722007	贷	171 760.00

(2) 预付账款(1123)期初余额(表 1-34)。

表 1-34 预付账款(1123)期初余额

日期	供应商简称	摘要	方向	金额/元
2018-12-18	美的空调	采购部杨钱,采用电汇方式向美的空调预付购货款,票号 98018248	借	32 000.00
2018-12-28	容声冰箱	采购部杨钱,采用电汇方式向容声冰箱预付购货款,票号 82451324	借	47 000.00

(六) 总账

1. 转账定义

定义“期间损益结转”凭证,本年利润科目设置为“4103 本年利润”。

2. 期初数据(表 1-27,表 1-28,表 1-29,表 1-33,表 1-34,表 1-35,表 1-36)

表 1-35 总账系统期初余额

科目编码	科目名称	方向	期初余额/元
1001	库存现金	借	3 000.00
1002	银行存款	借	5 000 000.00
100201	交行存款	借	5 000 000.00

1

续 表

科目编码	科目名称	方向	期初余额/元
1121	应收票据	借	94 360.00
1122	应收账款	借	67 800.00
1123	预付账款	借	79 000.00
1231	坏账准备	贷	348.00
1405	库存商品	借	2 117 800.00
1601	固定资产	借	7 985 600.00
1602	累计折旧	贷	814 300.00
2001	短期借款	贷	2 854 200.00
2202	应付账款	贷	256 320.00
220201	一般应付款	贷	171 760.00
220202	暂估应付款	贷	80 000.00
2203	预收账款	贷	120 000.00
220301	一般预收款	贷	120 000.00
2501	长期借款	贷	3 250 000.00
4001	实收资本	贷	4 067 000.00
4002	资本公积	贷	1 159 572.00
4101	盈余公积	贷	1 520 310.00
4104	利润分配	贷	1 310 070.00
410409	未分配利润	贷	1 310 070.00

表 1-36 应付账款——暂估应付款(220202)期初余额

日 期	供应商简称	摘 要	方向	金额/元
2018-12-30	容声冰箱	购入 50 台双开门冰箱 BCD-400	贷	80 000.00

(七) 子系统的期初记账

(1) 对采购管理子系统进行期初记账处理。

(2) 对存货核算子系统进行期初对账与记账处理。

四、备份账套数据

在 D 盘的“实训账套”文件夹下建立“1-2”文件夹，将账套备份至此文件夹。

1

业务一

实训三 日常业务

一、业务处理

【业务一】 1日,采购部杨钱与美的空调签订购销合同(合同编号 cg0101)。取得相关凭证如图1-1所示。

购销合同

供货方:广东美的精品电器制造有限公司　　合同号:cg0101

购买方:合肥飞翔电器销售公司　　签订日期:2019年01月01日

为保护买卖双方的合法权益,买卖双方根据《中华人民共和国合同法》的有关规定,经友好协商,一致同意签订本合同并共同遵守。

一、商品的名称、数量及金额

商品名称	规格型号	计量单位	数量	单价(不含税)	金额(不含税)	税率	税额
立柜式空调	LGS-726	台	30	5200.00	156000.00	13%	20280.00
合计			30	—	¥156000.00	—	¥20280.00
货款总计(大写):壹拾柒万陆仟贰佰捌拾圆整					(小写):	¥176280.00	

二、质量验收标准:按国家行业标准执行。

三、交货日期:2019年01月05日。

四、交货地点:合肥市庐阳区长江中路355号。

五、结算方式:电汇,2018年12月18日,预付部分货款,余款收到发票时支付。

六、发运方式及费用承担:公路运输,相关费用由供货方承担。

七、其　他:存在商品质量及溢余等情况,经双方协商,另行解决。

八、违约条款:违约方须赔偿对方一切经济损失。但遇天灾人祸或其他人力不能控制之因素而导致延误交货,需方不能要求供方赔偿任何损失。

九、合同纠纷解决方式:经双方协商解决,如协商不成的,可向当地仲裁委员会提出申诉解决。

十、本合同一式两份,双方各执一份,自签订之日起生效。

供货方 (盖章)
税　号:914401005265209646
开户银行:中国建设银行佛山市顺德支行
银行账号:9888736356453241206
地　址:佛山市顺德区北滘镇林港美的工业城
法定代表:傅建东
联系电话:0757-28694526

购买方 (盖章)
税　号:913401092876591456
开户银行:交通银行合肥市长江路支行
银行账号:3324844655783652598
地　址:合肥市庐阳区长江中路355号
法定代表:王翔
联系电话:0551-99878897

图1-1 【业务一】原始凭证

业务二

【业务二】 2日，采购部杨钱与海尔洗衣机签订购销合同（合同编号cg0102），款项支付使用现付功能处理。取得相关凭证如图1-2～图1-6所示。

购销合同

供货方：青岛海尔集团洗衣机有限公司　　合同号：cg0102

购买方：合肥飞翔电器销售公司　　签订日期：2019年01月02日

为保护买卖双方的合法权益，买卖双方根据《中华人民共和国合同法》的有关规定，经友好协商，一致同意签订本合同并共同遵守。

一、商品的名称、数量及金额

商品名称	规格型号	计量单位	数量	单价（不含税）	金额（不含税）	税率	税额
直筒洗衣机	MBR-702	台	40	800.00	32000.00	13%	4160.00
合计			40	—	¥32000.00	—	¥4160.00
货款总计（大写）：叁万陆仟壹佰陆拾圆整					（小写）：¥36160.00		

二、质量验收标准：按国家行业标准执行。

三、交货日期：2019年01月02日。

四、交货地点：合肥市庐阳区长江中路355号。

五、结算方式：电汇，付款时间：2019年01月02日。

六、发运方式及费用承担：公路运输，相关费用由供货方承担。

七、其　他：存在商品质量及溢余等情况，经双方协商，另行解决。

八、违约条款：违约方须赔偿对方一切经济损失。但遇天灾人祸或其他人力不能控制之因素而导致延误交货，需方不能要求供方赔偿任何损失。

九、合同纠纷解决方式：经双方协商解决，如协商不成的，可向当地仲裁委员会提出申诉解决。

十、本合同一式两份，双方各执一份，自签订之日起生效。

供货方（盖章）
税号：913702172165060546
开户银行：中国工商银行青岛市海尔支行
银行账号：7585924059687263343
地址：青岛市海尔路1号海尔工业园创牌大楼
法定代表：徐慧华
联系电话：0532-78694532

购买方（盖章）
税号：913401092876591456
开户银行：交通银行合肥市长江路支行
银行账号：3324844655783652598
地址：合肥市庐阳区长江中路355号
法定代表：王翔
联系电话：0551-99878897

图1-2 【业务二】原始凭证1

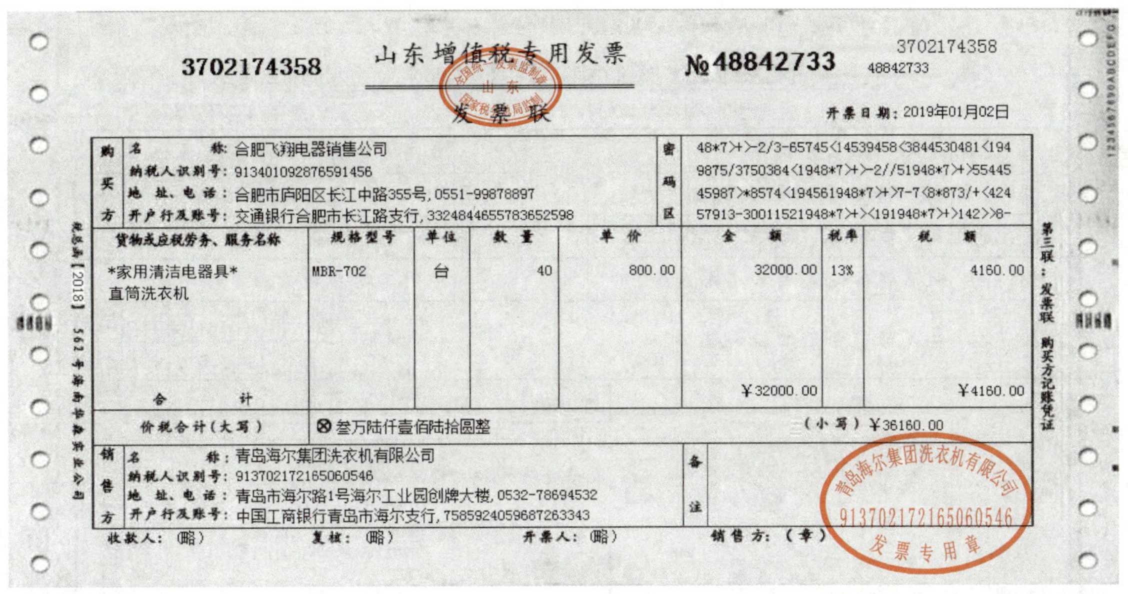

山东增值税专用发票

3702174358 №48842733 3702174358 48842733

发票联

开票日期：2019年01月02日

购买方	名称：合肥飞翔电器销售公司 纳税人识别号：913401092876591456 地址、电话：合肥市庐阳区长江中路355号，0551-99878897 开户行及账号：交通银行合肥市长江路支行，3324844655783652598	密码区	48*7>+>-2/3-65745<14539458<3844530481<194 9875/3750384<1948*7>+>-2//51948*7>+>55445 45987>*8574<194561948*7>+>7-7<8*873/+<424 57913-30011521948*7>+><191948*7>+>142>>6-

货物或应税劳务、服务名称	规格型号	单位	数量	单价	金额	税率	税额
*家用清洁电器具*直筒洗衣机	MBR-702	台	40	800.00	32000.00	13%	4160.00
合计					¥32000.00		¥4160.00
价税合计（大写）	⊗叁万陆仟壹佰陆拾圆整				（小写）¥36160.00		

销售方	名称：青岛海尔集团洗衣机有限公司 纳税人识别号：913702172165060546 地址、电话：青岛市海尔路1号海尔工业园创牌大楼，0532-78694532 开户行及账号：中国工商银行青岛市海尔支行，7585924059687263343	备注	

收款人：（略） 复核：（略） 开票人：（略） 销售方：（章）

第三联：发票联 购买方记账凭证

图 1－3 【业务二】原始凭证 2

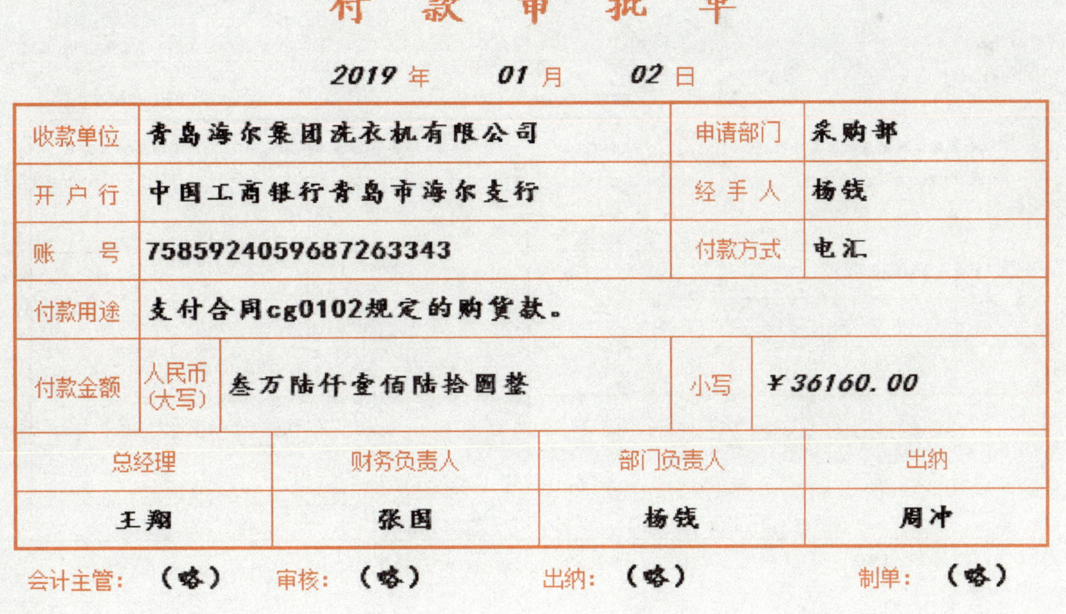

付款审批单

2019 年 01 月 02 日

收款单位	青岛海尔集团洗衣机有限公司		申请部门	采购部
开户行	中国工商银行青岛市海尔支行		经手人	杨钱
账号	7585924059687263343		付款方式	电汇
付款用途	支付合同cg0102规定的购货款。			
付款金额	人民币（大写）	叁万陆仟壹佰陆拾圆整	小写	¥36160.00

总经理	财务负责人	部门负责人	出纳
王翔	张国	杨钱	周冲

会计主管：（略） 审核：（略） 出纳：（略） 制单：（略）

图 1－4 【业务二】原始凭证 3

交通银行 银行电汇凭证（回单） 1

委托日期 2019年01月02日 No. 41798808

汇款人			收款人		
汇款人	全称	合肥飞翔电器销售公司	收款人	全称	青岛海尔集团洗衣机有限公司
	账号	3324844655783652598		账号	7585924059687263343
	汇出地点	安徽省 合肥 市/县		汇入地点	山东省 青岛 市/县
汇出行名称		交通银行合肥市长江路支行	汇入行名称		中国工商银行青岛市海尔支行
金额	人民币（大写）	叁万陆仟壹佰陆拾圆整		亿千百十万千百十元角分	¥3616000
交通银行合肥市长江路支行 2019.01.02 转讫 汇出行签章			支付密码		
			附加信息及用途： 支付合同cg0102规定的购货款。		

此联汇出行给汇款人的回单

图 1－5 【业务二】原始凭证 4

入 库 单

2019年 01月 02日　　单号 c010201

交来单位及部门	青岛海尔集团洗衣机有限公司	发票号码或生产单号码	48842733	验收仓库	商品库	入库日期	2019年01月02日

编号	名称及规格	单位	数量 交库	数量 实收	单价	金额	备注
1	直筒洗衣机MBR-702	台	40	40			
合计			40	40	—		—

部门经理：（略）　　会计：（略）　　仓库：（略）　　经办人：（略）

会计联

图 1－6 【业务二】原始凭证 5

1

【业务三】 2日，销售部李力与天马家电签订直运销售合同（合同编号 xszy01）。取得相关凭证如图 1－7 所示。

购销合同

供货方：合肥飞翔电器销售公司　　合同号：xszy01

购买方：合肥天马家电经营部　　签订日期：2019年01月02日

为保护买卖双方的合法权益，买卖双方根据《中华人民共和国合同法》的有关规定，经友好协商，一致同意签订本合同并共同遵守。

一、商品的名称、数量及金额

商品名称	规格型号	计量单位	数量	单价（不含税）	金额（不含税）	税率	税额
温度器	DJH-982	个	1000	7.00	7000.00	13%	910.00
触摸开关	CMK-956	只	500	46.00	23000.00	13%	2990.00
合计			1500	—	¥30000.00	—	¥3900.00
货款总计（大写）：叁万叁仟玖佰圆整					（小写）：¥33900.00		

二、质量验收标准：按国家行业标准执行。

三、交货日期：2019年01月24日。

四、交货地点：合肥市庐阳区二环路329号。

五、结算方式：转账支票，付款时间：2019年01月24日。

六、发运方式及费用承担：公路运输，相关费用由供货方承担。

七、其　他：存在商品质量及溢余等情况，经双方协商，另行解决。

八、违约条款：违约方须赔偿对方一切经济损失。但遇天灾人祸或其他人力不能控制之因素而导致延误交货，需方不能要求供方赔偿任何损失。

九、合同纠纷解决方式：经双方协商解决，如协商不成的，可向当地仲裁委员会提出申诉解决。

十、本合同一式两份，双方各执一份，自签订之日起生效。

供货方（盖章）
税号：913401092876591456
开户银行：交通银行合肥市长江路支行
银行账号：332484465578365259 8
地址：合肥市庐阳区长江中路355号
法定代表：王翔
联系电话：0551-99878897

购买方（盖章）
税号：913401052175510136
开户银行：中国工商银行合肥市庐阳支行
银行账号：452562105918696136 3
地址：合肥市庐阳区二环路329号
法定代表：李海涛
联系电话：0551-57652584

（印章：合肥飞翔电器销售公司 合同专用章；合肥天马家电经营部 合同专用章）

图 1－7 【业务三】原始凭证

1

业务四

【业务四】 3日,采购部杨钱与金鑫配件签订购销合同(合同编号cg0103)。取得相关凭证如图1-8所示。

购销合同

供货方：金鑫家电配件制造有限公司　　合同号：cg0103

购买方：合肥飞翔电器销售公司　　签订日期：2019年01月03日

为保护买卖双方的合法权益，买卖双方根据《中华人民共和国合同法》的有关规定，经友好协商，一致同意签订本合同并共同遵守。

一、商品的名称、数量及金额

商品名称	规格型号	计量单位	数量	单价（不含税）	金额（不含税）	税率	税额
触摸开关	CMK-956	只	192	31.25	6000.00	13%	780.00
遥控开关	KZB-152	个	200	60.00	12000.00	13%	1560.00
合计			392	—	¥18000.00	—	¥2340.00
货款总计（大写）：贰万零叁佰肆拾圆整					（小写）：¥20340.00		

二、质量验收标准：按国家行业标准执行。

三、交货日期：2019年01月08日。

四、交货地点：合肥市庐阳区长江中路355号。

五、结算方式：转账支票，付款时间：2019年3月31日。

六、发运方式及费用承担：公路运输，相关费用由供货方承担。

七、其　他：存在商品质量及溢余等情况，经双方协商，另行解决。

八、违约条款：违约方须赔偿对方一切经济损失。但遇天灾人祸或其他人力不能控制之因素而导致延误交货，需方不能要求供方赔偿任何损失。

九、合同纠纷解决方式：经双方协商解决，如协商不成的，可向当地仲裁委员会提出申诉解决。

十、本合同一式两份，双方各执一份，自签订之日起生效。

供货方　（盖章）
税　号：913401043538369886
开户银行：中国工商银行合肥市蜀山支行
银行账号：6754465534320137819
地　址：合肥市蜀山区临江东路186号
法定代表：刘晓露
联系电话：0551-74859656

购买方　（盖章）
税　号：913401092876591456
开户银行：交通银行合肥市长江路支行
银行账号：3324844655783652598
地　址：合肥市庐阳区长江中路355号
法定代表：王翔
联系电话：0551-99878897

图1-8 【业务四】原始凭证

1

【业务五】 3日，销售部吴方与七彩电器签订购销合同（合同编号 xs0101）。取得相关凭证如图 1-9 所示。

购销合同

供货方：合肥飞翔电器销售公司　　合同号：xs0101

购买方：合肥七彩电器商行　　签订日期：2019年01月03日

为保护买卖双方的合法权益，买卖双方根据《中华人民共和国合同法》的有关规定，经友好协商，一致同意签订本合同并共同遵守。

一、商品的名称、数量及金额

商品名称	规格型号	计量单位	数量	单价（不含税）	金额（不含税）	税率	税额
滚筒洗衣机	MDR-715	台	100	2400.00	240000.00	13%	31200.00
合计			100	—	¥240000.00	—	¥31200.00
货款总计（大写）：贰拾柒万壹仟贰佰圆整					（小写）：¥271200.00		

二、质量验收标准：按国家行业标准执行。

三、交货日期：2019年01月07日。

四、交货地点：合肥市庐阳区长江中路355号。

五、结算方式：银行承兑汇票，收到发票时开具期限为3个月的银行承兑汇票抵付货款

六、发运方式及费用承担：买方自提，相关费用由购买方承担。

七、其　他：存在商品质量及溢余等情况，经双方协商，另行解决。

八、违约条款：违约方须赔偿对方一切经济损失。但遇天灾人祸或其他人力不能控制之因素而导致延误交货，需方不能要求供方赔偿任何损失。

九、合同纠纷解决方式：经双方协商解决，如协商不成的，可向当地仲裁委员会提出申诉解决。

十、本合同一式两份，双方各执一份，自签订之日起生效。

供货方（盖章）：合肥飞翔电器销售公司 合同专用章
税号：913401092876591456
开户银行：交通银行合肥市长江路支行
银行账号：3324844655783652598
地址：合肥市庐阳区长江中路355号
法定代表：王翔
联系电话：0551-99878897

购买方（盖章）：合肥七彩电器商行 合同专用章
税号：913401062452376726
开户银行：中国农业银行合肥市庐阳支行
银行账号：2880236289520787244
地址：合肥市庐阳区庐江路127号
法定代表：陈娜妍
联系电话：0551-72165060

图 1-9 【业务五】原始凭证

业务六

【业务六】 4 日，销售部李力与卓越电器签订购销合同（合同编号 xs0102）。取得相关凭证如图 1－10 所示。

购销合同

供货方：合肥飞翔电器销售公司　　合同号：xs0102

购买方：合肥卓越电器商行　　签订日期：2019年01月04日

为保护买卖双方的合法权益，买卖双方根据《中华人民共和国合同法》的有关规定，经友好协商，一致同意签订本合同并共同遵守。

一、商品的名称、数量及金额

商品名称	规格型号	计量单位	数量	单价（不含税）	金额（不含税）	税率	税额
双开门冰箱	BCD-400	台	90	2400.00	216000.00	13%	28080.00
合计			90	—	￥216000.00	—	￥28080.00
货款总计（大写）：贰拾肆万肆仟零捌拾圆整					（小写）：￥244080.00		

二、质量验收标准：按国家行业标准执行。

三、交货日期：2019年01月14日。

四、交货地点：合肥市庐阳区长江中路355号。

五、结算方式：转账支票，2018年12月22日，预付部分货款，余款2019年3月31日支付。

六、发运方式及费用承担：买方自提，相关费用由购买方承担。

七、其　他：存在商品质量及溢余等情况，经双方协商，另行解决。

八、违约条款：违约方须赔偿对方一切经济损失。但遇天灾人祸或其他人力不能控制之因素而导致延误交货，需方不能要求供方赔偿任何损失。

九、合同纠纷解决方式：经双方协商解决，如协商不成的，可向当地仲裁委员会提出申诉解决。

十、本合同一式两份，双方各执一份，自签订之日起生效。

供货方（盖章）		购买方（盖章）	
税号：	913401092876591456	税号：	913401029087372236
开户银行：	交通银行合肥市长江路支行	开户银行：	中国建设银行合肥市蜀山支行
银行账号：	3324844655783652598	银行账号：	7878935366458325256
地址：	合肥市庐阳区长江中路355号	地址：	合肥市蜀山区金寨路91号
法定代表：	王翔	法定代表：	车梦霜
联系电话：	0551-99878897	联系电话：	0551-96584214

图 1－10 【业务六】原始凭证

1

【业务七】 4日，采购部杨钱与金鑫配件签订购销合同（合同编号 cg0104），采购的五金工具套装当日发放给销售部职工作为职工福利，款项支付使用现付功能处理。取得相关凭证如图 1－11～图 1－16 所示。

业务七

购销合同

供货方：金鑫家电配件制造有限公司　　合同号：cg0104

购买方：合肥飞翔电器销售公司　　签订日期：2019年01月04日

为保护买卖双方的合法权益，买卖双方根据《中华人民共和国合同法》的有关规定，经友好协商，一致同意签订本合同并共同遵守。

一、商品的名称、数量及金额

商品名称	规格型号	计量单位	数量	单价（不含税）	金额（不含税）	税率	税额
五金工具套装		套	5	120.00	600.00	13%	78.00
合计			5	—	¥600.00	—	¥78.00
货款总计（大写）：陆佰柒拾捌圆整					（小写）：¥678.00		

二、质量验收标准：按国家行业标准执行。

三、交货日期：2019年01月04日。

四、交货地点：合肥市庐阳区长江中路355号。

五、结算方式：转账支票，付款时间：2019年01月04日。

六、发运方式及费用承担：公路运输，相关费用由供货方承担。

七、其　他：存在商品质量及溢余等情况，经双方协商，另行解决。

八、违约条款：违约方须赔偿对方一切经济损失。但遇天灾人祸或其他人力不能控制之因素而导致延误交货，需方不能要求供方赔偿任何损失。

九、合同纠纷解决方式：经双方协商解决，如协商不成的，可向当地仲裁委员会提出申诉解决。

十、本合同一式两份，双方各执一份，自签订之日起生效。

供货方（盖章）	购买方（盖章）
税号：913401043538369886	税号：913401092876591456
开户银行：中国工商银行合肥市蜀山支行	开户银行：交通银行合肥市长江路支行
银行账号：6754465534320137819	银行账号：3324844655783652598
地址：合肥市蜀山区临江东路186号	地址：合肥市庐阳区长江中路355号
法定代表：刘晓露	法定代表：王翔
联系电话：0551-74859656	联系电话：0551-99878897

（印章：金鑫家电配件制造有限公司 合同专用章；合肥飞翔电器销售公司 合同专用章）

图 1－11 【业务七】原始凭证 1

1

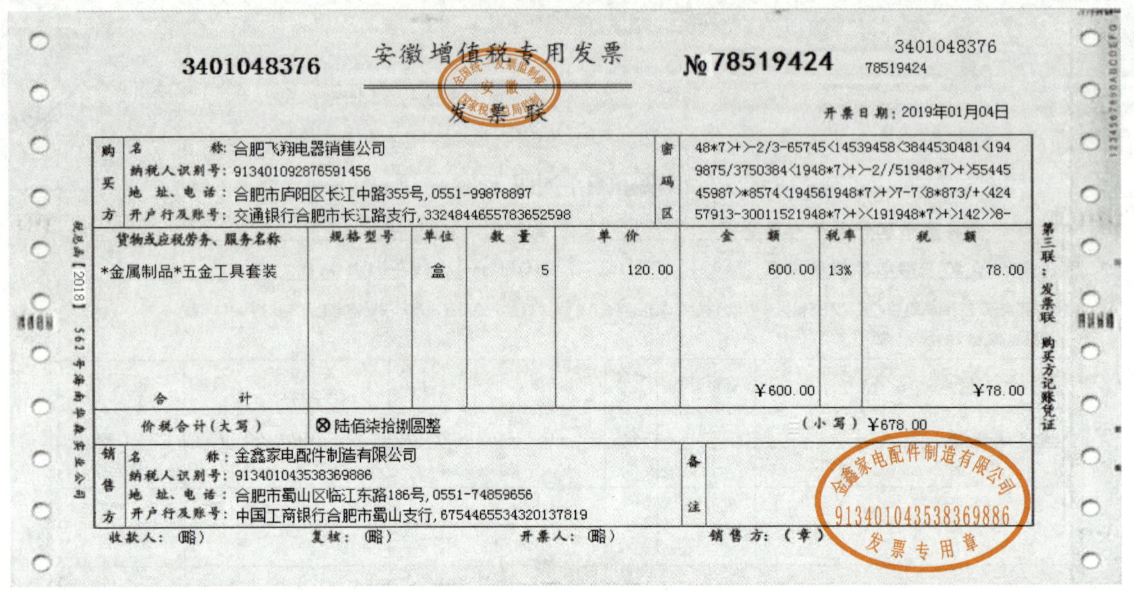

3401048376 安徽增值税专用发票 №78519424 3401048376 78519424

发票联

开票日期：2019年01月04日

购买方	名称：合肥飞翔电器销售公司 纳税人识别号：913401092876591456 地址、电话：合肥市庐阳区长江中路355号，0551-99878897 开户行及账号：交通银行合肥市长江路支行，3324844655783652598			密码区	48*7)+>-2/3-65745<14539458<3844530481<194 9875/3750384<1948*7)+>-2//51948*7)+)55445 45987)*8574<194561948*7)+)7-7<8*873/+<424 57913-30011521948*7)+><191948*7)+)142>>8-		
货物或应税劳务、服务名称	规格型号	单位	数量	单价	金额	税率	税额
*金属制品*五金工具套装		盒	5	120.00	600.00	13%	78.00
合计					¥600.00		¥78.00
价税合计（大写）	⊗陆佰柒拾捌圆整				（小写）¥678.00		
销售方	名称：金鑫家电配件制造有限公司 纳税人识别号：913401043538369886 地址、电话：合肥市蜀山区临江东路186号，0551-74859656 开户行及账号：中国工商银行合肥市蜀山支行，6754465534320137819			备注			

收款人：（略） 复核：（略） 开票人：（略） 销售方：（章）

第三联：发票联 购买方记账凭证

税总函〔2018〕561号华南印务实业公司

金鑫家电配件制造有限公司 913401043538369886 发票专用章

图 1－12 【业务七】原始凭证 2

入 库 单

2019年 01月 04日　　单号 c010401

交来单位及部门	金鑫家电配件制造有限公司	发票号码或生产单号码	78519424	验收仓库	赠品库	入库日期	2019年01月04日
编号	名称及规格	单位	数量 交库	数量 实收	单价	金额	备注
1	五金工具套装	盒	5	5			
合计			5	5	—		—

部门经理：（略）　会计：（略）　仓库：（略）　经办人：（略）

会计联

图 1－13 【业务七】原始凭证 3

出 库 单

出货单位：合肥飞翔电器销售公司　　2019 年 01 月 04 日　　单号：g010401

提货单位或领货部门	销售部	销售单号	（无）	发出仓库	赠品库	出库日期	2019年01月04日

编号	名称及规格	单位	数量		单价	金额
			应发	实发		
1	五金工具套装	盒	5	5		
	合计		5	5	—	

会计联

部门经理：（略）　会计：（略）　仓库：（略）　经办人：（略）

图 1－14 【业务七】原始凭证 4

付 款 审 批 单

2019 年 01 月 04 日

收款单位	金鑫家电配件制造有限公司		申请部门	采购部
开户行	中国工商银行合肥市蜀山支行		经手人	杨钱
账号	6754465534320137819		付款方式	转账支票
付款用途	支付合同cg0104规定的购货款。			
付款金额	人民币（大写）	陆佰柒拾捌圆整	小写	￥678.00

总经理	财务负责人	部门负责人	出纳
王翔	张国	杨钱	周冲

会计主管：（略）　审核：（略）　出纳：（略）　制单：（略）

图 1－15 【业务七】原始凭证 5

1

业务八

业务九

业务十

业务十一

交通银行
转账支票存根
30103427
20289801

附加信息

出票日期 2019 年 01 月 04 日

收款人：金鑫家电配件制造有限公司

金　额：¥678.00

用　途：支付购货款

单位主管（略）会计（略）

合肥方正三彩印刷有限公司·2018年印制

图 1-16 【业务七】原始凭证 6

【业务八】 5 日，收到 2018 年 12 月 30 日自容声冰箱购买双开门冰箱 BCD-400 的增值税专用发票，货物已于 2018 年 12 月 30 日验收入库。取得相关凭证如图 1-17 所示。

【业务九】 5 日，收到美的空调根据合同 cg0101 发来的货物。取得相关凭证如图 1-18 所示。

【业务十】 5 日，采购部杨钱与金鑫配件签订购销合同（合同编码 cg0105）。取得相关凭证如图 1-19～图 1-22 所示。

【业务十一】 6 日，收到美的空调根据合同 cg0101 开具的增值税专用发票，款项支付不使用现付功能处理。取得相关凭证如图 1-23～图 1-25 所示。

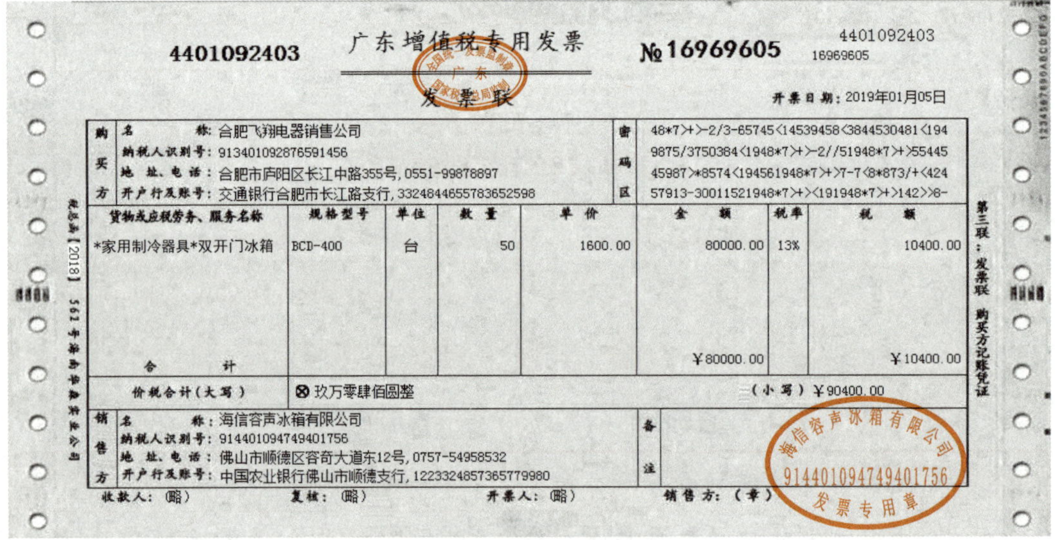

4401092403　　广东增值税专用发票　　№16969605　　4401092403　16969605

发票联　　　　开票日期：2019年01月05日

购买方　名　　称：合肥飞翔电器销售公司
纳税人识别号：913401092876591456
地 址、电 话：合肥市庐阳区长江中路355号，0551-99878897
开户行及账号：交通银行合肥市长江路支行，3324844655783652598

密码区：48*7*>+>-2/3-65745<14539458<3844530481<194 9875/3750384<1948*7*>+>-2//51948*7*>+>55445 45987>*8574<194561948*7*>+>7-7<8*873/+<424 57913-30011521948*7*>+><191948*7*>+>142>>8-

货物或应税劳务、服务名称	规格型号	单位	数量	单价	金额	税率	税额
*家用制冷器具*双开门冰箱	BCD-400	台	50	1600.00	80000.00	13%	10400.00
合计					¥80000.00		¥10400.00

价税合计（大写）⊗玖万零肆佰圆整　　（小写）¥90400.00

销售方　名　　称：海信容声冰箱有限公司
纳税人识别号：914401094749401756
地 址、电 话：佛山市顺德区容奇大道东12号，0757-54958532
开户行及账号：中国农业银行佛山市顺德支行，1223324857365779980

备注

收款人：（略）　复核：（略）　开票人：（略）　销售方：（章）

海信容声冰箱有限公司 914401094749401756 发票专用章

第三联：发票联　购买方记账凭证

图 1-17 【业务八】原始凭证

入 库 单

2019 年 01 月 05 日　　单号 c010501

交来单位及部门	广东美的精品电器制造有限公司	发票号码或生产单号码	cg0101	验收仓库	商品库	入库日期	2019年01月05日

编号	名称及规格	单位	数量 交库	数量 实收	单价	金额	备注
1	立柜式空调LGS-726	台	30	30			
合计			30	30	—		—

会计联

部门经理：（略）　会计：（略）　仓库：（略）　经办人：（略）

图 1-18 【业务九】原始凭证

1

购销合同

供货方：金鑫家电配件制造有限公司　　合同号：cg0105

购买方：合肥飞翔电器销售公司　　签订日期：2019年01月05日

为保护买卖双方的合法权益，买卖双方根据《中华人民共和国合同法》的有关规定，经友好协商，一致同意签订本合同并共同遵守。

一、商品的名称、数量及金额

商品名称	规格型号	计量单位	数量	单价（不含税）	金额（不含税）	税率	税额
主机控制板	DAH-564	件	40	1500.00	60000.00	13%	7800.00
合计			40	—	¥60000.00	—	¥7800.00
货款总计（大写）：陆万柒仟捌佰圆整					（小写）：¥67800.00		

二、质量验收标准：按国家行业标准执行。

三、交货日期：2019年01月05日。

四、交货地点：合肥市庐阳区长江中路355号。

五、结算方式：债权转让，本公司以应收天鹅家电2018年12月08日销货款抵付该笔货款。

六、发运方式及费用承担：公路运输，相关费用由供货方承担。

七、其　他：存在商品质量及溢余等情况，经双方协商，另行解决。

八、违约条款：违约方须赔偿对方一切经济损失。但遇天灾人祸或其他人力不能控制之因素而导致延误交货，需方不能要求供方赔偿任何损失。

九、合同纠纷解决方式：经双方协商解决，如协商不成的，可向当地仲裁委员会提出申诉解决。

十、本合同一式两份，双方各执一份，自签订之日起生效。

供货方（盖章）		购买方（盖章）	
税号：	913401043538369886	税号：	913401092876591456
开户银行：	中国工商银行合肥市蜀山支行	开户银行：	交通银行合肥市长江路支行
银行账号：	6754465534320137819	银行账号：	3324844655783652598
地址：	合肥市蜀山区临江东路186号	地址：	合肥市庐阳区长江中路355号
法定代表：	刘晓露	法定代表：	王翔
联系电话：	0551-74859656	联系电话：	0551-99878897

（印章：金鑫家电配件制造有限公司 合同专用章）（印章：合肥飞翔电器销售公司 合同专用章）

图 1－19 【业务十】原始凭证 1

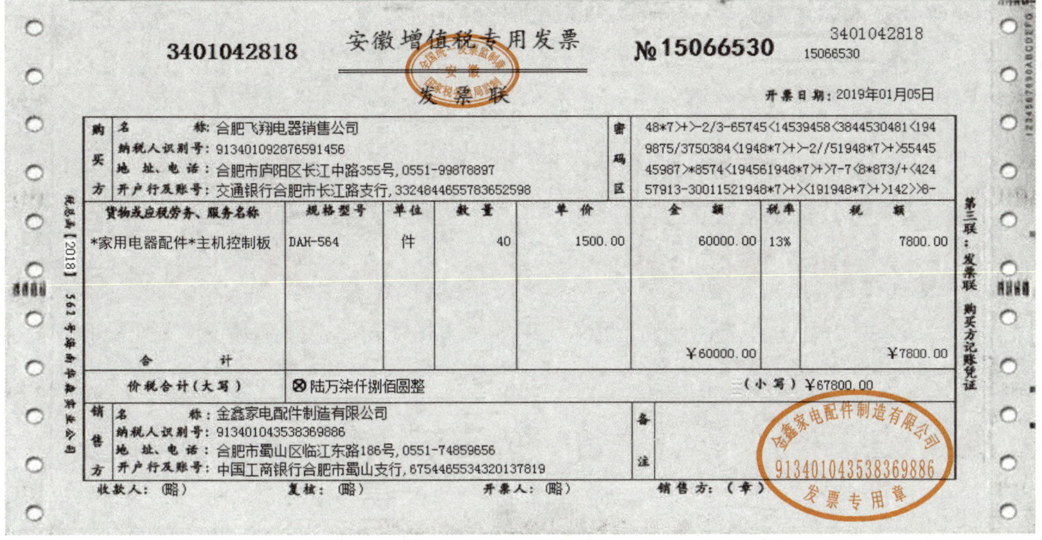

3401042818　　安徽增值税专用发票　　№15066530　　3401042818 15066530

发票联　　开票日期：2019年01月05日

购买方	名称：合肥飞翔电器销售公司 纳税人识别号：913401092876591456 地址、电话：合肥市庐阳区长江中路355号，0551-99878897 开户行及账号：交通银行合肥市长江路支行，3324844655783652598	密码区	48*7+>-2/3-65745<14539458<3844530481<194 9875/3750384<1948*7+>-2//51948*7+>55445 45987>*8574<194561948*7+>7-7<8*873/+<424 57913-30011521948*7+><191948*7+>142>>8-

货物或应税劳务、服务名称	规格型号	单位	数量	单价	金额	税率	税额
*家用电器配件*主机控制板	DAH-564	件	40	1500.00	60000.00	13%	7800.00
合计					¥60000.00		¥7800.00
价税合计（大写）	⊗陆万柒仟捌佰圆整				（小写）¥67800.00		

销售方	名称：金鑫家电配件制造有限公司 纳税人识别号：913401043538369886 地址、电话：合肥市蜀山区临江东路186号，0551-74859656 开户行及账号：中国工商银行合肥市蜀山支行，6754465534320137819	备注	

收款人：（略）　复核：（略）　开票人：（略）　销售方：（章）

（印章：金鑫家电配件制造有限公司 913401043538369886 发票专用章）

税总函[2018] 561号海南华森实业公司

第三联：发票联 购买方记账凭证

图 1－20 【业务十】原始凭证 2

1

债权转让协议书

甲方（转让人）：合肥飞翔电器销售公司

乙方（受让人）：金鑫家电配件制造有限公司

甲、乙双方为妥善解决债务问题，经友好协商，依法达成如下债权转让协议，以资信守：

一、甲、乙双方一致确认：2019年01月05日，甲方自乙方购入货物共计货款人民币67800元。

二、甲、乙双方一致同意，甲方将对合肥天鹅家电经营部的债权共计人民币67800元全部转让给乙方行使，乙方按照本协议直接向丙方主张债权。

三、陈述、保证和承诺：

1. 甲方承诺并保证：

(1) 其依法设立并有效存续，有权实施本协议项下的债权转让并能够独立承担民事责任；

(2) 其转让的债权系合法、有效的债权。

2. 乙方承诺并保证：

(1) 其依法设立并有效存续，有权受让本协议项下的债权并能独立承担民事责任；

(2)其受让本协议项下的债权已经获得其内部相关权利机构的授权或批准。

四、本协议生效后，乙方不得再向甲方主张债权。

五、如本协议无效或被撤销，则甲方仍继续按原合同及其他法律文件履行义务。

六、各方同意，如果一方违反其在本协议中所作的陈述、保证、承诺或任何其他义务，致使其他方遭受或发生损害、损失、索赔等责任，违约方须向另一方做出全面赔偿。

七、本协议经甲、乙双方加盖公章并由双方法定代表人或由法定代表人授权的代理人签字后生效。

八、本协议未尽事宜，遵照国家有关法律、法规和规章办理。

九、本协议一式两份，甲、乙双方各执一份，具同等法律效力。

甲方：合肥飞翔电器（签章）销售公司

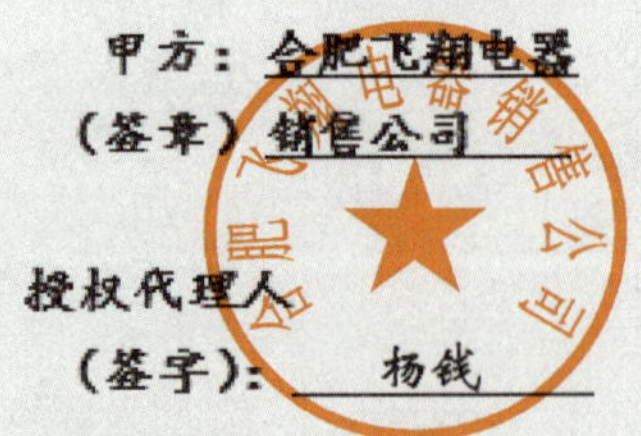

授权代理人（签字）：杨钱

乙方：金鑫家电配件（签章）制造有限公司

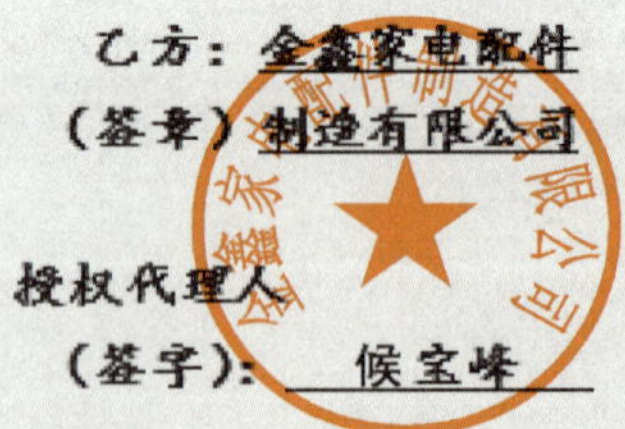

授权代理人（签字）：侯宝峰

签订时间：2019年01月05日

图1-21 【业务十】原始凭证3

1

入 库 单

2019 年 01 月 05 日　　　　单号 c010502

交来单位及部门	金鑫家电配件制造有限公司	发票号码或生产单号码	15066530	验收仓库	配件库	入库日期	2019年01月05日

编号	名称及规格	单位	数量		单价	金额	备注
			交库	实收			
1	主机控制板DAH-564	件	40	40			
合计			40	40	—		—

会计联

部门经理：（略）　　会计：（略）　　仓库：（略）　　经办人：（略）

图 1－22 【业务十】原始凭证 4

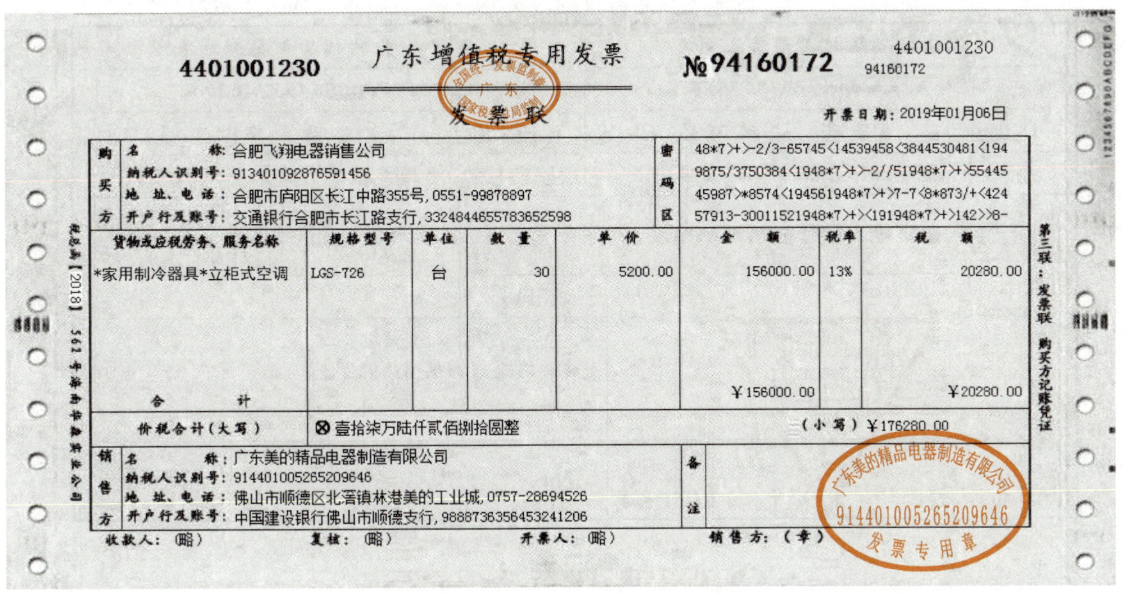

4401001230　　广东增值税专用发票　　№94160172　　4401001230 94160172

发票联

开票日期：2019年01月06日

购买方	名称：合肥飞翔电器销售公司 纳税人识别号：913401092876591456 地址、电话：合肥市庐阳区长江中路355号，0551-99878897 开户行及账号：交通银行合肥市长江路支行，3324844655783652598	密码区	48*7>+>-2/3-65745<14539458<3844530481<194 9875/3750384<1948*7>+>-2//51948*7>+>55445 45987>*8574<194561948*7>+>7-7<8*873/+<424 57913-30011521948*7>+><191948*7>+>142>>8-

货物或应税劳务、服务名称	规格型号	单位	数量	单价	金额	税率	税额
*家用制冷器具*立柜式空调	LGS-726	台	30	5200.00	156000.00	13%	20280.00
合计					￥156000.00		￥20280.00
价税合计（大写）	⊗壹拾柒万陆仟贰佰捌拾圆整				（小写）￥176280.00		

销售方	名称：广东美的精品电器制造有限公司 纳税人识别号：914401005265209646 地址、电话：佛山市顺德区北滘镇林港美的工业城，0757-28694526 开户行及账号：中国建设银行佛山市顺德支行，9888736356453241206	备注	

收款人：（略）　复核：（略）　开票人：（略）　销售方：（章）

第三联：发票联 购买方记账凭证

图 1－23 【业务十一】原始凭证 1

付 款 审 批 单

2019 年 01 月 06 日

收款单位	广东美的精品电器制造有限公司		申请部门	采购部
开户行	中国建设银行佛山市顺德支行		经手人	杨钱
账号	9888736356453241206		付款方式	电汇
付款用途	支付合同cg0101规定的购货款。			
付款金额	人民币（大写）	壹拾肆万肆仟贰佰捌拾圆整	小写	￥144280.00

总经理	财务负责人	部门负责人	出纳
王翔	张国	杨钱	周冲

会计主管：（略） 审核：（略） 出纳：（略） 制单：（略）

图 1-24 【业务十一】原始凭证 2

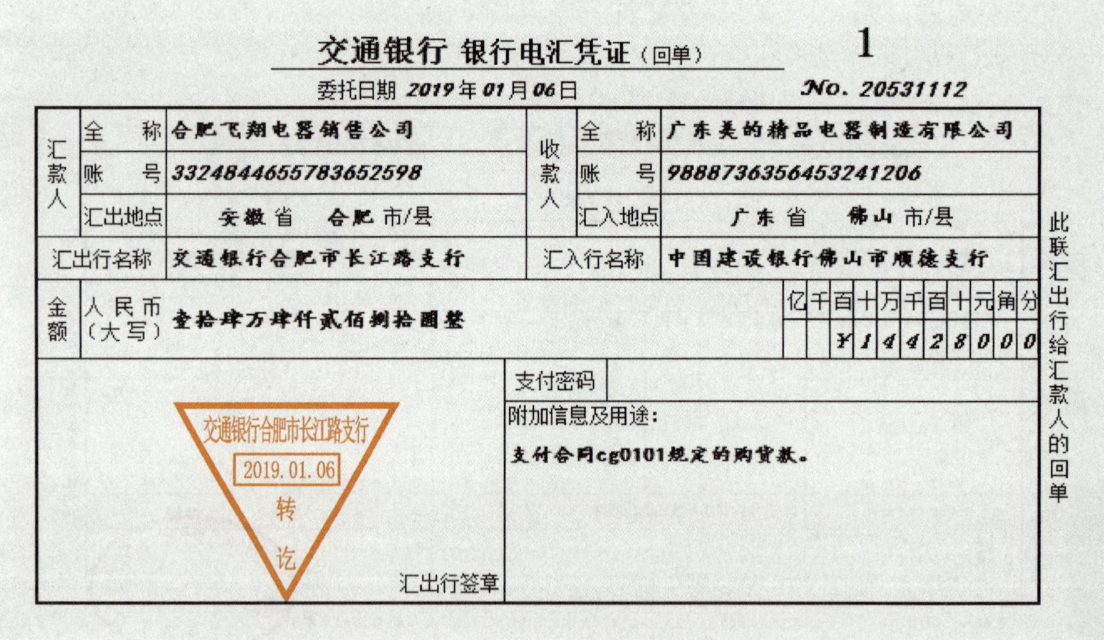

交通银行 银行电汇凭证（回单） 1

委托日期 2019年01月06日 No. 20531112

汇款人	全称	合肥飞翔电器销售公司	收款人	全称	广东美的精品电器制造有限公司
	账号	3324844655783652598		账号	9888736356453241206
	汇出地点	安徽省 合肥 市/县		汇入地点	广东省 佛山 市/县
汇出行名称		交通银行合肥市长江路支行	汇入行名称		中国建设银行佛山市顺德支行

金额	人民币（大写）	亿	千	百	十	万	千	百	十	元	角	分
	壹拾肆万肆仟贰佰捌拾圆整			￥	1	4	4	2	8	0	0	0

支付密码

附加信息及用途：

支付合同cg0101规定的购货款。

交通银行合肥市长江路支行 2019.01.06 转讫

汇出行签章

此联汇出行给汇款人的回单

图 1-25 【业务十一】原始凭证 3

业务十二

业务十三

【业务十二】 6 日，为举办展销活动，销售部领用 20 个接线板，用于活动现场布置与维护。取得相关凭证如图 1-26 所示。

【业务十三】 7 日，采购部杨钱与金鑫配件签订受托代销合同（合同编号 wt0101）。取得相关凭证如图 1-27、图 1-28 所示。

出 库 单

出货单位：合肥飞翔电器销售公司 2019 年 01 月 06 日 单号：q010601

提货单位或领货部门	销售部	销售单号	（无）	发出仓库	赠品库	出库日期	2019年01月06日

编 号	名称及规格	单 位	数 量		单 价	金 额
			应 发	实 发		
1	接线板	个	20	20		
合计			20	20	—	

会计联

部门经理：（略） 会计：（略） 仓库：（略） 经办人：（略）

图 1－26 【业务十二】原始凭证

委托代销合同

委托方：金鑫家电配件制造有限公司 合同号：wt0101

受托方：合肥飞翔电器销售公司 签订日期：2019年01月07日

为保护买卖双方的合法权益，买卖双方根据《中华人民共和国合同法》的有关规定，经友好协商，一致同意签订本合同并共同遵守。

一、商品的名称、数量及金额

商 品 名 称	规格型号	计量单位	数 量	单 价（不含税）	金 额（不含税）	税率	税 额
电机	YSH-215	台	200	900.00	180000.00	13%	23400.00
合 计			200	—	¥180000.00	—	¥23400.00
货款总计（大写）：贰拾万叁仟肆佰圆整					（小写）：¥203400.00		

二、质量验收标准：按国家行业标准执行。

三、委托代销方式：双方约定，受托方以销货款（不含增值税）的10%收取手续费。

四、交货日期：2019年01月07日。

五、交货地点：合肥市庐阳区长江中路355号。

六、结算方式：转账支票，每月月底结算一次。

七、发运方式及费用承担：公路运输，相关费用由委托方承担。

八、其 他：4月30日前未销售完成的商品可退回给委托方。

九、违约条款：违约方须赔偿对方一切经济损失。但遇天灾人祸或其他人力不能控制之因素而导致延误交货，需方不能要求供方赔偿任何损失。

十、合同纠纷解决方式：经双方协商解决，如协商不成的，可向当地仲裁委员会提出申诉解决。

十一、本合同一式两份，双方各执一份，自签订之日起生效。

委托方（盖章）
税 号：913401043538369886
开户银行：中国工商银行合肥市蜀山支行
银行账号：6754465534320137819
地 址：合肥市蜀山区临江东路186号
法定代表：刘晓露
联系电话：0551-74859656

受托方（盖章）
税 号：913401092876591456
开户银行：交通银行合肥市长江路支行
银行账号：3324844655783652598
地 址：合肥市庐阳区长江中路355号
法定代表：王翔
联系电话：0551-99878897

图 1－27 【业务十三】原始凭证 1

1

入 库 单

2019 年 01 月 07 日 单号 c010701

交来单位及部门	金鑫家电配件制造有限公司	发票号码或生产单号码	wt0101		验收仓库	代销库	入库日期	2019年01月07日
编号	名称及规格	单 位	数 量		单 价	金 额	备 注	
			交 库	实 收				
1	电机YSH-215	台	200	200				
合 计			200	200	—		—	

会计联

部门经理：（略） 会计：（略） 仓库：（略） 经办人：（略）

图 1-28 【业务十三】原始凭证 2

业务十四

【业务十四】 7 日，根据合同 xs0101，向七彩电器发出货物并开具增值税专用发票，收到对方签发并承兑的银行承兑汇票抵付货款。取得相关凭证如图 1-29～图 1-31 所示。

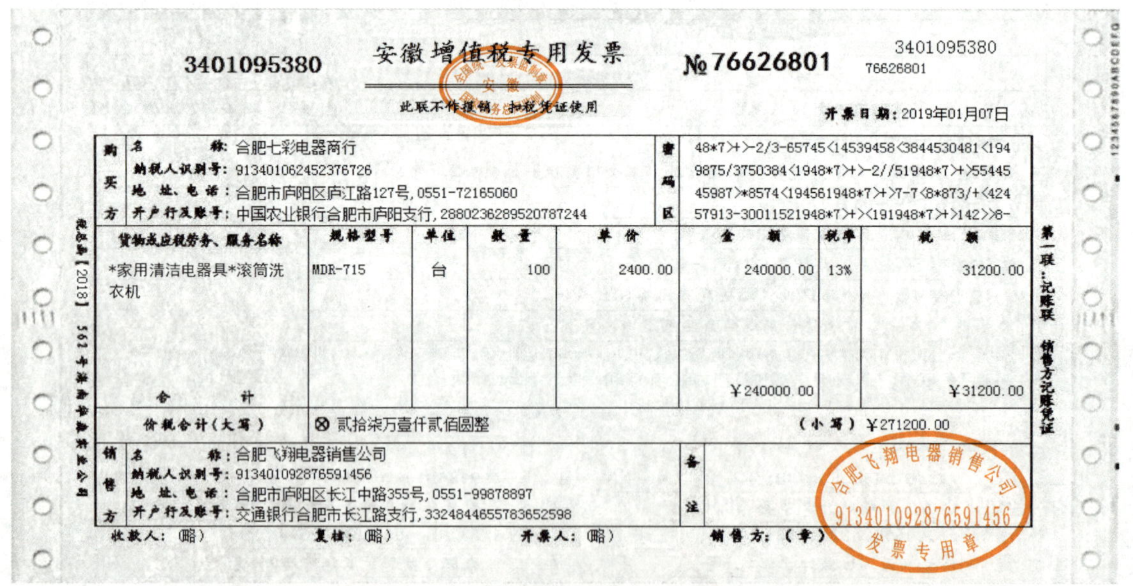

3401095380 安徽增值税专用发票 №76626801 3401095380 76626801

此联不作报销、扣税凭证使用 开票日期：2019年01月07日

购买方 名称：合肥七彩电器商行
纳税人识别号：913401062452376726
地址、电话：合肥市庐阳区庐江路127号，0551-72165060
开户行及账号：中国农业银行合肥市庐阳支行，2880236289520787244

密码区：
48*7>+>-2/3-65745<14539458<3844530481<194
9875/3750384<1948*7>+>-2//51948*7>+>55445
45987>*8574<194561948*7>+>7-7<8*873/+<424
57913-30011521948*7>+><191948*7>+>142>>8-

货物或应税劳务、服务名称	规格型号	单位	数量	单价	金额	税率	税额
*家用清洁电器具*滚筒洗衣机	MDR-715	台	100	2400.00	240000.00	13%	31200.00
合 计					¥240000.00		¥31200.00
价税合计（大写）	⊗贰拾柒万壹仟贰佰圆整				（小写）¥271200.00		

销售方 名称：合肥飞翔电器销售公司
纳税人识别号：913401092876591456
地址、电话：合肥市庐阳区长江中路355号，0551-99878897
开户行及账号：交通银行合肥市长江路支行，3324844655783652598

备注

收款人：（略） 复核：（略） 开票人：（略） 销售方：（章）

第一联：记账联 销售方记账凭证

税总函【2018】561号海南华森实业公司

合肥飞翔电器销售公司 913401092876591456 发票专用章

图 1-29 【业务十四】原始凭证 1

1

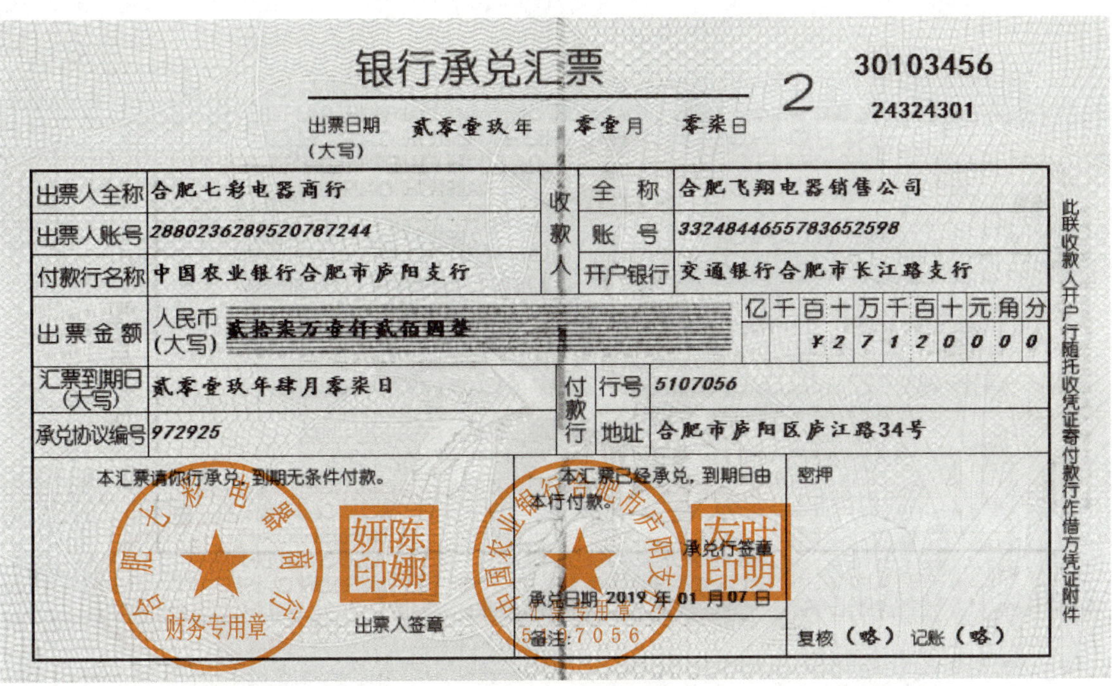

银行承兑汇票 2

30103456
24324301

出票日期（大写） 贰零壹玖年 零壹月 零柒日

出票人全称	合肥七彩电器商行	收款人	全称	合肥飞翔电器销售公司
出票人账号	2880236289520787244		账号	3324844655783652598
付款行名称	中国农业银行合肥市庐阳支行		开户银行	交通银行合肥市长江路支行
出票金额	人民币（大写）贰拾柒万壹仟贰佰圆整		亿千百十万千百十元角分	￥27120000
汇票到期日（大写）	贰零壹玖年肆月零柒日	付款行	行号	5107056
承兑协议编号	972925		地址	合肥市庐阳区庐江路34号

本汇票请你行承兑，到期无条件付款。 出票人签章

本汇票已经承兑，到期日由本行付款。 承兑行签章 承兑日期 2019年01月07日 备注：

密押

复核（略） 记账（略）

此联收款人开户行随托收凭证寄付款行作借方凭证附件

图 1－30 【业务十四】原始凭证 2

出库单

出货单位：合肥飞翔电器销售公司　　2019 年 01 月 07 日　　单号：x010701

提货单位或领货部门	合肥七彩电器商行	销售单号	76626801	发出仓库	商品库	出库日期	2019年01月07日

编号	名称及规格	单位	数量 应发	数量 实发	单价	金额
1	滚筒洗衣机MDR-715	台	100	100		
合计			100	100	—	

会计联

部门经理：（略）　会计：（略）　仓库：（略）　经办人：（略）

图 1－31 【业务十四】原始凭证 3

1

业务十五

【业务十五】 8 日，收到金鑫配件根据合同 cg0103 发来的货物与增值税专用发票。取得相关凭证如图 1-32～图 1-34 所示。

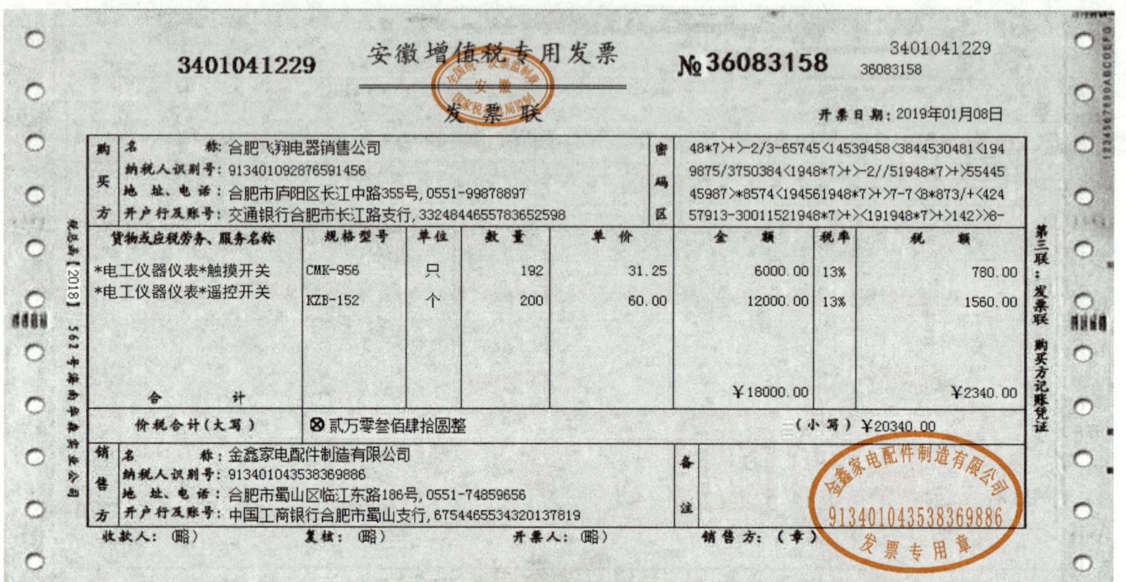

3401041229 安徽增值税专用发票 №36083158 3401041229 36083158

发票联

开票日期：2019年01月08日

购买方	名称：合肥飞翔电器销售公司 纳税人识别号：913401092876591456 地址、电话：合肥市庐阳区长江中路355号，0551-99878897 开户行及账号：交通银行合肥市长江路支行，3324844655783652598	密码区	48*7>+>-2/3-65745<14539458<3844530481<194 9875/3750384<1948*7>+>-2//51948*7>+>55445 45987>*8574<194561948*7>+>7-7<8*873/+<424 57913-30011521948*7>+><191948*7>+>142>>8-

货物或应税劳务、服务名称	规格型号	单位	数量	单价	金额	税率	税额
*电工仪器仪表*触摸开关	CMK-956	只	192	31.25	6000.00	13%	780.00
*电工仪器仪表*遥控开关	KZB-152	个	200	60.00	12000.00	13%	1560.00
合计					¥18000.00		¥2340.00
价税合计（大写）	⊗贰万零叁佰肆拾圆整				（小写）¥20340.00		

销售方	名称：金鑫家电配件制造有限公司 纳税人识别号：913401043538369886 地址、电话：合肥市蜀山区临江东路186号，0551-74859656 开户行及账号：中国工商银行合肥市蜀山支行，6754465534320137819	备注	

收款人：（略） 复核：（略） 开票人：（略） 销售方：（章）

第三联：发票联 购买方记账凭证

图 1-32 【业务十五】原始凭证 1

入 库 单

2019 年 01 月 08 日 单号 c010801

交来单位及部门	金鑫家电配件制造有限公司	发票号码或生产单号码	36083158	验收仓库	配件库	入库日期	2019年01月08日

编号	名称及规格	单位	数量 交库	数量 实收	单价	金额	备注
1	触摸开关CMK-956	只	192	200			
2	遥控开关KZB-152	个	200	200			
合计			392	400	—		—

部门经理：（略） 会计：（略） 仓库：（略） 经办人：（略）

会计联

图 1-33 【业务十五】原始凭证 2

业务十六

【业务十六】 8 日，采购部杨钱与金鑫配件签订购销合同（合同编号 cg0106）。取得相关凭证如图 1-35 所示。

1

采购/销售损耗处理报告表

2019 年 01 月 08 日

供货方	金鑫家电配件制造有限公司			购买方	合肥飞翔电器销售公司
地址	合肥市蜀山区临江东路186号			地址	合肥市庐阳区长江中路355号
电话	0551-74859656			电话	0551-99878897
编号	商品名称	商品规格	单位	损耗数量（溢出+/损耗-）	损耗原因
1	触摸开关	CMK-956	只	8	供货方多发，不再收回，赠与本方。
财务部门建议处理意见：	赠品与购入的同类商品按商品数量均摊入库成本				
单位主管部门批复处理意见：	同意				

业务联

部门负责人：（略） 审核人：（略） 制单人：（略）

图 1－34 【业务十五】原始凭证 3

购销合同

供货方：金鑫家电配件制造有限公司 合同号：cg0106

购买方：合肥飞翔电器销售公司 签订日期：2019年01月08日

为保护买卖双方的合法权益，买卖双方根据《中华人民共和国合同法》的有关规定，经友好协商，一致同意签订本合同并共同遵守。

一、商品的名称、数量及金额

商品名称	规格型号	计量单位	数量	单价（不含税）	金额（不含税）	税率	税额
电器盒	YKK-576	件	40	700.00	28000.00	13%	3640.00
合计			40	—	¥28000.00	—	¥3640.00
货款总计（大写）：叁万壹仟陆佰肆拾圆整					（小写）：¥31640.00		

二、质量验收标准：按国家行业标准执行。

三、交货日期：2019年01月16日。

四、交货地点：合肥市庐阳区长江中路355号。

五、结算方式：转账支票，付款时间：2019年01月17日。

六、发运方式及费用承担：公路运输，相关费用由供货方承担。

七、其　他：存在商品质量及溢余等情况，经双方协商，另行解决。

八、违约条款：违约方须赔偿对方一切经济损失。但遇天灾人祸或其他人力不能控制之因素而导致延误交货，需方不能要求供方赔偿任何损失。

九、合同纠纷解决方式：经双方协商解决，如协商不成的，可向当地仲裁委员会提出申诉解决。

十、本合同一式两份，双方各执一份，自签订之日起生效。

供货方（盖章）
税号：913401043538369886
开户银行：中国工商银行合肥市蜀山支行
银行账号：6754465534320137819
地址：合肥市蜀山区临江东路186号
法定代表：刘晓露
联系电话：0551-74859656

购买方（盖章）
税号：913401092876591456
开户银行：交通银行合肥市长江路支行
银行账号：3324844655783652598
地址：合肥市庐阳区长江中路355号
法定代表：王翔
联系电话：0551-99878897

图 1－35 【业务十六】原始凭证

1

业务十七

【业务十七】 9 日,采购部杨钱与金鑫配件签订购销合同(合同编号 cg0107)。取得相关凭证如图 1-36 所示。

购销合同

供货方：金鑫家电配件制造有限公司　　合同号：cg0107

购买方：合肥飞翔电器销售公司　　签订日期：2019年01月09日

为保护买卖双方的合法权益，买卖双方根据《中华人民共和国合同法》的有关规定，经友好协商，一致同意签订本合同并共同遵守。

一、商品的名称、数量及金额

商品名称	规格型号	计量单位	数量	单价（不含税）	金额（不含税）	税率	税额
触摸开关	CMK-956	只	800	30.00	24000.00	13%	3120.00
合计			800	—	¥24000.00	—	¥3120.00
货款总计（大写）：贰万柒仟壹佰贰拾圆整					（小写）：¥27120.00		

二、质量验收标准：按国家行业标准执行。

三、交货日期：2019年01月17日。

四、交货地点：合肥市庐阳区长江中路355号。

五、结算方式：转账支票，付款时间：2019年3月31日。

六、发运方式及费用承担：公路运输，相关费用由供货方承担。

七、其　他：存在商品质量及溢余等情况，经双方协商，另行解决。

八、违约条款：违约方须赔偿对方一切经济损失。但遇天灾人祸或其他人力不能控制之因素而导致延误交货，需方不能要求供方赔偿任何损失。

九、合同纠纷解决方式：经双方协商解决，如协商不成的，可向当地仲裁委员会提出申诉解决。

十、本合同一式两份，双方各执一份，自签订之日起生效。

供货方（盖章）
税号：913401043538369886
开户银行：中国工商银行合肥市蜀山支行
银行账号：6754465534320137819
地址：合肥市蜀山区临江东路186号
法定代表：刘晓露
联系电话：0551-74859656

（印章：金鑫家电配件制造有限公司 合同专用章）

购买方（盖章）
税号：913401092876591456
开户银行：交通银行合肥市长江路支行
银行账号：332484465578365259
地址：合肥市庐阳区长江中路355号
法定代表：王翔
联系电话：0551-99878897

（印章：合肥飞翔电器销售公司 合同专用章）

图 1-36 【业务十七】原始凭证

1

业务十八

【业务十八】 9 日，销售部郑想与东科家电签订委托代销合同（合同编号 wt0102）。取得相关凭证如图 1－37、图 1－38 所示。

委托代销合同

委 托 方：合肥飞翔电器销售公司　　　　合 同 号：wt0102

受 托 方：合肥东科家电经营部　　　　签订日期：2019年01月09日

为保护买卖双方的合法权益，买卖双方根据《中华人民共和国合同法》的有关规定，经友好协商，一致同意签订本合同并共同遵守。

一、商品的名称、数量及金额

商品名称	规格型号	计量单位	数量	单价（不含税）	金额（不含税）	税率	税额
壁挂式空调	BGS-356	台	80	5400.00	432000.00	13%	56160.00
合计			80	—	¥432000.00	—	¥56160.00
货款总计（大写）：肆拾捌万捌仟壹佰陆拾圆整					（小写）：¥488160.00		

二、质量验收标准：按国家行业标准执行。

三、委托代销方式：双方约定，采用视同买断的方式由委托方委托受托方代销货物。

四、交货日期：2019年01月09日。

五、交货地点：合肥市庐阳区长江中路355号。

六、结算方式：转账支票，每月月底结算一次。

七、发运方式及费用承担：买方自提，相关费用由购买方承担。

八、其　他：4月30日前未销售完成的商品可退回给委托方。

九、违约条款：违约方须赔偿对方一切经济损失。但遇天灾人祸或其他人力不能控制之因素而导致延误交货，需方不能要求供方赔偿任何损失。

十、合同纠纷解决方式：经双方协商解决，如协商不成的，可向当地仲裁委员会提出申诉解决。

十一、本合同一式两份，双方各执一份，自签订之日起生效。

委 托 方 （盖章）（印章：合肥飞翔电器销售公司 合同专用章）
税 号：913401092876591456
开户银行：交通银行合肥市长江路支行
银行账号：3324844655783652598
地 址：合肥市庐阳区长江中路355号
法定代表：王翔
联系电话：0551-99878897

受 托 方 （盖章）（印章：合肥东科家电经营部 合同专用章）
税 号：913401018558368486
开户银行：中国工商银行合肥市蜀山支行
银行账号：1704768504356385213
地 址：合肥市蜀山区望江西路75号
法定代表：张军旺
联系电话：0551-74859656

图 1－37 【业务十八】原始凭证 1

业务十九

【业务十九】 10 日，采购部杨钱与金鑫配件签订促销购销合同（合同编号 cg0108）。取得相关凭证如图 1－39 所示。

1

出库单

出货单位：合肥飞翔电器销售公司　2019 年 01 月 09 日　单号：x010901

提货单位或领货部门	合肥东科家电经营部	销售单号	wt0102	发出仓库	商品库	出库日期	2019年01月09日

编号	名称及规格	单位	数量		单价	金额
			应发	实发		
1	壁挂式空调BGS-356	台	80	80		
合计			80	80	—	

会计联

部门经理：（略）　会计：（略）　仓库：（略）　经办人：（略）

图 1－38 【业务十八】原始凭证 2

购销合同

供货方：金鑫家电配件制造有限公司　合同号：cg0108

购买方：合肥飞翔电器销售公司　签订日期：2019年01月10日

为保护买卖双方的合法权益，买卖双方根据《中华人民共和国合同法》的有关规定，经友好协商，一致同意签订本合同并共同遵守。

一、商品的名称、数量及金额

商品名称	规格型号	计量单位	数量	单价（不含税）	金额（不含税）	税率	税额
主机控制板	DAH-564	件	30	1500.00	45000.00	13%	5850.00
接线板		个	30	0.00	0.00	13%	0.00
合计			60	—	¥45000.00	—	¥5850.00
货款总计（大写）：伍万零捌佰伍拾圆整				（小写）：¥50850.00			

二、质量验收标准：按国家行业标准执行。

三、交货日期：2019年01月13日。

四、交货地点：合肥市庐阳区长江中路355号。

五、结算方式：转账支票，付款时间：2019年3月31日。

六、发运方式及费用承担：公路运输，相关费用由供货方承担。

七、其　他：供货方随同商品赠送接线板30个；存在商品质量及溢余等情况，经双方协商，另行解决。

八、违约条款：违约方须赔偿对方一切经济损失。但遇天灾人祸或其他人力不能控制之因素而导致延误交货，需方不能要求供方赔偿任何损失。

九、合同纠纷解决方式：经双方协商解决，如协商不成的，可向当地仲裁委员会提出申诉解决。

十、本合同一式两份，双方各执一份，自签订之日起生效。

供货方（盖章）		购买方（盖章）	
税号：	913401043538369886	税号：	913401092876591456
开户银行：	中国工商银行合肥市蜀山支行	开户银行：	交通银行合肥市长江路支行
银行账号：	6754465534320137819	银行账号：	3324844655783652598
地址：	合肥市蜀山区临江东路186号	地址：	合肥市庐阳区长江中路355号
法定代表：	刘晓露	法定代表：	王翔
联系电话：	0551-74859656	联系电话：	0551-99878897

（印章：金鑫家电配件制造有限公司 合同专用章）（印章：合肥飞翔电器销售公司 合同专用章）

图 1－39 【业务十九】原始凭证

1

【业务二十】 11日，采购部杨钱与海尔洗衣机签订购销合同（合同编码cg0109）。取得相关凭证如图1-40～图1-44所示。

业务二十

购销合同

供货方：青岛海尔集团洗衣机有限公司　　合同号：cg0109

购买方：合肥飞翔电器销售公司　　签订日期：2019年01月11日

为保护买卖双方的合法权益，买卖双方根据《中华人民共和国合同法》的有关规定，经友好协商，一致同意签订本合同并共同遵守。

一、商品的名称、数量及金额

商品名称	规格型号	计量单位	数量	单价（不含税）	金额（不含税）	税率	税额
滚筒洗衣机	MDR-715	台	20	1600.00	32000.00	13%	4160.00
合计			20	—	¥32000.00	—	¥4160.00
货款总计（大写）：叁万陆仟壹佰陆拾圆整					（小写）：¥36160.00		

二、质量验收标准：按国家行业标准执行。

三、交货日期：2019年01月11日。

四、交货地点：合肥市庐阳区长江中路355号。

五、结算方式：银行承兑汇票，本公司以2018年10月26日收到的惠光电器开具的银行承兑汇票抵付该笔货款。

六、发运方式及费用承担：公路运输，相关费用由供货方承担。

七、其　他：存在商品质量及溢余等情况，经双方协商，另行解决。

八、违约条款：违约方须赔偿对方一切经济损失。但遇天灾人祸或其他人力不能控制之因素而导致延误交货，需方不能要求供方赔偿任何损失。

九、合同纠纷解决方式：经双方协商解决，如协商不成的，可向当地仲裁委员会提出申诉解决。

十、本合同一式两份，双方各执一份，自签订之日起生效。

供货方（盖章）：青岛海尔集团洗衣机有限公司 合同专用章

税号：913702172165060546

开户银行：中国工商银行青岛市海尔支行

银行账号：7585924059687263343

地址：青岛市海尔路1号海尔工业园创牌大楼

法定代表：徐慧华

联系电话：0532-78694532

购买方（盖章）：合肥飞翔电器销售公司 合同专用章

税号：913401092876591456

开户银行：交通银行合肥市长江路支行

银行账号：3324844655783652598

地址：合肥市庐阳区长江中路355号

法定代表：王翔

联系电话：0551-99878897

图1-40 【业务二十】原始凭证1

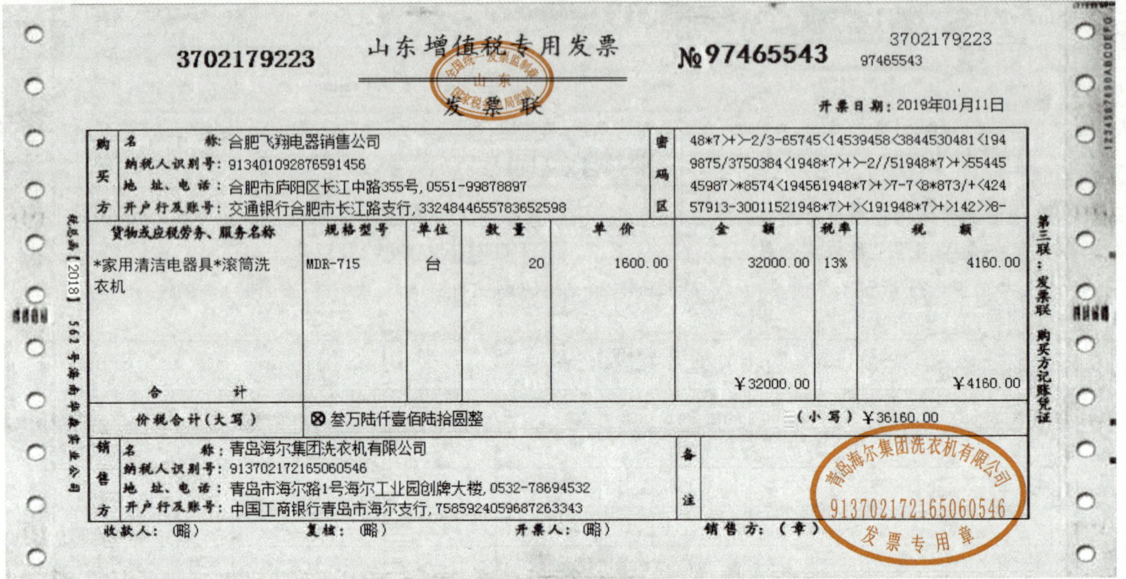

3702179223 山东增值税专用发票 №97465543 3702179223 97465543

发票联

开票日期：2019年01月11日

购买方	名称：合肥飞翔电器销售公司 纳税人识别号：913401092876591456 地址、电话：合肥市庐阳区长江中路355号，0551-99878897 开户行及账号：交通银行合肥市长江路支行，3324844655783652598					密码区	48*7>+>-2/3-65745<14539458<3844530481<194 9875/3750384<1948*7>+>-2//51948*7>+>55445 45987>*8574<194561948*7>+>7-7<8*873/+<424 57913-30011521948*7>+><191948*7>+>142>>8-	
货物或应税劳务、服务名称		规格型号	单位	数量	单价	金额	税率	税额
*家用清洁电器具*滚筒洗衣机		MDR-715	台	20	1600.00	32000.00	13%	4160.00
合计						¥32000.00		¥4160.00
价税合计（大写）		⊗叁万陆仟壹佰陆拾圆整				（小写）¥36160.00		
销售方	名称：青岛海尔集团洗衣机有限公司 纳税人识别号：913702172165060546 地址、电话：青岛市海尔路1号海尔工业园创牌大楼，0532-78694532 开户行及账号：中国工商银行青岛市海尔支行，7585924059687263343					备注		

收款人：（略） 复核：（略） 开票人：（略） 销售方：（章）

税总函【2018】562号海南华森实业公司

第三联：发票联 购买方记账凭证

图 1－41 【业务二十】原始凭证 2

入 库 单

2019 年 01 月 11 日　　单号 c011101

交来单位及部门	青岛海尔集团洗衣机有限公司	发票号码或生产单号码	97465543	验收仓库	商品库	入库日期	2019年01月11日

编号	名称及规格	单位	数量		单价	金额	备注
			交库	实收			
1	滚筒洗衣机MDR-715	台	20	20			
合计			20	20	—		—

部门经理：（略） 会计：（略） 仓库：（略） 经办人：（略）

会计联

图 1－42 【业务二十】原始凭证 3

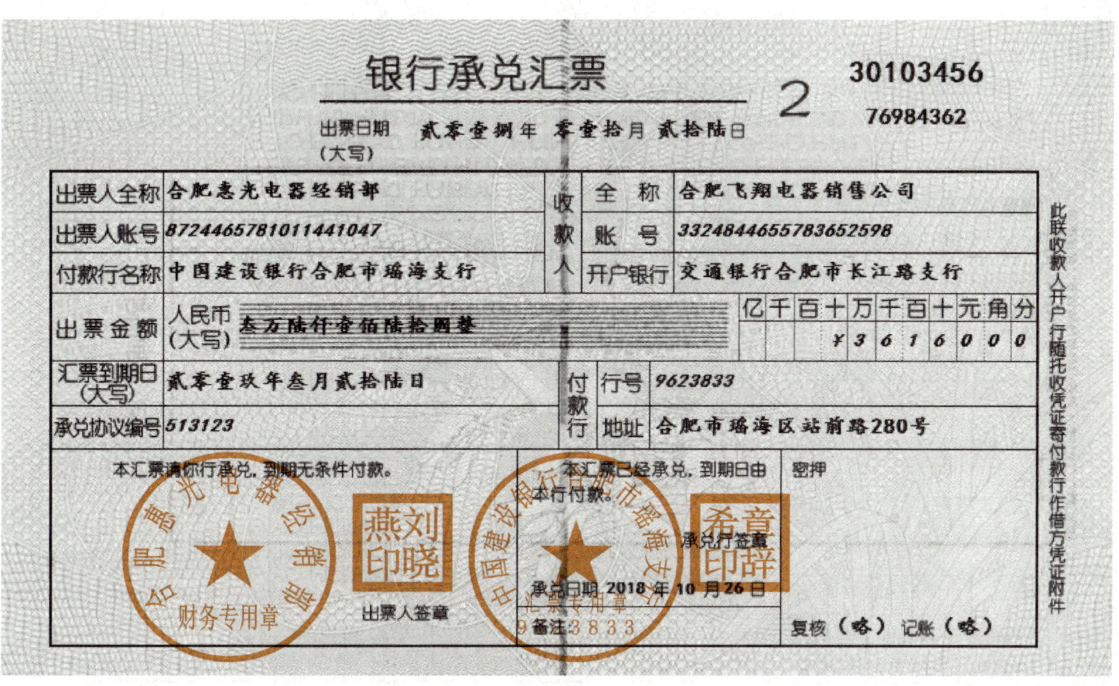

银行承兑汇票 2

30103456
76984362

出票日期（大写） 贰零壹捌年 零壹拾月 贰拾陆日

出票人全称	合肥惠光电器经销部	收款人	全称	合肥飞翔电器销售公司
出票人账号	8724465781011441047		账号	3324844655783652598
付款行名称	中国建设银行合肥市瑶海支行		开户银行	交通银行合肥市长江路支行
出票金额	人民币（大写）叁万陆仟壹佰陆拾圆整		亿千百十万千百十元角分	¥3616000 0
汇票到期日（大写）	贰零壹玖年叁月贰拾陆日	付款行	行号	9623833
承兑协议编号	513123		地址	合肥市瑶海区站前路280号

本汇票请你行承兑，到期无条件付款。（合肥惠光电器经销部 财务专用章）（刘晓燕印） 出票人签章

本汇票已经承兑，到期日由本行付款。（中国建设银行合肥市瑶海支行 汇票专用章）（章希辞印） 承兑行签章 承兑日期 2018年10月26日 备注：3833

密押

复核（略） 记账（略）

此联收款人开户行随托收凭证寄付款行作借方凭证附件

图 1－43 【业务二十】原始凭证 4

被背书人 青岛海尔集团洗衣机有限公司	被背书人	被背书人
（合肥飞翔电器销售公司 财务专用章）（王翔印） 背书人签章 2019年01月11日	背书人签章 年 月 日	背书人签章 年 月 日

（贴粘单处）

图 1－44 【业务二十】原始凭证 5

1

业务二十一

【业务二十一】 11日,采购部杨钱与金鑫配件签订直运采购合同(合同编号cgzy01)。款项支付使用现付功能处理。取得相关凭证如图1-45～图1-48所示。

购销合同

供货方：金鑫家电配件制造有限公司　　合同号：cgzy01

购买方：合肥飞翔电器销售公司　　签订日期：2019年01月11日

为保护买卖双方的合法权益，买卖双方根据《中华人民共和国合同法》的有关规定，经友好协商，一致同意签订本合同并共同遵守。

一、商品的名称、数量及金额

商品名称	规格型号	计量单位	数量	单价（不含税）	金额（不含税）	税率	税额
温度器	DJH-982	个	1000	5.00	5000.00	13%	650.00
触摸开关	CMK-956	只	500	30.00	15000.00	13%	1950.00
合计			1500	—	¥20000.00	—	¥2600.00
货款总计（大写）：贰万贰仟陆佰圆整					（小写）：¥22600.00		

二、质量验收标准：按国家行业标准执行。

三、交货日期：2019年01月24日。

四、交货地点：合肥市庐阳区二环路329号。

五、结算方式：转账支票，付款时间：2019年01月11日。

六、发运方式及费用承担：公路运输，相关费用由供货方承担。

七、其　他：存在商品质量及溢余等情况，经双方协商，另行解决。

八、违约条款：违约方须赔偿对方一切经济损失。但遇天灾人祸或其他人力不能控制之因素而导致延误交货，需方不能要求供方赔偿任何损失。

九、合同纠纷解决方式：经双方协商解决，如协商不成的，可向当地仲裁委员会提出申诉解决。

十、本合同一式两份，双方各执一份，自签订之日起生效。

供货方（盖章）金鑫家电配件制造有限公司 合同专用章

税　号：913401043538369886

开户银行：中国工商银行合肥市蜀山支行

银行账号：6754465534320137819

地　址：合肥市蜀山区临江东路186号

法定代表：刘晓露

联系电话：0551-74859656

购买方（盖章）合肥飞翔电器销售公司 合同专用章

税　号：913401092876591456

开户银行：交通银行合肥市长江路支行

银行账号：3324844655783652598

地　址：合肥市庐阳区长江中路355号

法定代表：王翔

联系电话：0551-99878897

图1-45 【业务二十一】原始凭证1

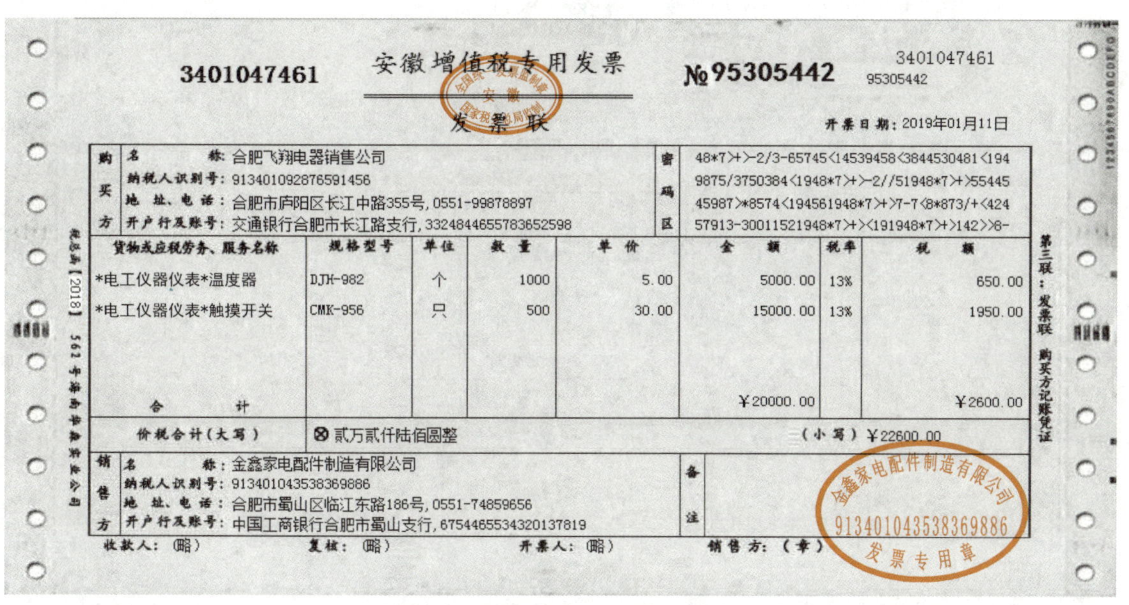

3401047461 安徽增值税专用发票 №95305442 3401047461 95305442

发票联

开票日期：2019年01月11日

购买方	名　　称：合肥飞翔电器销售公司 纳税人识别号：913401092876591456 地址、电话：合肥市庐阳区长江中路355号，0551-99878897 开户行及账号：交通银行合肥市长江路支行，3324844655783652598			密码区	48*7>+>-2/3-65745<14539458<3844530481<194 9875/3750384<1948*7>+>-2//51948*7>+>55445 45987>*8574<194561948*7>+>7-7<8*873/+<424 57913-30011521948*7>+><191948*7>+>142>>8-		
货物或应税劳务、服务名称	规格型号	单位	数量	单价	金额	税率	税额
*电工仪器仪表*温度器	DJH-982	个	1000	5.00	5000.00	13%	650.00
*电工仪器仪表*触摸开关	CMK-956	只	500	30.00	15000.00	13%	1950.00
合　　计					¥20000.00		¥2600.00
价税合计（大写）	⊗贰万贰仟陆佰圆整				（小写）¥22600.00		
销售方	名　　称：金鑫家电配件制造有限公司 纳税人识别号：913401043538369886 地址、电话：合肥市蜀山区临江东路186号，0551-74859656 开户行及账号：中国工商银行合肥市蜀山支行，6754465534320137819			备注	金鑫家电配件制造有限公司 913401043538369886 发票专用章		

收款人：（略）　复核：（略）　开票人：（略）　销售方：（章）

第三联：发票联　购买方记账凭证

图 1-46 【业务二十一】原始凭证 2

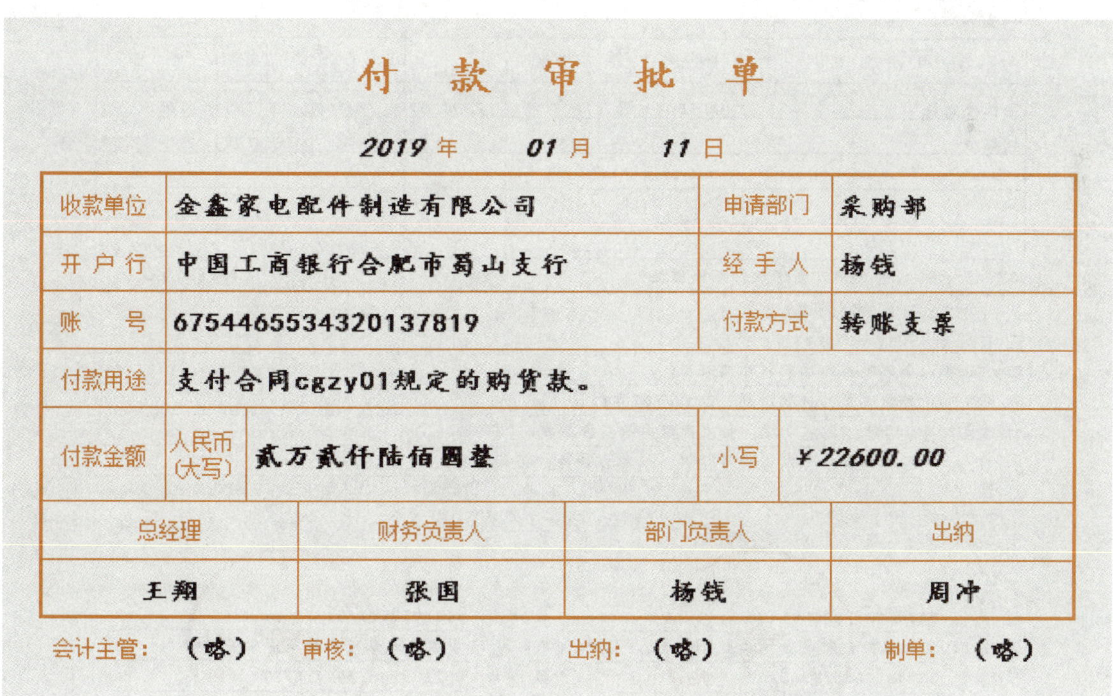

付款审批单

2019 年 01 月 11 日

收款单位	金鑫家电配件制造有限公司		申请部门	采购部
开户行	中国工商银行合肥市蜀山支行		经手人	杨钱
账号	6754465534320137819		付款方式	转账支票
付款用途	支付合同cgzy01规定的购货款。			
付款金额	人民币（大写）	贰万贰仟陆佰圆整	小写	¥22600.00

总经理	财务负责人	部门负责人	出纳
王翔	张国	杨钱	周冲

会计主管：（略）　审核：（略）　出纳：（略）　制单：（略）

图 1-47 【业务二十一】原始凭证 3

【业务二十二】 11 日，销售部郑想与美乐家电签订促销购销合同（合同编号 xs0103），款项收取使用现结功能处理。取得相关凭证如图 1-49～图 1-53 所示。

业务二十二

1

交通银行
转账支票存根
30103427
20289802

附加信息

出票日期 2019 年 01 月 11 日

收款人：金鑫家电配件制造有限公司

金 额：¥22600.00

用 途：支付购货款

单位主管 （略） 会计 （略）

合肥方正三彩印刷有限公司·2018年印制

图 1－48 【业务二十一】原始凭证 4

购销合同

供货方：合肥飞翔电器销售公司　　合同号：xs0103

购买方：合肥美乐家电经营部　　签订日期：2019年01月11日

为保护买卖双方的合法权益，买卖双方根据《中华人民共和国合同法》的有关规定，经友好协商，一致同意签订本合同并共同遵守。

一、商品的名称、数量及金额

商品名称	规格型号	计量单位	数量	单价（不含税）	金额（不含税）	税率	税额
主机控制板	DAH-564	件	70	2300.00	161000.00	13%	20930.00
接线板		个	70	0.00	0.00	13%	0.00
合计			140	—	¥161000.00	—	¥20930.00
货款总计（大写）：壹拾捌万壹仟玖佰叁拾圆整					（小写）：¥181930.00		

二、质量验收标准：按国家行业标准执行。

三、交货日期：2019年01月11日。

四、交货地点：合肥市庐阳区长江中路355号。

五、结算方式：转账支票，付款时间：2019年01月11日。

六、发运方式及费用承担：买方自提，相关费用由购买方承担。

七、其　他：存在商品质量及溢余等情况，经双方协商，另行解决。

八、违约条款：违约方须赔偿对方一切经济损失。但遇天灾人祸或其他人力不能控制之因素而导致延误交货，需方不能要求供方赔偿任何损失。

九、合同纠纷解决方式：经双方协商解决，如协商不成的，可向当地仲裁委员会提出申诉解决。

十、本合同一式两份，双方各执一份，自签订之日起生效。

供货方（盖章）
税号：913401092876591456
开户银行：交通银行合肥市长江路支行
银行账号：332484465578365259８
地址：合肥市庐阳区长江中路355号
法定代表：王翔
联系电话：0551-99878897

购买方（盖章）
税号：913401059775797356
开户银行：中国农业银行合肥市庐阳支行
银行账号：852132986734777878９
地址：合肥市庐阳区长江中路426号
法定代表：何世铭
联系电话：0551-58256566

图 1－49 【业务二十二】原始凭证 1

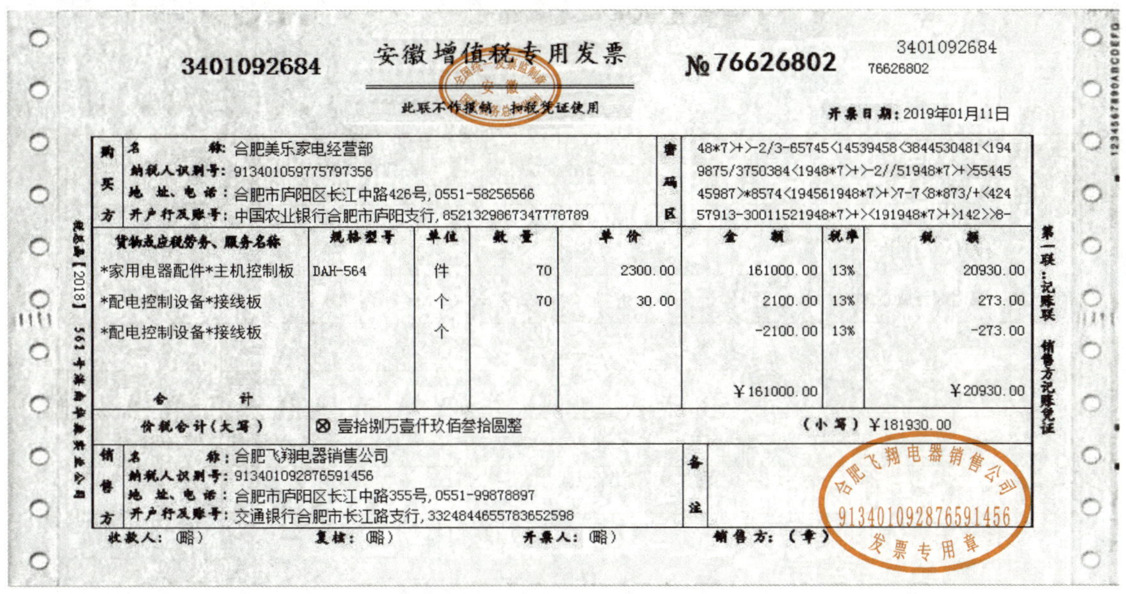

3401092684 安徽增值税专用发票 №76626802 3401092684 76626802

此联不作报销、扣税凭证使用

开票日期：2019年01月11日

购买方	名称：合肥美乐家电经营部 纳税人识别号：913401059775797356 地址、电话：合肥市庐阳区长江中路426号，0551-58256566 开户行及账号：中国农业银行合肥市庐阳支行，8521329867347778789				密码区	48*7>+>-2/3-65745<14539458<3844530481<194 9875/3750384<1948*7>+>-2//51948*7>+>55445 45987>*8574<194561948*7>+>7-7<8*873/+<424 57913-30011521948*7>+><191948*7>+>142>>8-	
货物或应税劳务、服务名称	规格型号	单位	数量	单价	金额	税率	税额
*家用电器配件*主机控制板	DAH-564	件	70	2300.00	161000.00	13%	20930.00
*配电控制设备*接线板		个	70	30.00	2100.00	13%	273.00
*配电控制设备*接线板		个			-2100.00	13%	-273.00
合计					¥161000.00		¥20930.00
价税合计（大写）	⊗壹拾捌万壹仟玖佰叁拾圆整				（小写）¥181930.00		
销售方	名称：合肥飞翔电器销售公司 纳税人识别号：913401092876591456 地址、电话：合肥市庐阳区长江中路355号，0551-99878897 开户行及账号：交通银行合肥市长江路支行，3324844655783652598				备注		

收款人：（略） 复核：（略） 开票人：（略） 销售方：（章）

第一联：记账联 销售方记账凭证

图 1－50 【业务二十二】原始凭证 2

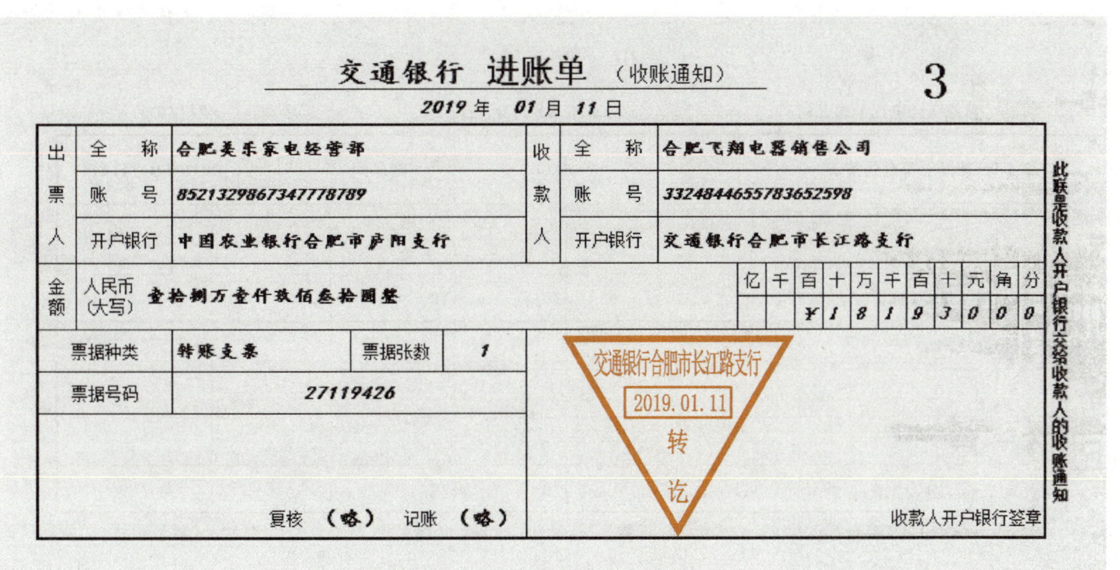

交通银行 进账单（收账通知） 3

2019 年 01 月 11 日

出票人	全称	合肥美乐家电经营部	收款人	全称	合肥飞翔电器销售公司
	账号	8521329867347778789		账号	3324844655783652598
	开户银行	中国农业银行合肥市庐阳支行		开户银行	交通银行合肥市长江路支行
金额	人民币（大写）	壹拾捌万壹仟玖佰叁拾圆整		亿千百十万千百十元角分	¥18193000
票据种类	转账支票	票据张数 1			
票据号码	27119426				
	复核（略） 记账（略）			收款人开户银行签章	

此联是收款人开户银行交给收款人的收账通知

图 1－51 【业务二十二】原始凭证 3

1

出库单

出货单位：合肥飞翔电器销售公司　　2019 年 01 月 11 日　　单号：x011101

提货单位或领货部门	合肥美乐家电经营部	销售单号	76626802	发出仓库	配件库	出库日期	2019年01月11日
编号	名称及规格	单位	数量 应发	数量 实发	单价	金额	
1	主机控制板DAH-564	件	70	70			
合计			70	70	—		

部门经理：（略）　会计：（略）　仓库：（略）　经办人：（略）

会计联

图 1－52 【业务二十二】原始凭证 4

出库单

出货单位：合肥飞翔电器销售公司　　2019 年 01 月 11 日　　单号：x011102

提货单位或领货部门	合肥美乐家电经营部	销售单号	76626802	发出仓库	赠品库	出库日期	2019年01月11日
编号	名称及规格	单位	数量 应发	数量 实发	单价	金额	
1	接线板	个	70	70			
合计			70	70	—		

部门经理：（略）　会计：（略）　仓库：（略）　经办人：（略）

会计联

图 1－53 【业务二十二】原始凭证 5

【业务二十三】 12 日，采购部杨钱与金鑫配件签订购销合同（合同编号 cg0110）。取得相关凭证如图 1 - 54 所示。

业务二十三

购销合同

供货方：金鑫家电配件制造有限公司　　合同号：cg0110

购买方：合肥飞翔电器销售公司　　签订日期：2019年01月12日

为保护买卖双方的合法权益，买卖双方根据《中华人民共和国合同法》的有关规定，经友好协商，一致同意签订本合同并共同遵守。

一、商品的名称、数量及金额

商品名称	规格型号	计量单位	数量	单价（不含税）	金额（不含税）	税率	税额
遥控开关	KZB-152	个	400	58.50	23400.00	13%	3042.00
合计			400	—	¥23400.00	—	¥3042.00
货款总计（大写）：贰万陆仟肆佰肆拾贰圆整					（小写）：¥26442.00		

二、质量验收标准：按国家行业标准执行。

三、交货日期：2019年01月19日。

四、交货地点：合肥市庐阳区长江中路355号。

五、结算方式：转账支票，付款时间：2019年3月31日。

六、发运方式及费用承担：公路运输，相关费用由供货方承担。

七、其　他：存在商品质量及溢余等情况，经双方协商，另行解决。

八、违约条款：违约方须赔偿对方一切经济损失。但遇天灾人祸或其他人力不能控制之因素而导致延误交货，需方不能要求供方赔偿任何损失。

九、合同纠纷解决方式：经双方协商解决，如协商不成的，可向当地仲裁委员会提出申诉解决。

十、本合同一式两份，双方各执一份，自签订之日起生效。

供货方（盖章）
税号：913401043538369886
开户银行：中国工商银行合肥市蜀山支行
银行账号：6754465534320137819
地址：合肥市蜀山区临江东路186号
法定代表：刘晓露
联系电话：0551-74859656

购买方（盖章）
税号：913401092876591456
开户银行：交通银行合肥市长江路支行
银行账号：3324844655783652598
地址：合肥市庐阳区长江中路355号
法定代表：王翔
联系电话：0551-99878897

图 1 - 54 【业务二十三】原始凭证

1

【业务二十四】 12日，销售部陈思与广聚源家电签订购销合同（合同编号xs0104）。取得相关凭证如图1－55、图1－56所示。

购销合同

供货方：合肥飞翔电器销售公司　　合同号：xs0104

购买方：合肥广聚源家电经销部　　签订日期：2019年01月12日

为保护买卖双方的合法权益，买卖双方根据《中华人民共和国合同法》的有关规定，经友好协商，一致同意签订本合同并共同遵守。

一、商品的名称、数量及金额

商品名称	规格型号	计量单位	数量	单价（不含税）	金额（不含税）	税率	税额
直筒洗衣机	MBR-702	台	160	1200.00	192000.00	13%	24960.00
合计			160	—	¥192000.00	—	¥24960.00
货款总计（大写）：贰拾壹万陆仟玖佰陆拾圆整					（小写）：¥216960.00		

二、质量验收标准：按国家行业标准执行。

三、交货日期：2019年01月12日。

四、交货地点：合肥市庐阳区长江中路355号。

五、结算方式：转账支票，开具发票之日起2/10，1/20，n/30（金额按货物的价款计算，不考虑增值税）

六、发运方式及费用承担：买方自提，相关费用由购买方承担。

七、其　他：存在商品质量及溢余等情况，经双方协商，另行解决。

八、违约条款：违约方须赔偿对方一切经济损失。但遇天灾人祸或其他人力不能控制之因素而导致延误交货，需方不能要求供方赔偿任何损失。

九、合同纠纷解决方式：经双方协商解决，如协商不成的，可向当地仲裁委员会提出申诉解决。

十、本合同一式两份，双方各执一份，自签订之日起生效。

供货方（盖章）		购买方（盖章）	
税号：	913401092876591456	税号：	913401095793870836
开户银行：	交通银行合肥市长江路支行	开户银行：	中国银行合肥市蜀山支行
银行账号：	3324844655783652598	银行账号：	2193045899201028802
地址：	合肥市庐阳区长江中路355号	地址：	合肥市蜀山区官亭路140号
法定代表：	王翔	法定代表：	徐雨波
联系电话：	0551-99878897	联系电话：	0551-05265209

（印章：合肥飞翔电器销售公司 合同专用章；合肥广聚源家电经销部 合同专用章）

图1－55 【业务二十四】原始凭证1

出 库 单

出货单位：合肥飞翔电器销售公司　　2019 年 01 月 12 日　　单号：x011201

提货单位或领货部门	合肥广聚源家电经销部	销售单号	xs0104	发出仓库	商品库	出库日期	2019年01月12日
编号	名称及规格	单位	数量 应发	数量 实发	单价	金额	
1	直筒洗衣机MBR-702	台	160	160			
合计			160	160	—		

会计联

部门经理：（略）　会计：（略）　仓库：（略）　经办人：（略）

图 1－56 【业务二十四】原始凭证 2

【业务二十五】 13 日，收到金鑫配件根据合同 cg0108 发来的货物与增值税专用发票。取得相关凭证如图 1－57～图 1－60 所示。

业务二十五

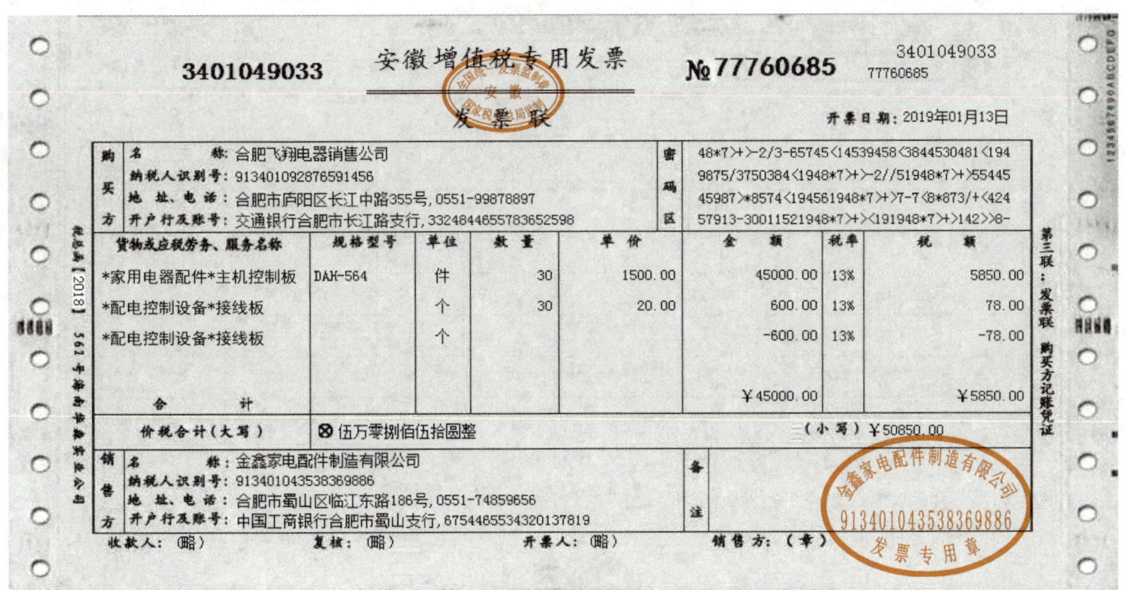

3401049033　安徽增值税专用发票　№77760685　3401049033 77760685

发票联　开票日期：2019年01月13日

购买方　名称：合肥飞翔电器销售公司
纳税人识别号：913401092876591456
地址、电话：合肥市庐阳区长江中路355号，0551-99878897
开户行及账号：交通银行合肥市长江路支行，3324844655783652598

密码区：48*7>+>-2/3-65745<14539458<3844530481<194 9875/3750384<1948*7>+>-2//51948*7>+>55445 45987>*8574<194561948*7>+>7-7<8*873/+<424 57913-30011521948*7>+><191948*7>+>142>>8-

货物或应税劳务、服务名称	规格型号	单位	数量	单价	金额	税率	税额
*家用电器配件*主机控制板	DAH-564	件	30	1500.00	45000.00	13%	5850.00
*配电控制设备*接线板		个	30	20.00	600.00	13%	78.00
*配电控制设备*接线板		个			-600.00	13%	-78.00
合计					￥45000.00		￥5850.00
价税合计（大写）	⊗伍万零捌佰伍拾圆整				（小写）￥50850.00		

销售方　名称：金鑫家电配件制造有限公司
纳税人识别号：913401043538369886
地址、电话：合肥市蜀山区临江东路186号，0551-74859656
开户行及账号：中国工商银行合肥市蜀山支行，6754465534320137819

备注

收款人：（略）　复核：（略）　开票人：（略）　销售方：（章）

第三联：发票联 购买方记账凭证

税总函【2018】561号海南华森实业公司

金鑫家电配件制造有限公司 913401043538369886 发票专用章

图 1－57 【业务二十五】原始凭证 1

1

入 库 单

2019 年 01 月 13 日 单号 c011301

交来单位及部门	金鑫家电配件制造有限公司	发票号码或生产单号码	77760685	验收仓库	配件库	入库日期	2019年01月13日

编号	名称及规格	单位	数量		单价	金额	备注
			交库	实收			
1	主机控制板DAH-564	件	30	30			
合计			30	30	—		—

会计联

部门经理：（略） 会计：（略） 仓库：（略） 经办人：（略）

图 1-58 【业务二十五】原始凭证 2

入 库 单

2019 年 01 月 13 日 单号 c011302

交来单位及部门	金鑫家电配件制造有限公司	发票号码或生产单号码	77760685	验收仓库	赠品库	入库日期	2019年01月13日

编号	名称及规格	单位	数量		单价	金额	备注
			交库	实收			
1	接线板	个	30	30			
合计			30	30	—		—

会计联

部门经理：（略） 会计：（略） 仓库：（略） 经办人：（略）

图 1-59 【业务二十五】原始凭证 3

业务二十六

【业务二十六】 13 日，采购部杨钱与容声冰箱签订购销合同（合同编号 cg0111）。取得相关凭证如图 1-61～图 1-63 所示。

1

受赠商品处理报告表

2019 年 01 月 13 日

供货方	金鑫家电配件制造有限公司			购买方	合肥飞翔电器销售公司		
地址	合肥市蜀山区临江东路186号			地址	合肥市庐阳区长江中路355号		
电话	0551-74859656			电话	0551-99878897		
编号	赠品名称	赠品规格	计量单位	赠品数量	购货/受赠合同编号	入库单号	
1	接线板		个	30	cg0108	c011302	
财务部门建议处理意见:	入赠品库、不核算入库成本						
单位主管部门批复处理意见:	同意						

业务联

部门负责人：（略） 审批人：（略） 制单人：（略）

图 1-60 【业务二十五】原始凭证 4

购销合同

供货方：海信容声冰箱有限公司 合同号：cg0111

购买方：合肥飞翔电器销售公司 签订日期：2019年01月13日

为保护买卖双方的合法权益，买卖双方根据《中华人民共和国合同法》的有关规定，经友好协商，一致同意签订本合同并共同遵守。

一、商品的名称、数量及金额

商品名称	规格型号	计量单位	数量	单价（不含税）	金额（不含税）	税率	税额
多开门冰箱	BFD-600	台	60	2400.00	144000.00	13%	18720.00
合计			60	—	¥144000.00	—	¥18720.00
货款总计（大写）：壹拾陆万贰仟柒佰贰拾圆整					（小写）：¥162720.00		

二、质量验收标准：按国家行业标准执行。

三、交货日期：2019年01月13日。

四、交货地点：合肥市庐阳区长江中路355号。

五、结算方式：电汇，现金折扣，取得发票之日起2/10，1/20，n/30（金额按货物的价款计算，不考虑增值税）。

六、发运方式及费用承担：公路运输，相关费用由供货方承担。

七、其 他：存在商品质量及溢余等情况，经双方协商，另行解决。

八、违约条款：违约方须赔偿对方一切经济损失。但遇天灾人祸或其他人力不能控制之因素而导致延误交货，需方不能要求供方赔偿任何损失。

九、合同纠纷解决方式：经双方协商解决，如协商不成的，可向当地仲裁委员会提出申诉解决。

十、本合同一式两份，双方各执一份，自签订之日起生效。

供货方（盖章）
税号：914401094749401756
开户银行：中国农业银行佛山市顺德支行
银行账号：1223324857365779980
地址：佛山市顺德区容奇大道东12号
法定代表：方桐光
联系电话：0757-54958532

购买方（盖章）
税号：913401092876591456
开户银行：交通银行合肥市长江路支行
银行账号：3324844655783652598
地址：合肥市庐阳区长江中路355号
法定代表：王翔
联系电话：0551-99878897

图 1-61 【业务二十六】原始凭证 1

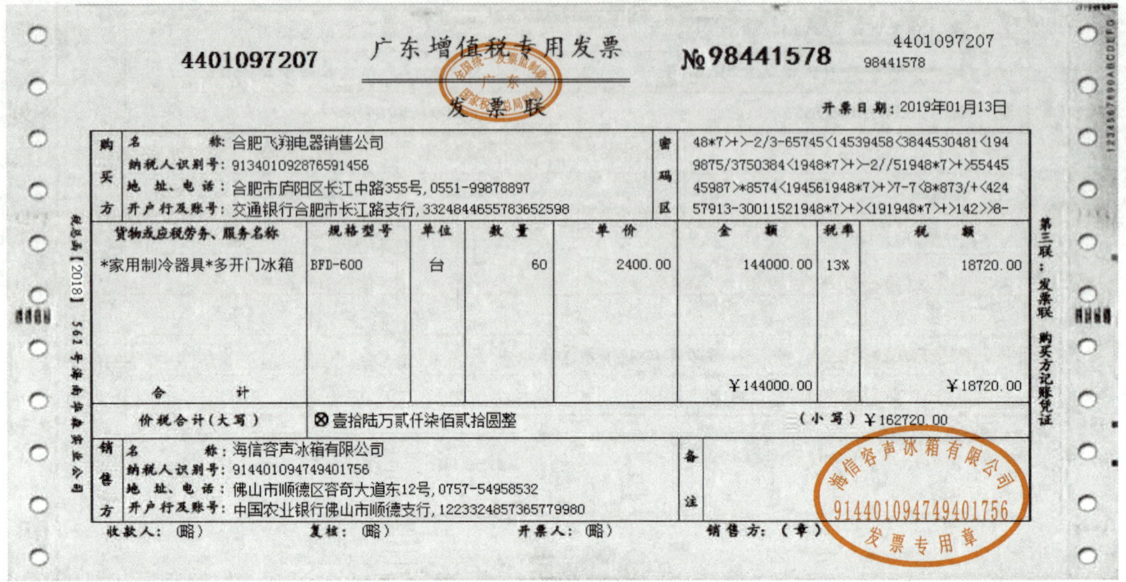

4401097207 广东增值税专用发票 №98441578 4401097207 98441578

发票联

开票日期：2019年01月13日

购买方 名称：合肥飞翔电器销售公司
纳税人识别号：913401092876591456
地址、电话：合肥市庐阳区长江中路355号，0551-99878897
开户行及账号：交通银行合肥市长江路支行，3324844655783652598

密码区：48*7+>-2/3-65745<14539458<3844530481<194 9875/3750384<1948*7+>-2//51948*7+>55445 45987>*8574<194561948*7+>7-7<8*873/+<424 57913-30011521948*7+><191948*7+>142>>8-

货物或应税劳务、服务名称	规格型号	单位	数量	单价	金额	税率	税额
*家用制冷器具*多开门冰箱	BFD-600	台	60	2400.00	144000.00	13%	18720.00
合计					¥144000.00		¥18720.00

价税合计（大写） ⊗壹拾陆万贰仟柒佰贰拾圆整 （小写）¥162720.00

销售方 名称：海信容声冰箱有限公司
纳税人识别号：914401094749401756
地址、电话：佛山市顺德区容奇大道东12号，0757-54958532
开户行及账号：中国农业银行佛山市顺德支行，1223324857365779980

备注

收款人：（略） 复核：（略） 开票人：（略） 销售方：（章）

第三联：发票联 购买方记账凭证

图 1-62 【业务二十六】原始凭证 2

入库单

2019 年 01 月 13 日 单号 c011303

交来单位及部门	海信容声冰箱有限公司	发票号码或生产单号码	98441578		验收仓库	商品库	入库日期	2019年01月13日
编号	名称及规格	单位	数量 交库	数量 实收	单价	金额	备注	
1	多开门冰箱BFD-600	台	60	60				
合计			60	60	—		—	

部门经理：（略） 会计：（略） 仓库：（略） 经办人：（略）

会计联

图 1-63 【业务二十六】原始凭证 3

【业务二十七】 14 日,销售部李力与天马家电签订购销合同(合同编号 xs0105)。销售金鑫配件委托本单位代销的电机 YSH－215(代销合同编号 wt0101),收取款项使用现结功能处理。取得相关凭证如图 1－64～图 1－67 所示。

业务二十七

购销合同

供货方：合肥飞翔电器销售公司　　合同号：xs0105

购买方：合肥天马家电经营部　　签订日期：2019年01月14日

为保护买卖双方的合法权益，买卖双方根据《中华人民共和国合同法》的有关规定，经友好协商，一致同意签订本合同并共同遵守。

一、商品的名称、数量及金额

商品名称	规格型号	计量单位	数量	单价(不含税)	金额(不含税)	税率	税额
电机	YSH-215	台	80	900.00	72000.00	13%	9360.00
合计			80	—	￥72000.00	—	￥9360.00
货款总计(大写)：捌万壹仟叁佰陆拾圆整					(小写)：￥81360.00		

二、质量验收标准：按国家行业标准执行。

三、交货日期：2019年01月14日。

四、交货地点：合肥市庐阳区长江中路355号。

五、结算方式：转账支票，付款时间：2019年01月14日。

六、发运方式及费用承担：买方自提，相关费用由购买方承担。

七、其　他：存在商品质量及溢余等情况，经双方协商，另行解决。

八、违约条款：违约方须赔偿对方一切经济损失。但遇天灾人祸或其他人力不能控制之因素而导致延误交货，需方不能要求供方赔偿任何损失。

九、合同纠纷解决方式：经双方协商解决，如协商不成的，可向当地仲裁委员会提出申诉解决。

十、本合同一式两份，双方各执一份，自签订之日起生效。

供货方　(盖章)
税号：913401092876591456
开户银行：交通银行合肥市长江路支行
银行账号：3324844655783652598
地址：合肥市庐阳区长江中路355号
法定代表：王翔
联系电话：0551-99878897

购买方　(盖章)
税号：913401052175510136
开户银行：中国工商银行合肥市庐阳支行
银行账号：4525621059186961363
地址：合肥市庐阳区二环路329号
法定代表：李海涛
联系电话：0551-57652584

图 1－64 【业务二十七】原始凭证 1

1

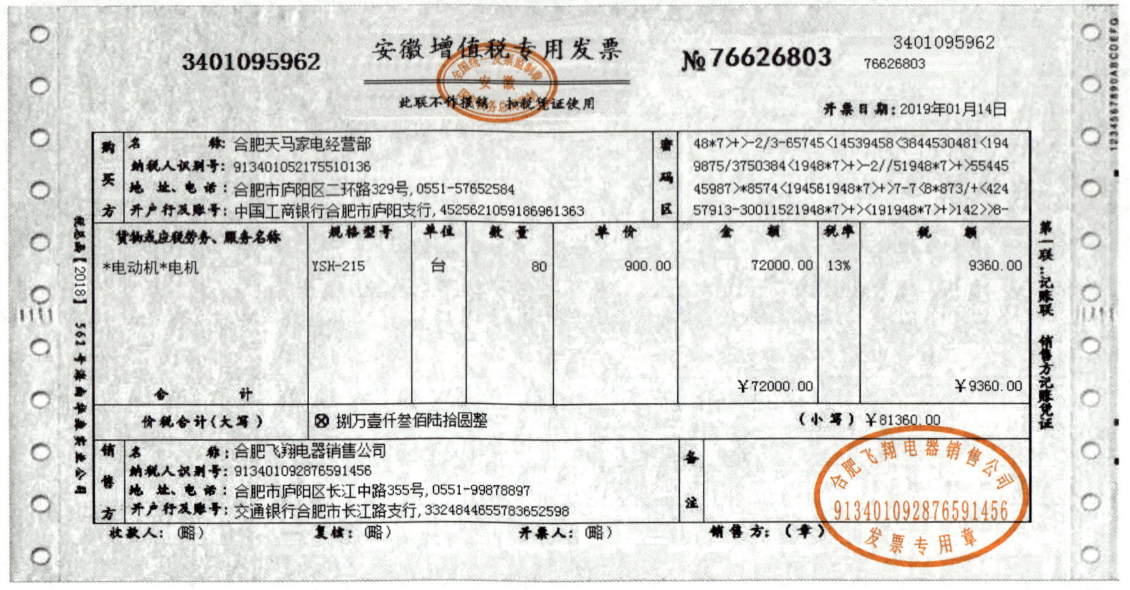

安徽增值税专用发票

3401095962 №76626803 3401095962 76626803

此联不作报销、扣税凭证使用 开票日期：2019年01月14日

购买方	名称：合肥天马家电经营部 纳税人识别号：913401052175510136 地址、电话：合肥市庐阳区二环路329号，0551-57652584 开户行及账号：中国工商银行合肥市庐阳支行，4525621059186961363			密码区	48*7>+>-2/3-65745<14539458<3844530481<194 9875/3750384<1948*7>+>-2//51948*7>+>55445 45987>*8574<194561948*7>+>7-7<8*873/+<424 57913-30011521948*7>+><191948*7>+>142>>8-		
货物或应税劳务、服务名称	规格型号	单位	数量	单价	金额	税率	税额
*电动机*电机	YSK-215	台	80	900.00	72000.00	13%	9360.00
合计					¥72000.00		¥9360.00
价税合计（大写）	⊗捌万壹仟叁佰陆拾圆整				（小写）¥81360.00		
销售方	名称：合肥飞翔电器销售公司 纳税人识别号：913401092876591456 地址、电话：合肥市庐阳区长江中路355号，0551-99878897 开户行及账号：交通银行合肥市长江路支行，3324844655783652598			备注			

收款人：（略） 复核：（略） 开票人：（略） 销售方：（章）

第一联：记账联 销售方记账凭证

图 1－65 【业务二十七】原始凭证 2

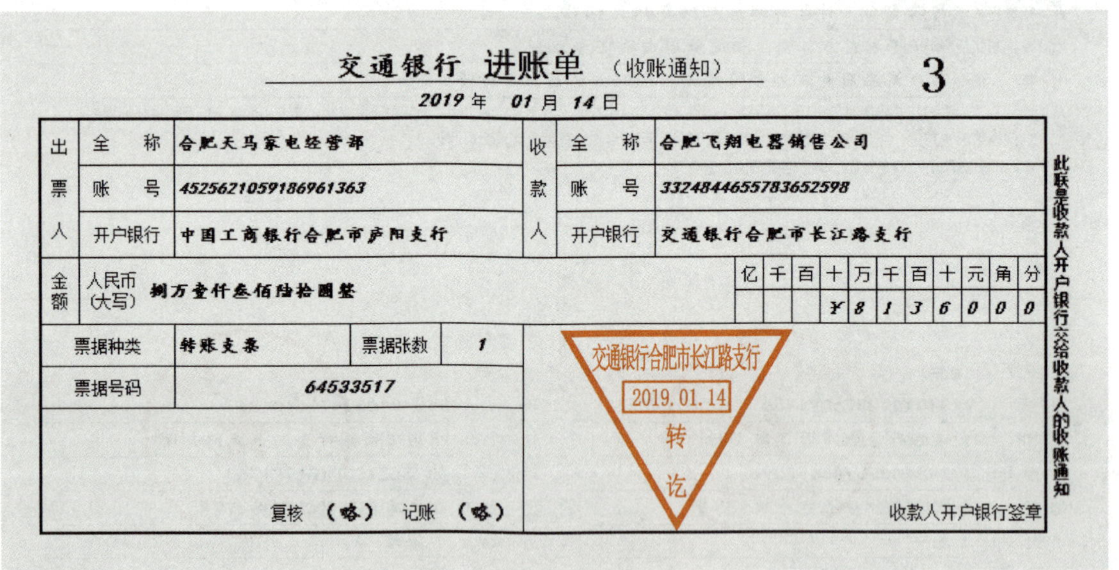

交通银行 进账单 （收账通知） 3

2019 年 01 月 14 日

出票人	全称	合肥天马家电经营部	收款人	全称	合肥飞翔电器销售公司
	账号	4525621059186961363		账号	3324844655783652598
	开户银行	中国工商银行合肥市庐阳支行		开户银行	交通银行合肥市长江路支行
金额	人民币（大写）	捌万壹仟叁佰陆拾圆整		亿千百十万千百十元角分	¥8136000
票据种类	转账支票	票据张数	1		
票据号码	64533517				
复核（略） 记账（略）				收款人开户银行签章	

交通银行合肥市长江路支行 2019.01.14 转讫

此联是收款人开户银行交给收款人的收账通知

图 1－66 【业务二十七】原始凭证 3

出库单

出货单位：合肥飞翔电器销售公司　　2019 年 01 月 14 日　　单号：x011401

提货单位或领货部门	合肥天马家电经营部	销售单号	76626803	发出仓库	代销库	出库日期	2019年01月14日

编号	名称及规格	单位	数量 应发	数量 实发	单价	金额
1	电机YSH-215	台	80	80		
合计			80	80	—	

会计联

部门经理：（略）　会计：（略）　仓库：（略）　经办人：（略）

图 1-67 【业务二十七】原始凭证 4

【业务二十八】 14 日，向卓越电器发出合同 xs0102 规定的货物，并开具增值税专用发票。取得相关凭证如图 1-68、图 1-69 所示。

业务二十八

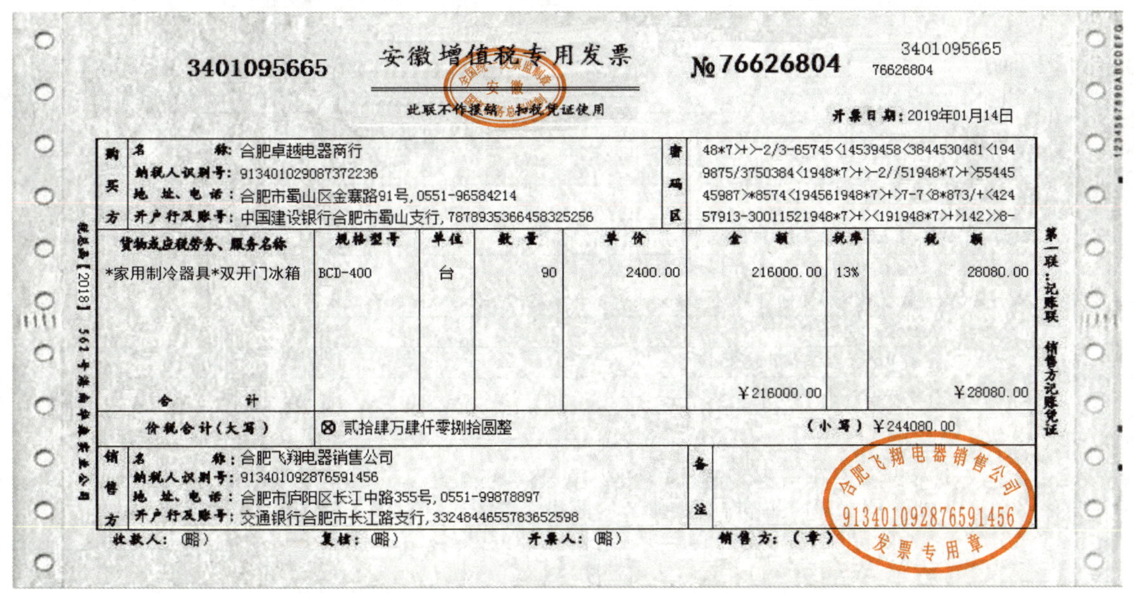

3401095665　安徽增值税专用发票　№76626804　3401095665　76626804

此联不作报销、扣税凭证使用

开票日期：2019年01月14日

购买方	名称：合肥卓越电器商行 纳税人识别号：913401029087372236 地址、电话：合肥市蜀山区金寨路91号，0551-96584214 开户行及账号：中国建设银行合肥市蜀山支行，7878935366458325256	密码区	48*7>+>-2/3-65745<14539458<3844530481<194 9875/3750384<1948*7>+>-2//51948*7>+>55445 45987>*8574<194561948*7>+>7-7<8*873/+<424 57913-30011521948*7>+><191948*7>+>142>>8-

货物或应税劳务、服务名称	规格型号	单位	数量	单价	金额	税率	税额
*家用制冷器具*双开门冰箱	BCD-400	台	90	2400.00	216000.00	13%	28080.00
合计					￥216000.00		￥28080.00
价税合计（大写）	⊗贰拾肆万肆仟零捌拾圆整				（小写）￥244080.00		

销售方	名称：合肥飞翔电器销售公司 纳税人识别号：913401092876591456 地址、电话：合肥市庐阳区长江中路355号，0551-99878897 开户行及账号：交通银行合肥市长江路支行，3324844655783652598	备注	合肥飞翔电器销售公司 913401092876591456 发票专用章

收款人：（略）　复核：（略）　开票人：（略）　销售方：（章）

第一联：记账联 销售方记账凭证

图 1-68 【业务二十八】原始凭证 1

业务二十九

业务三十

【业务二十九】 15 日，采购部杨钱与金鑫配件签订受托代销合同（合同编号 wt0103）。取得相关凭证如图 1-70、图 1-71 所示。

【业务三十】 15 日，采购部杨钱与容声冰箱签订购销合同（合同编号 cg0112），款项支付不使用现付功能。取得相关凭证如图 1-72～图 1-77 所示。

1

出 库 单

出货单位：合肥飞翔电器销售公司　　2019 年 01 月 14 日　　单号：x011402

提货单位或领货部门	合肥卓越电器商行	销售单号	76626804	发出仓库	商品库	出库日期	2019年01月14日
编　号	名称及规格	单位	数量 应发	数量 实发	单价	金额	
1	双开门冰箱BCD-400	台	90	90			
合计			90	90	—		

会计联

部门经理：（略）　　会计：（略）　　仓库：（略）　　经办人：（略）

图 1－69 【业务二十八】原始凭证 2

委托代销合同

委 托 方：金鑫家电配件制造有限公司　　合 同 号：wt0103

受 托 方：合肥飞翔电器销售公司　　签订日期：2019年01月15日

为保护买卖双方的合法权益，买卖双方根据《中华人民共和国合同法》的有关规定，经友好协商，一致同意签订本合同并共同遵守。

一、商品的名称、数量及金额

商品名称	规格型号	计量单位	数量	单价（不含税）	金额（不含税）	税率	税额
压缩机	WDQ-365	台	100	1500.00	150000.00	13%	19500.00
合　　计			100	—	¥150000.00	—	¥19500.00
货款总计（大写）：壹拾陆万玖仟伍佰圆整					（小写）：¥169500.00		

二、质量验收标准：按国家行业标准执行。

三、委托代销方式：双方约定，采用视同买断的方式由委托方委托受托方代销货物。

四、交货日期：2019年01月15日。

五、交货地点：合肥市庐阳区长江中路355号。

六、结算方式：转账支票，每月月底结算一次。

七、发运方式及费用承担：公路运输，相关费用由委托方承担。

八、其　他：4月30日前未销售完成的商品可退回给委托方。

九、违约条款：违约方须赔偿对方一切经济损失。但遇天灾人祸或其他人力不能控制之因素而导致延误交货，需方不能要求供方赔偿任何损失。

十、合同纠纷解决方式：经双方协商解决，如协商不成的，可向当地仲裁委员会提出申诉解决。

十一、本合同一式两份，双方各执一份，自签订之日起生效。

委 托 方　（盖章）
税　号：913401043538369886
开户银行：中国工商银行合肥市蜀山支行
银行账号：6754465534320137819
地　址：合肥市蜀山区临江东路186号
法定代表：刘晓露
联系电话：0551-74859656

受 托 方　（盖章）
税　号：913401092876591456
开户银行：交通银行合肥市长江路支行
银行账号：3324844655783652598
地　址：合肥市庐阳区长江中路355号
法定代表：王翔
联系电话：0551-99878897

图 1－70 【业务二十九】原始凭证 1

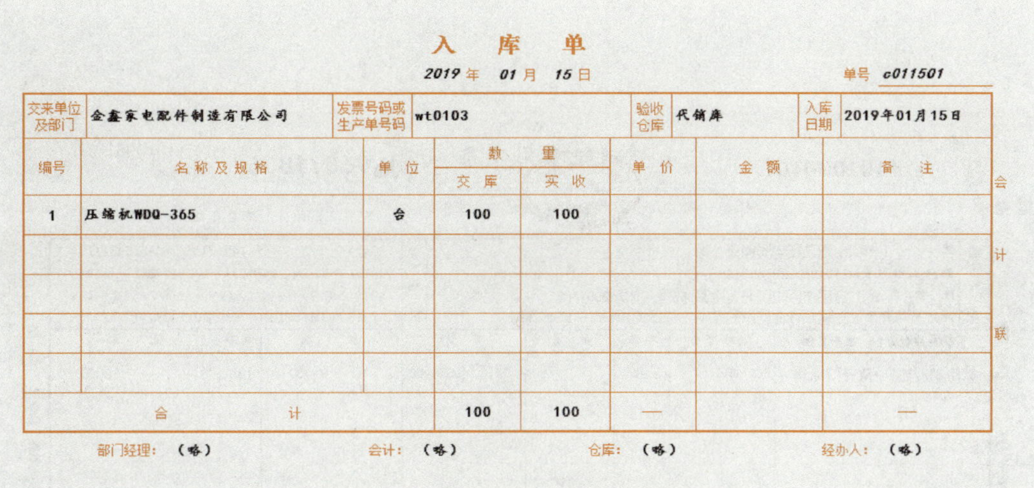

入 库 单

2019 年 01 月 15 日　　　　单号 c011501

交来单位及部门	金鑫家电配件制造有限公司	发票号码或生产单号码	wt0103	验收仓库	代销库	入库日期	2019年01月15日

编号	名称及规格	单位	数量		单价	金额	备注
			交库	实收			
1	压缩机WDQ-365	台	100	100			
合计			100	100	—		—

会计联

部门经理：（略）　会计：（略）　仓库：（略）　经办人：（略）

图 1－71 【业务二十九】原始凭证 2

购销合同

供货方：海信容声冰箱有限公司　　合同号：cg0112

购买方：合肥飞翔电器销售公司　　签订日期：2019年01月15日

为保护买卖双方的合法权益，买卖双方根据《中华人民共和国合同法》的有关规定，经友好协商，一致同意签订本合同并共同遵守。

一、商品的名称、数量及金额

商品名称	规格型号	计量单位	数量	单价（不含税）	金额（不含税）	税率	税额
双开门冰箱	BCD-400	台	60	1550.00	93000.00	13%	12090.00
合计			60	—	¥93000.00	—	¥12090.00
货款总计（大写）：壹拾万伍仟零玖拾圆整					（小写）：¥105090.00		

二、质量验收标准：按国家行业标准执行。

三、交货日期：2019年01月15日。

四、交货地点：合肥市庐阳区长江中路355号。

五、结算方式：电汇，付款时间：2019年01月15日。

六、发运方式及费用承担：公路运输，供货方代垫运输费用，代垫款项随同商品货款一并结清。

七、其　他：存在商品质量及溢余等情况，经双方协商，另行解决。

八、违约条款：违约方须赔偿对方一切经济损失。但遇天灾人祸或其他人力不能控制之因素而导致延误交货，需方不能要求供方赔偿任何损失。

九、合同纠纷解决方式：经双方协商解决，如协商不成的，可向当地仲裁委员会提出申诉解决。

十、本合同一式两份，双方各执一份，自签订之日起生效。

供货方（盖章）		购买方（盖章）	
税号：	914401094749401756	税号：	913401092876591456
开户银行：	中国农业银行佛山市顺德支行	开户银行：	交通银行合肥市长江路支行
银行账号：	1223324857365779980	银行账号：	3324844655783652598
地址：	佛山市顺德区容奇大道东12号	地址：	合肥市庐阳区长江中路355号
法定代表：	方桐光	法定代表：	王翔
联系电话：	0757-54958532	联系电话：	0551-99878897

图 1－72 【业务三十】原始凭证 1

1

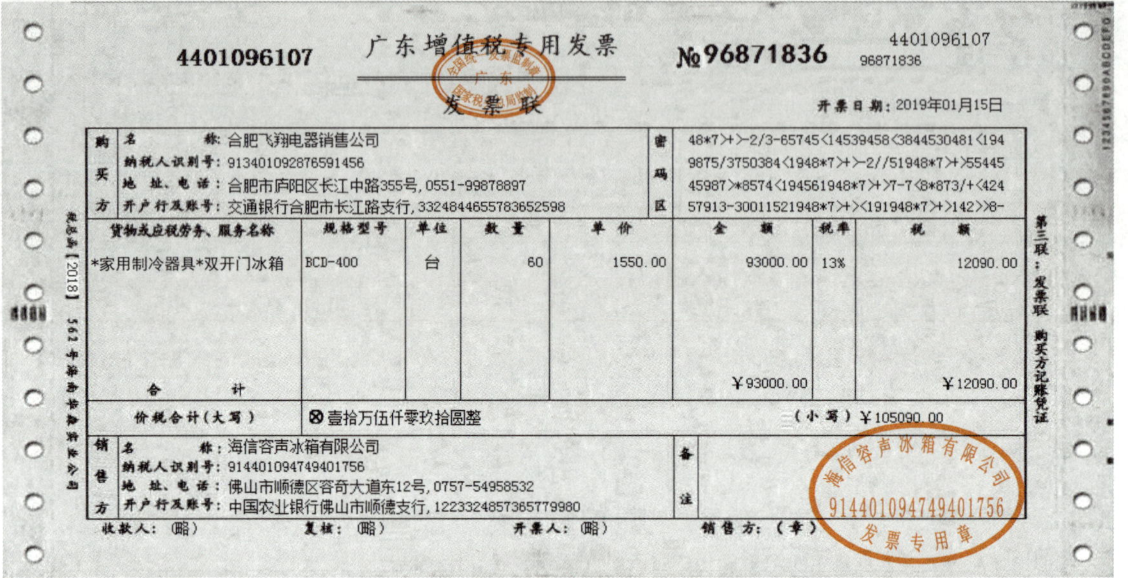

广东增值税专用发票

4401096107 №96871836 4401096107 96871836

发票联

开票日期：2019年01月15日

购买方	名称：合肥飞翔电器销售公司 纳税人识别号：913401092876591456 地址、电话：合肥市庐阳区长江中路355号，0551-99878897 开户行及账号：交通银行合肥市长江路支行，3324844655783652598				密码区	48*7>+>-2/3-65745<14539458<3844530481<194 9875/3750384<1948*7>+>-2//51948*7>+>55445 45987>*8574<194561948*7>+>7-7<8*873/+<424 57913-30011521948*7>+><191948*7>+>142>>8-	
货物或应税劳务、服务名称	规格型号	单位	数量	单价	金额	税率	税额
*家用制冷器具*双开门冰箱	BCD-400	台	60	1550.00	93000.00	13%	12090.00
合计					¥93000.00		¥12090.00
价税合计（大写）	⊗壹拾万伍仟零玖拾圆整				（小写）¥105090.00		
销售方	名称：海信容声冰箱有限公司 纳税人识别号：914401094749401756 地址、电话：佛山市顺德区容奇大道东12号，0757-54958532 开户行及账号：中国农业银行佛山市顺德支行，1223324857365779980				备注		

收款人：（略） 复核：（略） 开票人：（略） 销售方：（章）

第三联：发票联 购买方记账凭证

图 1－73 【业务三十】原始凭证 2

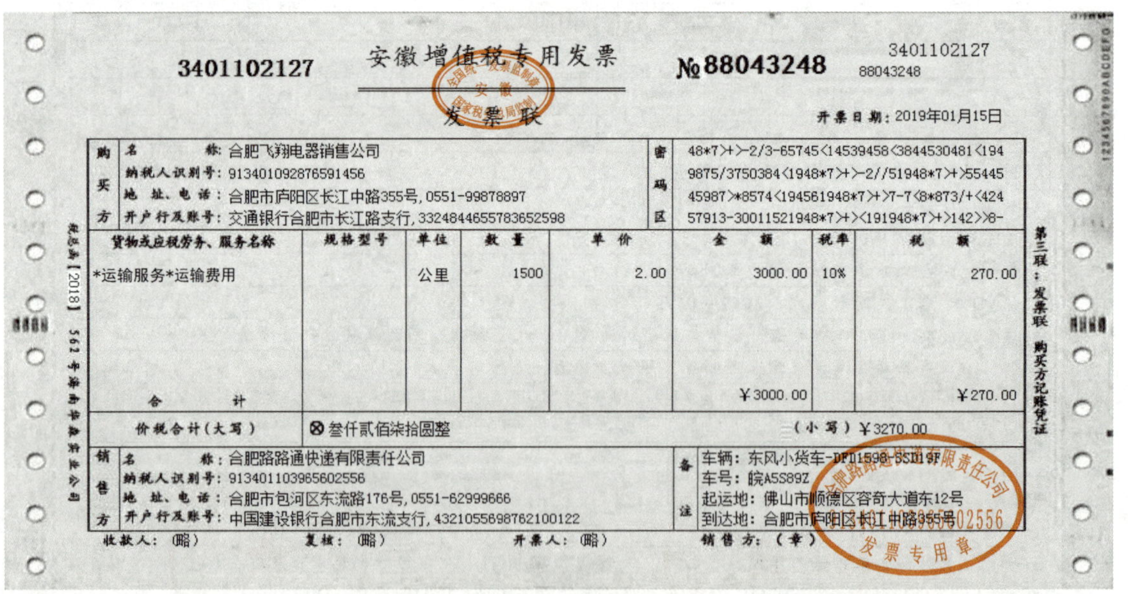

安徽增值税专用发票

3401102127 №88043248 3401102127 88043248

发票联

开票日期：2019年01月15日

购买方	名称：合肥飞翔电器销售公司 纳税人识别号：913401092876591456 地址、电话：合肥市庐阳区长江中路355号，0551-99878897 开户行及账号：交通银行合肥市长江路支行，3324844655783652598				密码区	48*7>+>-2/3-65745<14539458<3844530481<194 9875/3750384<1948*7>+>-2//51948*7>+>55445 45987>*8574<194561948*7>+>7-7<8*873/+<424 57913-30011521948*7>+><191948*7>+>142>>8-	
货物或应税劳务、服务名称	规格型号	单位	数量	单价	金额	税率	税额
*运输服务*运输费用		公里	1500	2.00	3000.00	10%	270.00
合计					¥3000.00		¥270.00
价税合计（大写）	⊗叁仟贰佰柒拾圆整				（小写）¥3270.00		
销售方	名称：合肥路路通快递有限责任公司 纳税人识别号：913401103965602556 地址、电话：合肥市包河区东流路176号，0551-62999666 开户行及账号：中国建设银行合肥市东流支行，4321055698762100122				备注	车辆：东风小货车-DFD1598-55D19F 车号：皖A5S89Z 起运地：佛山市顺德区容奇大道东12号 到达地：合肥市庐阳区长江中路355号	

收款人：（略） 复核：（略） 开票人：（略） 销售方：（章）

第三联：发票联 购买方记账凭证

图 1－74 【业务三十】原始凭证 3

入 库 单

2019 年 01 月 15 日　　单号 c011502

交来单位及部门	海信客声冰箱有限公司	发票号码或生产单号码	96871836	验收仓库	商品库	入库日期	2019年01月15日

编号	名称及规格	单位	数量		单价	金额	备注
			交库	实收			
1	双开门冰箱BCD-400	台	60	60			
合计			60	60	—		—

会计联

部门经理：（略）　会计：（略）　仓库：（略）　经办人：（略）

图 1－75 【业务三十】原始凭证 4

付 款 审 批 单

2019 年 01 月 15 日

收款单位	海信客声冰箱有限公司		申请部门	采购部
开户行	中国农业银行佛山市顺德支行		经手人	杨钱
账号	1223324857365779980		付款方式	电汇
付款用途	支付合同cg0112规定的购货款。			
付款金额	人民币(大写)	壹拾万捌仟叁佰陆拾圆整	小写	￥108360.00

总经理	财务负责人	部门负责人	出纳
王翔	张国	杨钱	周冲

会计主管：（略）　审核：（略）　出纳：（略）　制单：（略）

图 1－76 【业务三十】原始凭证 5

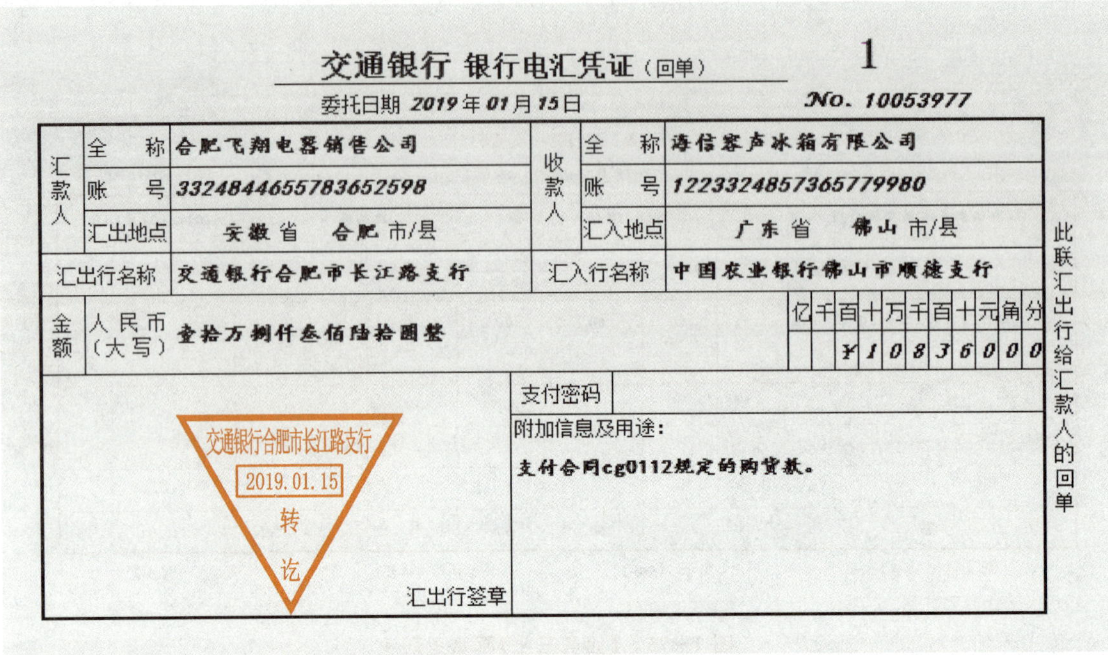

交通银行 银行电汇凭证（回单） 1

委托日期 2019年01月15日 No. 10053977

汇款人	全称	合肥飞翔电器销售公司	收款人	全称	海信容声冰箱有限公司
	账号	3324844655783652598		账号	1223324857365779980
	汇出地点	安徽 省 合肥 市/县		汇入地点	广东 省 佛山 市/县
汇出行名称		交通银行合肥市长江路支行	汇入行名称		中国农业银行佛山市顺德支行
金额	人民币（大写）	壹拾万捌仟叁佰陆拾圆整		亿千百十万千百十元角分	¥10836000

支付密码

附加信息及用途：

支付合同cg0112规定的购货款。

交通银行合肥市长江路支行 2019.01.15 转 讫

汇出行签章

此联汇出行给汇款人的回单

图1－77 【业务三十】原始凭证6

【业务三十一】 15日，仓储部许良对商品库及配件库进行盘点。取得相关凭证如图1－78、图1－79所示。

业务三十一

存货盘点表

盘点仓库：商品库　　盘点日期：2019.01.15　　盘点人：许良

序号	商品名称	规格型号	账面		盘盈	盘亏	实盘	
			数量	金额	数量	数量	数量	金额
1	直筒洗衣机	MBR-702	30				30	
2	滚筒洗衣机	MDR-715	90				90	
3	壁挂式空调	BGS-356	60				60	
4	立柜式空调	LGS-726	110				110	
5	双开门冰箱	BCD-400	80				80	
6	多开门冰箱	BFD-600	150				150	
合		计	—		—	—	—	

以上"金额"均为原值

图1－78 【业务三十一】原始凭证1

1

存 货 盘 点 表

盘点仓库：配件库　　盘点日期：2019.01.15　　盘点人：许良

序号	商品名称	规格型号	账面		盘盈	盘亏	实盘	
			数量	金额	数量	数量	数量	金额
1	主机控制板	DAH-564	130				130	
2	触摸开关	CMK-956	450			10	440	
3	遥控开关	KZB-152	480			8	472	
4	照明灯	ZMD-963	190				190	
5	温度器	DJH-982	500			1	499	
6	电器盒	YKK-576	180				180	
合		计	—		—	—	—	

以上“金额”均为原值

图 1－79　【业务三十一】原始凭证 2

【业务三十二】　15 日，配件库盘亏的存货报批入账。取得相关凭证如图 1－80 所示。

业务三十二

存货盘盈/亏处理报告表

企业名称：合肥飞翔电器销售有限公司　　2019 年　01 月　15 日　　单位：元

名称和规格	计量单位	单价	数量		盘盈		盘亏		差异原因
			账存	实存	数量	金额	数量	金额	
触摸开关CMK-956	只	30.00	450	440			10	300.00	收发计量差错
遥控开关KZB-152	个	60.00	480	472			8	480.00	收发计量差错
温度器DJH-982	个	5.00	500	499			1	5.00	收发计量差错
财务部门建议处理意见：	计入管理费用								
单位主管部门批复处理意见：	同意								

批准人：（略）　　审批人：（略）　　部门负责人：（略）　　制单：（略）

图 1－80　【业务三十二】原始凭证

业务三十三

【业务三十三】　16 日，收到金鑫配件根据合同 cg0106 发来的货物与增值税专用发票。取得相关凭证如图 1－81～图 1－83 所示。

业务三十四

【业务三十四】　16 日，销售部陈思与天鹅家电签订购销合同（合同编号 xs0106）。取得相关凭证如图 1－84 所示。

1

货物拒收单

2019 年 01 月 16 日

交来单位或部门	金鑫家电配件制造有限公司		采购单号	cg0106	
验收仓库	配件库		验收日期	2019.01.16	
编号	名称及规格	单位	数量		
			到货	实收	拒收
1	电器盒YKK-576	件	40	0	40
合计			40	0	40
拒收原因	到货商品与合同要求不符，质量存在问题。				

业务联

主管：（略） 验收人员：（略） 供货人员：（略）

图 1-81 【业务三十三】原始凭证 1

商品质量问题处理协议书

甲方（供货方）：金鑫家电配件制造有限公司

乙方（购买方）：合肥飞翔电器销售公司

甲、乙双方与 2019 年 1 月 8 日签订购销合同 cg0106，约定由甲方向乙方提供商品电器盒 YKK-576，由于甲方提供的商品中有 40 台与乙方的具体要求有偏差，且存在一定的质量问题。为妥善处理甲乙双方之间存在的争议，减少双方因此产生的损失。根据诚实信用、公平互助的原则，经甲乙双方充分友好协商，达成以下共识：

一、乙方于签订协议当日退还该批商品。

二、甲方于 2019 年 1 月 17 日重新根据购销合同 cg0106 的相关规定，提供该批商品并运送至乙方指定地点。

三、如本协议无效或被撤销，则甲方仍继续按原合同及其他法律文件履行义务。

四、本协议经甲、乙双方加盖公章并由双方法定代表人或由法定代表人授权的代理人签字后生效。

五、本协议未尽事宜，遵照国家有关法律、法规和规章办理。

六、本协议一式两份，甲、乙双方各执一份，具同等法律效力。

甲方：金鑫家电配件制造有限公司（签章） 乙方：合肥飞翔电器销售公司（签章）

授权代理人（签字）：候宝峰 授权代理人（签字）：杨 钱

签订时间：2019 年 01 月 16 日

图 1-82 【业务三十三】原始凭证 2

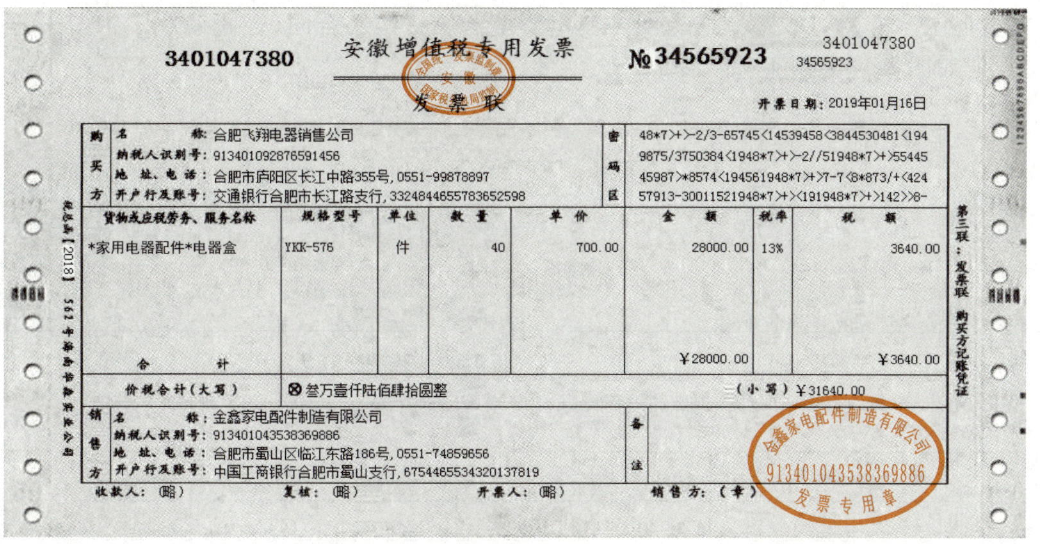

3401047380 **安徽增值税专用发票** №34565923 3401047380 34565923

发票联

开票日期：2019年01月16日

购买方	名称：合肥飞翔电器销售公司 纳税人识别号：913401092876591456 地址、电话：合肥市庐阳区长江中路355号,0551-99878897 开户行及账号：交通银行合肥市长江路支行,3324844655783652598	密码区	48*7>+>-2/3-65745<14539458<3844530481<194 9875/3750384<1948*7>+>-2//51948*7>+>55445 45987>*8574<194561948*7>+>7-7<8*873/+<424 57913-30011521948*7>+><191948*7>+>142>>8-

货物或应税劳务、服务名称	规格型号	单位	数量	单价	金额	税率	税额
*家用电器配件*电器盒	YKK-576	件	40	700.00	28000.00	13%	3640.00
合计					¥28000.00		¥3640.00
价税合计（大写）	⊗叁万壹仟陆佰肆拾圆整				（小写）¥31640.00		

销售方	名称：金鑫家电配件制造有限公司 纳税人识别号：913401043538369886 地址、电话：合肥市蜀山区临江东路186号,0551-74859656 开户行及账号：中国工商银行合肥市蜀山支行,6754465534320137819	备注	

收款人：（略） 复核：（略） 开票人：（略） 销售方：（章）

税总函【2018】561号海南华森实业公司

第三联：发票联 购买方记账凭证

图 1-83 【业务三十三】原始凭证 3

购销合同

供货方：合肥飞翔电器销售公司　　合同号：xs0106

购买方：合肥天鹅家电经营部　　签订日期：2019年01月16日

为保护买卖双方的合法权益，买卖双方根据《中华人民共和国合同法》的有关规定，经友好协商，一致同意签订本合同并共同遵守。

一、商品的名称、数量及金额

商品名称	规格型号	计量单位	数量	单价（不含税）	金额（不含税）	税率	税额
多开门冰箱	BFD-600	台	90	3600.00	324000.00	13%	42120.00
合计			90	—	¥324000.00	—	¥42120.00
货款总计（大写）：叁拾陆万陆仟壹佰贰拾圆整					（小写）：¥366120.00		

二、质量验收标准：按国家行业标准执行。

三、交货日期：2019年01月21日。

四、交货地点：合肥市庐阳区长江中路355号。

五、结算方式：转账支票，付款时间：2019年01月22日。

六、发运方式及费用承担：买方自提，相关费用由购买方承担。

七、其　他：存在商品质量及溢余等情况，经双方协商，另行解决。

八、违约条款：违约方须赔偿对方一切经济损失。但遇天灾人祸或其他人力不能控制之因素而导致延误交货，需方不能要求供方赔偿任何损失。

九、合同纠纷解决方式：经双方协商解决，如协商不成的，可向当地仲裁委员会提出申诉解决。

十、本合同一式两份，双方各执一份，自签订之日起生效。

供货方（盖章）		购买方（盖章）	
税号：	913401092876591456	税号：	913401006694669186
开户银行：	交通银行合肥市长江路支行	开户银行：	中信银行合肥市瑶海支行
银行账号：	3324844655783652598	银行账号：	7103334539120021934
地址：	合肥市庐阳区长江中路355号	地址：	合肥市经济技术开发区玉屏路189号
法定代表：	王翔	法定代表：	熊义辉
联系电话：	0551-99878897	联系电话：	0551-74940175

图 1-84 【业务三十四】原始凭证

1

【业务三十五】 16日，销售部吴方与七彩电器签订购销合同(合同编号 xs0107)。取得相关凭证如图 1-85、图 1-86 所示。

业务三十五

购销合同

供货方：合肥飞翔电器销售公司　　合同号：xs0107

购买方：合肥七彩电器商行　　签订日期：2019年01月16日

为保护买卖双方的合法权益，买卖双方根据《中华人民共和国合同法》的有关规定，经友好协商，一致同意签订本合同并共同遵守。

一、商品的名称、数量及金额

商品名称	规格型号	计量单位	数量	单价(不含税)	金额(不含税)	税率	税额
遥控开关	KZB-152	个	400	90.00	36000.00	13%	4680.00
合计			400	—	¥36000.00	—	¥4680.00
货款总计（大写）：肆万零陆佰捌拾圆整					（小写）：¥40680.00		

二、质量验收标准：按国家行业标准执行。

三、交货日期：2019年01月27日。

四、交货地点：合肥市庐阳区长江中路355号。

五、结算方式：转账支票，签订合同当日，购买方向供货方支付定金10000元，剩余款项开具发票当日结清。

六、发运方式及费用承担：买方自提，相关费用由购买方承担。

七、其　他：存在商品质量及溢余等情况，经双方协商，另行解决。

八、违约条款：违约方须赔偿对方一切经济损失。但遇天灾人祸或其他人力不能控制之因素而导致延误交货，需方不能要求供方赔偿任何损失。

九、合同纠纷解决方式：经双方协商解决，如协商不成的，可向当地仲裁委员会提出申诉解决。

十、本合同一式两份，双方各执一份，自签订之日起生效。

供货方（盖章）
税号：913401092876591456
开户银行：交通银行合肥市长江路支行
银行账号：3324844655783652598
地址：合肥市庐阳区长江中路355号
法定代表：王翔
联系电话：0551-99878897

（印章：合肥飞翔电器销售公司 合同专用章）

购买方（盖章）
税号：913401062452376726
开户银行：中国农业银行合肥市庐阳支行
银行账号：2880236289520787244
地址：合肥市庐阳区庐江路127号
法定代表：陈娜妍
联系电话：0551-72165060

（印章：合肥七彩电器商行 合同专用章）

图 1-85 【业务三十五】原始凭证 1

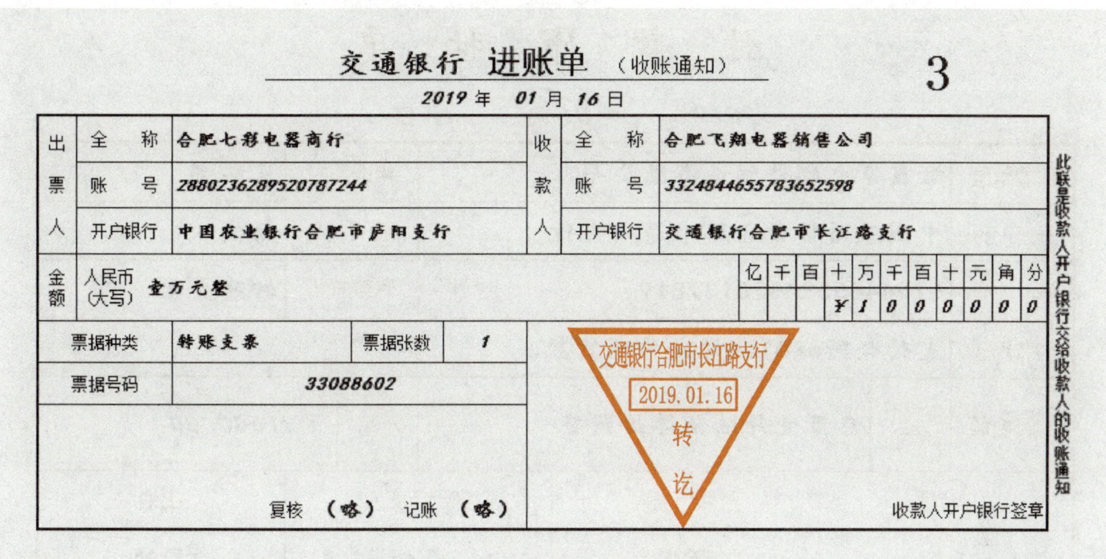

交通银行　进账单（收账通知）　3

2019 年　01 月　16 日

出票人	全　称	合肥七彩电器商行	收款人	全　称	合肥飞翔电器销售公司
	账　号	2880236289520787244		账　号	3324844655783652598
	开户银行	中国农业银行合肥市庐阳支行		开户银行	交通银行合肥市长江路支行
金额	人民币（大写）	壹万元整		亿千百十万千百十元角分	¥1000000
票据种类	转账支票	票据张数	1		
票据号码	33088602				

复核（略）　记账（略）

交通银行合肥市长江路支行　2019.01.16　转讫

收款人开户银行签章

此联是收款人开户银行交给收款人的收账通知

图 1-86　【业务三十五】原始凭证 2

【业务三十六】　17 日，收到金鑫配件根据合同 cg0106 补发的货物。取得相关凭证如图 1-87～图 1-89 所示。

业务三十六

入　库　单

2019 年　01 月　17 日　　单号 c011701

交来单位及部门	金鑫家电配件制造有限公司	发票号码或生产单号码	34565923	验收仓库	配件库	入库日期	2019年01月17日

编号	名称及规格	单位	数量 交库	数量 实收	单价	金额	备注
1	电器盒YKK-576	件	40	40			
合计			40	40	—		—

部门经理：（略）　会计：（略）　仓库：（略）　经办人：（略）

会计联

图 1-87　【业务三十六】原始凭证 1

付款审批单

2019 年 01 月 17 日

收款单位	金鑫家电配件制造有限公司		申请部门	采购部
开户行	中国工商银行合肥市蜀山支行		经手人	杨钱
账号	6754465534320137819		付款方式	转账支票
付款用途	支付合同cg0106规定的购货款。			
付款金额	人民币（大写）	叁万壹仟陆佰肆拾圆整	小写	¥31640.00
总经理	财务负责人		部门负责人	出纳
王翔	张国		杨钱	周冲

会计主管：（略） 审核：（略） 出纳：（略） 制单：（略）

图 1－88 【业务三十六】原始凭证 2

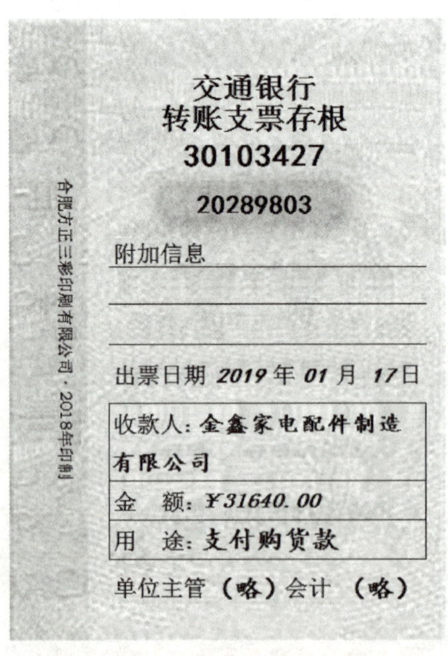

交通银行
转账支票存根
30103427
20289803

附加信息

出票日期 2019 年 01 月 17 日

收款人：金鑫家电配件制造有限公司

金 额：¥31640.00

用 途：支付购货款

单位主管（略）会计（略）

合肥方正三彩印刷有限公司·2018年印制

图 1－89 【业务三十六】原始凭证 3

1

业务三十七

【业务三十七】 17 日，收到金鑫配件根据合同 cg0107 发来的货物与增值税专用发票。取得相关凭证如图 1－90、图 1－91 所示。

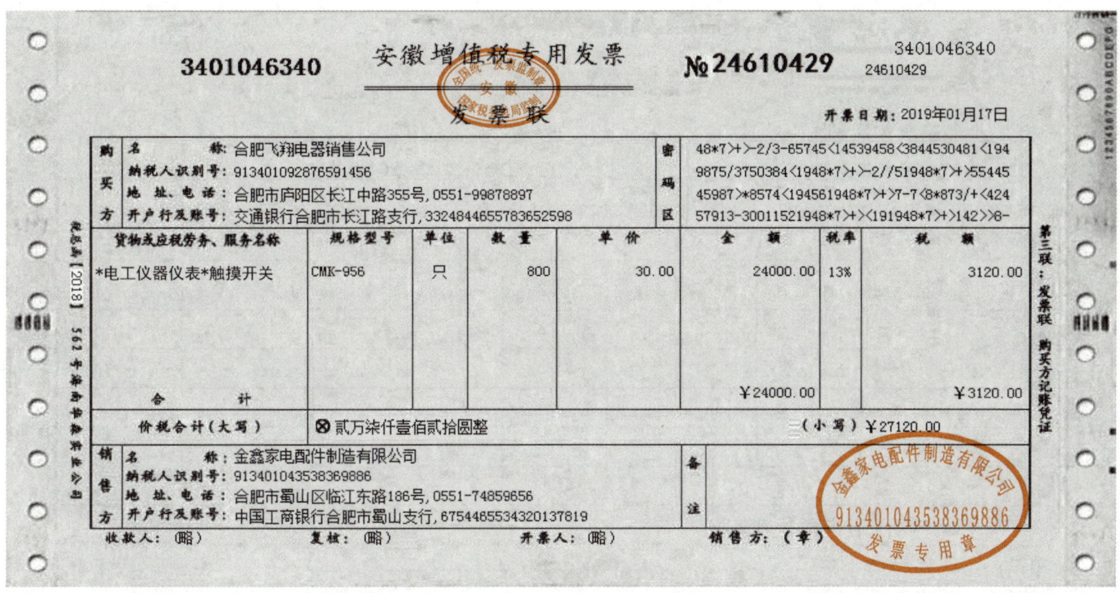

3401046340 安徽增值税专用发票 №24610429 3401046340 24610429

发票联

开票日期：2019年01月17日

购买方	
名称	合肥飞翔电器销售公司
纳税人识别号	913401092876591456
地址、电话	合肥市庐阳区长江中路355号，0551-99878897
开户行及账号	交通银行合肥市长江路支行，3324844655783652598

密码区：48*7)+>-2/3-65745<14539458<3844530481<194 9875/3750384<1948*7>+>-2//51948*7>+>55445 45987>*8574<194561948*7>+>7-7<8*873/+<424 57913-30011521948*7>+><191948*7>+>142>>8-

货物或应税劳务、服务名称	规格型号	单位	数量	单价	金额	税率	税额
*电工仪器仪表*触摸开关	CMK-956	只	800	30.00	24000.00	13%	3120.00
合计					￥24000.00		￥3120.00
价税合计（大写）	⊗贰万柒仟壹佰贰拾圆整				（小写）￥27120.00		

销售方	
名称	金鑫家电配件制造有限公司
纳税人识别号	913401043538369886
地址、电话	合肥市蜀山区临江东路186号，0551-74859656
开户行及账号	中国工商银行合肥市蜀山支行，6754465534320137819

备注

收款人：（略） 复核：（略） 开票人：（略） 销售方：（章）

第三联：发票联 购买方记账凭证

图 1－90 【业务三十七】原始凭证 1

入 库 单

2019 年 01 月 17 日　　　　单号 c011702

交来单位及部门	金鑫家电配件制造有限公司	发票号码或生产单号码	24610429	验收仓库	配件库	入库日期	2019年01月17日
编号	名称及规格	单位	数量 交库	数量 实收	单价	金额	备注
1	触摸开关CMK-956	只	800	800			
合计			800	800	—		—

部门经理：（略）　会计：（略）　仓库：（略）　经办人：（略）

会计联

图 1－91 【业务三十七】原始凭证 2

1

业务三十八

【业务三十八】 17 日，销售部郑想与卓越电器签订购销合同（合同编号 xs0108），款项支付与收取使用现结功能处理。取得相关凭证如图 1－92～图 1－98 所示。

购销合同

供货方：合肥飞翔电器销售公司　　合同号：xs0108

购买方：合肥卓越电器商行　　签订日期：2019年01月17日

为保护买卖双方的合法权益，买卖双方根据《中华人民共和国合同法》的有关规定，经友好协商，一致同意签订本合同并共同遵守。

一、商品的名称、数量及金额

商品名称	规格型号	计量单位	数量	单价（不含税）	金额（不含税）	税率	税额
照明灯	ZMD-963	个	180	300.00	54000.00	13%	7020.00
合计			180	—	¥54000.00	—	¥7020.00
货款总计（大写）：陆万壹仟零贰拾圆整					（小写）：¥61020.00		

二、质量验收标准：按国家行业标准执行。

三、交货日期：2019年01月17日。

四、交货地点：合肥市蜀山区金寨路91号。

五、结算方式：转账支票，付款时间：2019年01月17日。

六、发运方式及费用承担：公路运输，相关费用由供货方承担。

七、其　他：存在商品质量及溢余等情况，经双方协商，另行解决。

八、违约条款：违约方须赔偿对方一切经济损失。但遇天灾人祸或其他人力不能控制之因素而导致延误交货，需方不能要求供方赔偿任何损失。

九、合同纠纷解决方式：经双方协商解决，如协商不成的，可向当地仲裁委员会提出申诉解决。

十、本合同一式两份，双方各执一份，自签订之日起生效。

供货方（盖章）
税号：913401092876591456
开户银行：交通银行合肥市长江路支行
银行账号：3324844655783652598
地址：合肥市庐阳区长江中路355号
法定代表：王翔
联系电话：0551-99878897

（印章：合肥飞翔电器销售公司 合同专用章）

购买方（盖章）
税号：913401029087372236
开户银行：中国建设银行合肥市蜀山支行
银行账号：7878935366458325256
地址：合肥市蜀山区金寨路91号
法定代表：车梦裔
联系电话：0551-96584214

（印章：合肥卓越电器商行 合同专用章）

图 1－92 【业务三十八】原始凭证 1

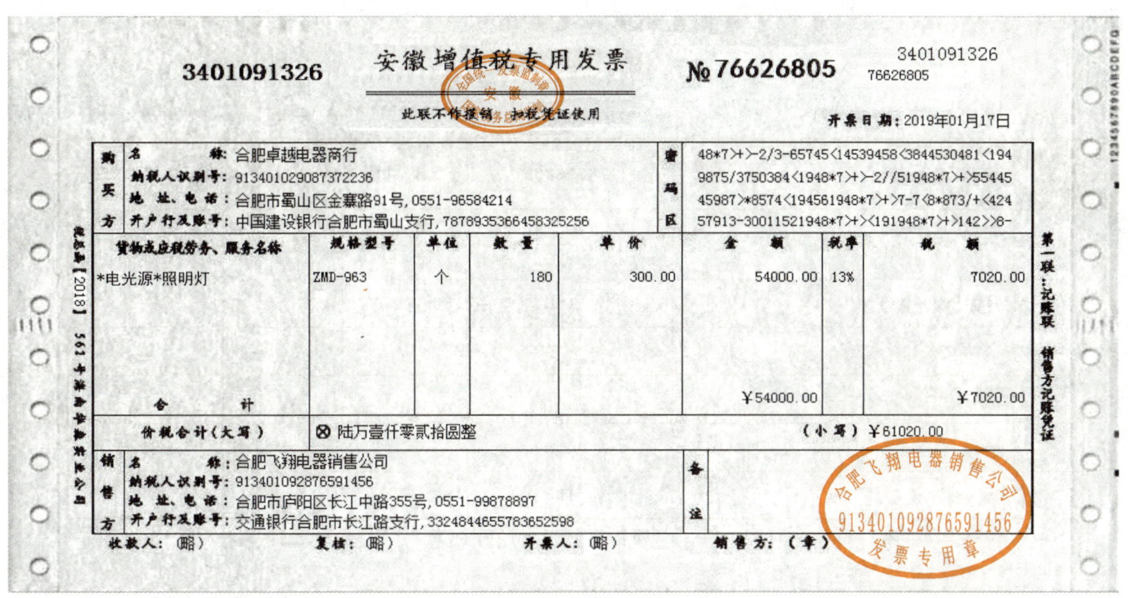

3401091326　　安徽增值税专用发票　　№76626805　　3401091326 76626805

此联不作报销、扣税凭证使用

开票日期：2019年01月17日

购买方	名称：合肥卓越电器商行 纳税人识别号：913401029087372236 地址、电话：合肥市蜀山区金寨路91号，0551-96584214 开户行及账号：中国建设银行合肥市蜀山支行，7878935366458325256	密码区	48*7>+>-2/3-65745<14539458<3844530481<194 9875/3750384<1948*7>+>-2//51948*7>+>55445 45987>*8574<194561948*7>+>7-7<8*873/+<424 57913-30011521948*7>+><191948*7>+>142>>8-

货物或应税劳务、服务名称	规格型号	单位	数量	单价	金额	税率	税额
*电光源*照明灯	ZMD-963	个	180	300.00	54000.00	13%	7020.00
合计					￥54000.00		￥7020.00
价税合计（大写）	⊗陆万壹仟零贰拾圆整				（小写）￥61020.00		

销售方	名称：合肥飞翔电器销售公司 纳税人识别号：913401092876591456 地址、电话：合肥市庐阳区长江中路355号，0551-99878897 开户行及账号：交通银行合肥市长江路支行，3324844655783652598	备注	

收款人：（略）　复核：（略）　开票人：（略）　销售方：（章）

第一联：记账联　销售方记账凭证

图1-93 【业务三十八】原始凭证2

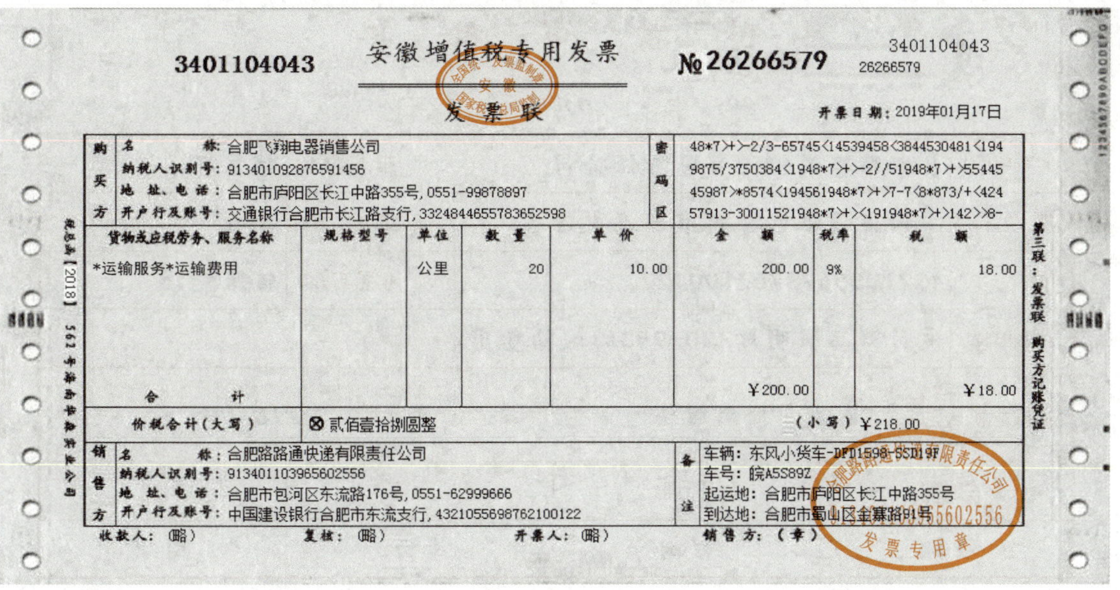

3401104043　　安徽增值税专用发票　　№26266579　　3401104043 26266579

发票联

开票日期：2019年01月17日

购买方	名称：合肥飞翔电器销售公司 纳税人识别号：913401092876591456 地址、电话：合肥市庐阳区长江中路355号，0551-99878897 开户行及账号：交通银行合肥市长江路支行，3324844655783652598	密码区	48*7>+>-2/3-65745<14539458<3844530481<194 9875/3750384<1948*7>+>-2//51948*7>+>55445 45987>*8574<194561948*7>+>7-7<8*873/+<424 57913-30011521948*7>+><191948*7>+>142>>8-

货物或应税劳务、服务名称	规格型号	单位	数量	单价	金额	税率	税额
*运输服务*运输费用		公里	20	10.00	200.00	9%	18.00
合计					￥200.00		￥18.00
价税合计（大写）	⊗贰佰壹拾捌圆整				（小写）￥218.00		

销售方	名称：合肥路路通快递有限责任公司 纳税人识别号：913401103965602556 地址、电话：合肥市包河区东流路176号，0551-62999666 开户行及账号：中国建设银行合肥市东流支行，4321055698762100122	备注	车辆：东风小货车-DFD1598-SSD19F 车号：皖A5S89Z 起运地：合肥市庐阳区长江中路355号 到达地：合肥市蜀山区金寨路91号

收款人：（略）　复核：（略）　开票人：（略）　销售方：（章）

第三联：发票联　购买方记账凭证

图1-94 【业务三十八】原始凭证3

1

出 库 单

出货单位：合肥飞翔电器销售公司　　2019 年 01 月 17 日　　单号：x011701

提货单位或领货部门	合肥卓越电器商行	销售单号	76626805	发出仓库	配件库	出库日期	2019年01月17日
编 号	名称及规格	单 位	数量 应发	数量 实发	单 价	金 额	
1	照明灯ZMD-963	个	180	180			
合计			180	180	—		

会计联

部门经理：（略）　会计：（略）　仓库：（略）　经办人：（略）

图 1－95 【业务三十八】原始凭证 4

付 款 审 批 单

2019 年 01 月 17 日

收款单位	合肥路路通快递有限责任公司		申请部门	销售部
开 户 行	中国建设银行合肥市东流支行		经 手 人	李力
账 号	4321055698762100122		付款方式	转账支票
付款用途	支付商品照明灯ZMD-963的运输费用。			
付款金额	人民币（大写）	贰佰壹拾捌圆整	小写	￥218.00
总经理	财务负责人		部门负责人	出纳
王翔	张国		李力	周冲

会计主管：（略）　审核：（略）　出纳：（略）　制单：（略）

图 1－96 【业务三十八】原始凭证 5

交通银行
转账支票存根
30103427
20289804

附加信息

出票日期 2019 年 01 月 17 日

收款人：合肥路路通快递有限责任公司
金　额：¥218.00
用　途：支付运输费用

单位主管（略）会计（略）

合肥方正三彩印刷有限公司 · 2018年印制

图 1－97 【业务三十八】原始凭证 6

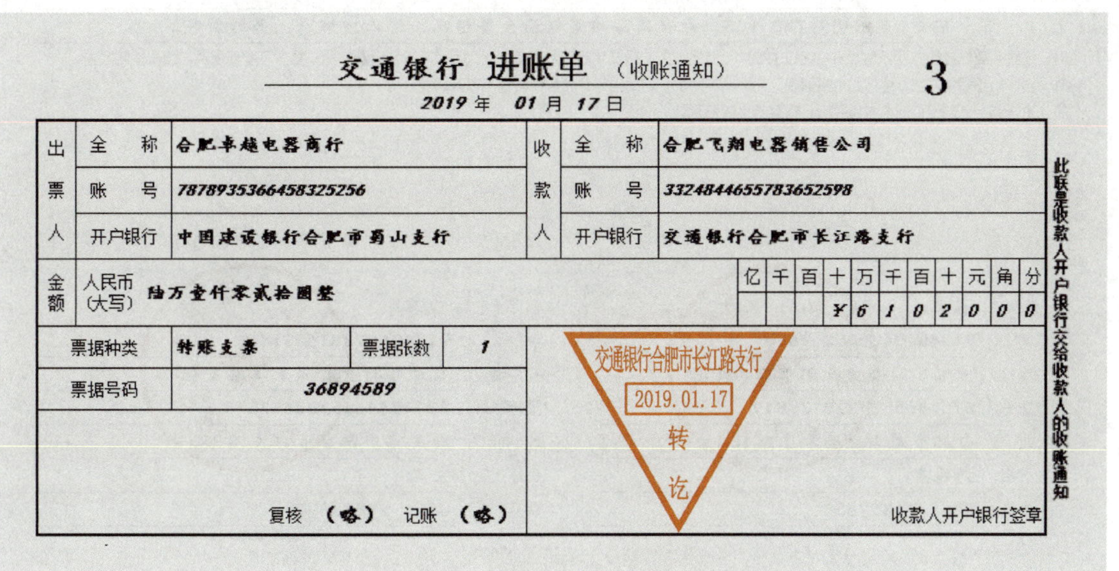

交通银行 进账单（收账通知） 3

2019 年 01 月 17 日

出票人	全　称	合肥卓越电器商行	收款人	全　称	合肥飞翔电器销售公司
	账　号	7878935366458325256		账　号	3324844655783652598
	开户银行	中国建设银行合肥市蜀山支行		开户银行	交通银行合肥市长江路支行

金额	人民币（大写）	陆万壹仟零贰拾圆整	亿	千	百	十	万	千	百	十	元	角	分
						¥	6	1	0	2	0	0	0

票据种类	转账支票	票据张数	1
票据号码	36894589		

复核（略） 记账（略）

交通银行合肥市长江路支行
2019.01.17
转
讫

收款人开户银行签章

此联是收款人开户银行交给收款人的收账通知

图 1－98 【业务三十八】原始凭证 7

1

业务三十九

【业务三十九】 18 日，采购部杨钱与金鑫配件签订促销购销合同（合同编号 cg0113）。取得相关凭证如图 1－99～图 1－102 所示。

购销合同

供货方：金鑫家电配件制造有限公司　　合同号：cg0113

购买方：合肥飞翔电器销售公司　　签订日期：2019年01月18日

为保护买卖双方的合法权益，买卖双方根据《中华人民共和国合同法》的有关规定，经友好协商，一致同意签订本合同并共同遵守。

一、商品的名称、数量及金额

商品名称	规格型号	计量单位	数量	单价（不含税）	金额（不含税）	税率	税额
照明灯	ZMD-963	个	100	210.00	21000.00	13%	2730.00
照明灯	ZMD-963	个	5	0.00	0.00	13%	0.00
合计			105	—	¥21000.00	—	¥2730.00
货款总计（大写）：贰万叁仟柒佰叁拾圆整					（小写）：¥23730.00		

二、质量验收标准：按国家行业标准执行。

三、交货日期：2019年01月18日。

四、交货地点：合肥市庐阳区长江中路355号。

五、结算方式：转账支票，付款时间：2019年3月31日。

六、发运方式及费用承担：公路运输，相关费用由供货方承担。

七、其　他：附赠5个照明灯ZMD-963；存在商品质量及溢余等情况，经双方协商，另行解决。

八、违约条款：违约方须赔偿对方一切经济损失。但遇天灾人祸或其他人力不能控制之因素而导致延误交货，需方不能要求供方赔偿任何损失。

九、合同纠纷解决方式：经双方协商解决，如协商不成的，可向当地仲裁委员会提出申诉解决。

十、本合同一式两份，双方各执一份，自签订之日起生效。

供货方（盖章）
税号：913401043538369886
开户银行：中国工商银行合肥市蜀山支行
银行账号：6754465534320137819
地址：合肥市蜀山区临江东路186号
法定代表：刘晓露
联系电话：0551-74859656

购买方（盖章）
税号：913401092876591456
开户银行：交通银行合肥市长江路支行
银行账号：3324844655783652598
地址：合肥市庐阳区长江中路355号
法定代表：王翔
联系电话：0551-99878897

图 1－99 【业务三十九】原始凭证 1

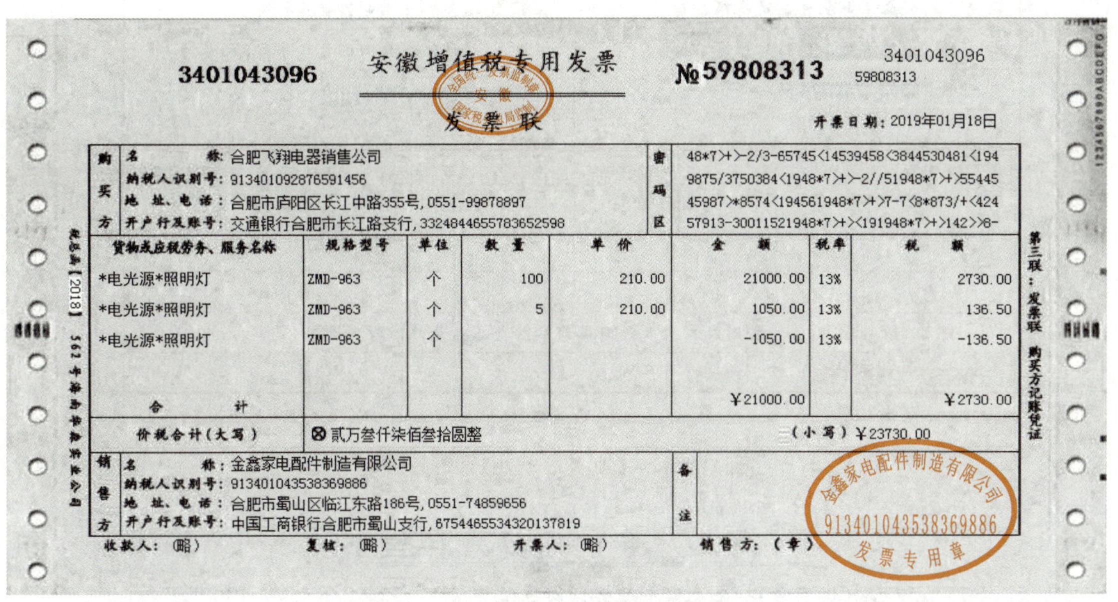

3401043096　　安徽增值税专用发票　　№59808313　　3401043096 59808313

发票联

开票日期：2019年01月18日

购买方	名称：合肥飞翔电器销售公司 纳税人识别号：913401092876591456 地址、电话：合肥市庐阳区长江中路355号，0551-99878897 开户行及账号：交通银行合肥市长江路支行，3324844655783652598	密码区	48*7>+>-2/3-65745<14539458<3844530481<194 9875/3750384<1948*7>+>-2//51948*7>+>55445 45987>*8574<194561948*7>+>7-7<8*873/+<424 57913-30011521948*7>+><191948*7>+>142>>8-

货物或应税劳务、服务名称	规格型号	单位	数量	单价	金额	税率	税额
*电光源*照明灯	ZMD-963	个	100	210.00	21000.00	13%	2730.00
*电光源*照明灯	ZMD-963	个	5	210.00	1050.00	13%	136.50
*电光源*照明灯	ZMD-963	个			-1050.00	13%	-136.50
合计					¥21000.00		¥2730.00
价税合计（大写）	⊗贰万叁仟柒佰叁拾圆整				（小写）¥23730.00		

销售方	名称：金鑫家电配件制造有限公司 纳税人识别号：913401043538369886 地址、电话：合肥市蜀山区临江东路186号，0551-74859656 开户行及账号：中国工商银行合肥市蜀山支行，6754465534320137819	备注	

收款人：（略）　复核：（略）　开票人：（略）　销售方：（章）

第三联：发票联　购买方记账凭证

税总函[2018]562号海南华森实业公司

图 1-100 【业务三十九】原始凭证 2

入　库　单

2019 年 01 月 18 日　　　　单号 c011801

交来单位及部门	金鑫家电配件制造有限公司	发票号码或生产单号码	59808313		验收仓库	配件库	入库日期	2019年01月18日
编号	名称及规格	单位	数量		单价	金额	备注	
			交库	实收				
1	照明灯ZMD-963	个	100	100				
2	照明灯ZMD-963	个	5	5				
合计			105	105	—		—	

部门经理：（略）　会计：（略）　仓库：（略）　经办人：（略）

会计联

图 1-101 【业务三十九】原始凭证 3

业务四十

【业务四十】 18 日，根据合同 cg0107 向金鑫配件采购的商品存在质量问题，经协商，达成一致处理意见。取得相关凭证如图 1-103～图 1-105 所示。

1

受赠商品处理报告表

2019 年 01 月 18 日

供货方	金鑫家电配件制造有限公司			购买方	合肥飞翔电器销售公司	
地址	合肥市蜀山区临江东路186号			地址	合肥市庐阳区长江中路355号	
电话	0551-74859656			电话	0551-99878897	
编号	赠品名称	赠品规格	计量单位	赠品数量	购货/受赠合同编号	入库单号
1	照明灯	ZMD-963	个	5	cg0113	c011801
财务部门建议处理意见:		赠品与购入的同类商品按商品数量均摊入库成本				
单位主管部门批复处理意见:		同意				

部门负责人:（略） 审批人:（略） 制单人:（略）

业务联

图 1－102 【业务三十九】原始凭证 4

商品质量问题处理协议书

甲方（供货方）：金鑫家电配件制造有限公司

乙方（购买方）：合肥飞翔电器销售公司

甲、乙双方与 2019 年 1 月 9 日签订购销合同 cg0107，约定由甲方向乙方提供商品触摸开关 CMK-956，由于甲方提供的商品中有 400 只与乙方的具体要求有偏差，且存在一定的质量问题。为妥善处理甲乙双方之间存在的争议，减少双方因此产生的损失。根据诚实信用、公平互助的原则，经甲乙双方充分友好协商，达成以下共识：

一、乙方于签订协议当日退还该批商品。

二、乙方不得要求甲方根据购销合同 cg0107 的规定重新提供该批商品。

三、甲方收到退还商品后，不得要求乙方支付已退还商品的货款、税款，以及与该商品相关的运杂费、装卸费等其他费用。

四、双方不得因本事件要求对方给予任何形式的赔偿。

五、如本协议无效或被撤销，则甲方仍继续按原合同及其他法律文件履行义务。

六、本协议经甲、乙双方加盖公章并由双方法定代表人或由法定代表人授权的代理人签字后生效。

七、本协议未尽事宜，遵照国家有关法律、法规和规章办理。

八、本协议一式两份，甲、乙双方各执一份，具同等法律效力。

甲方：金鑫家电配件制造有限公司（签章）

授权代理人（签字）：侯宝峰

乙方：合肥飞翔电器销售公司（签章）

授权代理人（签字）：杨钱

签订时间：2019 年 01 月 18 日

图 1－103 【业务四十】原始凭证 1

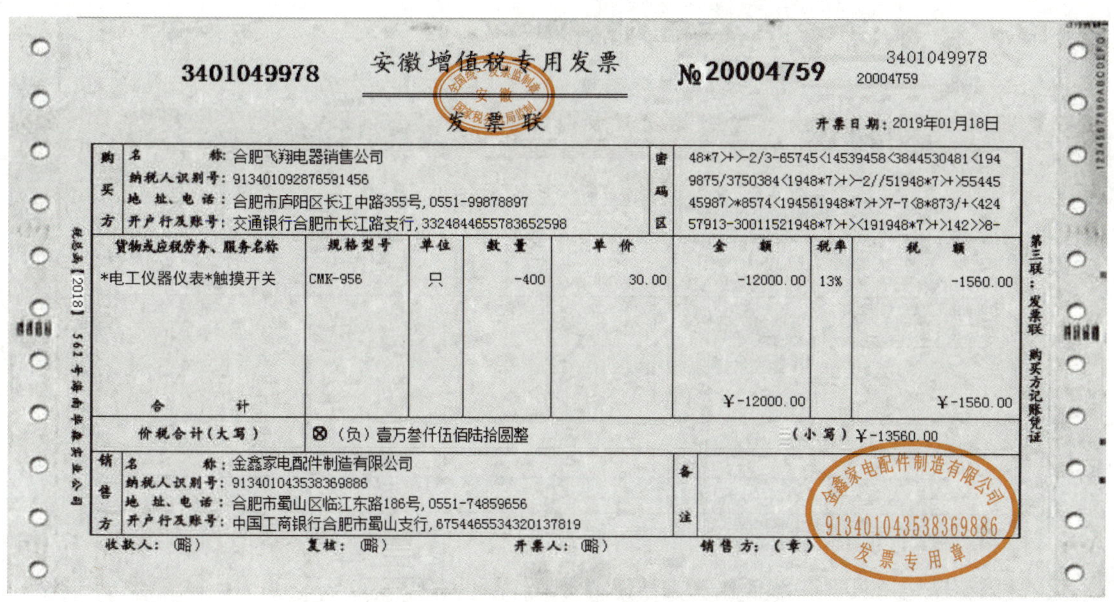

3401049978　　安徽增值税专用发票　　№20004759　　3401049978 20004759

发票联　　开票日期：2019年01月18日

购买方	名　　称：合肥飞翔电器销售公司 纳税人识别号：913401092876591456 地 址、电 话：合肥市庐阳区长江中路355号，0551-99878897 开户行及账号：交通银行合肥市长江路支行，3324844655783652598	密码区	48*7>+>-2/3-65745<14539458<3844530481<194 9875/3750384<1948*7>+>-2//51948*7>+>55445 45987>*8574<194561948*7>+>7-7<8*873/+<424 57913-30011521948*7>+><191948*7>+>142>>6-

货物或应税劳务、服务名称	规格型号	单位	数量	单价	金额	税率	税额
*电工仪器仪表*触摸开关	CMK-956	只	-400	30.00	-12000.00	13%	-1560.00
合　　计					￥-12000.00		￥-1560.00
价税合计（大写）	⊗（负）壹万叁仟伍佰陆拾圆整				（小写）￥-13560.00		

销售方	名　　称：金鑫家电配件制造有限公司 纳税人识别号：913401043538369886 地 址、电 话：合肥市蜀山区临江东路186号，0551-74859656 开户行及账号：中国工商银行合肥市蜀山支行，6754465534320137819	备注	

收款人：（略）　　复核：（略）　　开票人：（略）　　销售方：（章）

第三联：发票联　购买方记账凭证

图 1－104　【业务四十】原始凭证 2

入　库　单

2019 年　01 月　18 日　　　　单号　c011802

交来单位及部门	金鑫家电配件制造有限公司	发票号码或生产单号码	20004759		验收仓库	配件库	入库日期	2019年01月18日
编号	名称及规格	单位	数量 交库	数量 实收	单价	金额	备注	
1	触摸开关CMK-956	只	-400	-400				
合　　计			-400	-400	—		—	

部门经理：（略）　　会计：（略）　　仓库：（略）　　经办人：（略）

会计联

图 1－105　【业务四十】原始凭证 3

1

业务四十一

【业务四十一】 19 日，收到金鑫配件根据合同 cg0110 发来的货物与增值税专用发票，验收中发现部分商品已破损。取得相关凭证如图 1-106～图 1-109 所示。

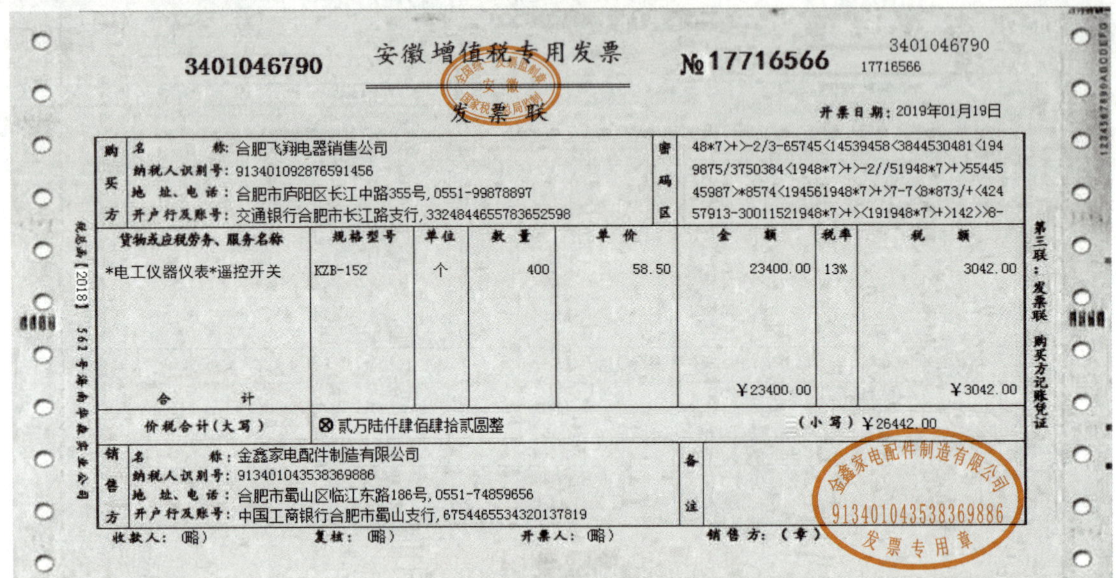

安徽增值税专用发票

3401046790　№17716566　3401046790　17716566

发票联

开票日期：2019年01月19日

购买方	名称：合肥飞翔电器销售公司 纳税人识别号：913401092876591456 地址、电话：合肥市庐阳区长江中路355号，0551-99878897 开户行及账号：交通银行合肥市长江路支行，3324844655783652598					密码区	48*7+>-2/3-65745<14539458<3844530481<194 9875/3750384<1948*7+>-2//51948*7+>55445 45987>*8574<194561948*7+>7-7<8*873/+<424 57913-30011521948*7+><191948*7+>142>>8-		
货物或应税劳务、服务名称		规格型号	单位	数量	单价	金额		税率	税额
*电工仪器仪表*遥控开关		KZB-152	个	400	58.50	23400.00		13%	3042.00
合计						¥23400.00			¥3042.00
价税合计（大写）		⊗贰万陆仟肆佰肆拾贰圆整				（小写）¥26442.00			
销售方	名称：金鑫家电配件制造有限公司 纳税人识别号：913401043538369886 地址、电话：合肥市蜀山区临江东路186号，0551-74859656 开户行及账号：中国工商银行合肥市蜀山支行，6754465534320137819					备注			

收款人：（略）　复核：（略）　开票人：（略）　销售方：（章）

金鑫家电配件制造有限公司 913401043538369886 发票专用章

第三联：发票联 购买方记账凭证

图 1-106 【业务四十一】原始凭证 1

入库单

2019 年 01 月 19 日　　单号 c011901

交来单位及部门	金鑫家电配件制造有限公司	发票号码或生产单号码	17716566		验收仓库	配件库	入库日期	2019年01月19日
编号	名称及规格	单位	数量		单价	金额	备注	
			交库	实收				
1	遥控开关KZB-152	个	400	390				
合计			400	390	—		—	

部门经理：（略）　会计：（略）　仓库：（略）　经办人：（略）

会计联

图 1-107 【业务四十一】原始凭证 2

1

采购/销售损耗处理报告表

2019 年 01 月 19 日

供货方	金鑫家电配件制造有限公司			购买方	合肥飞翔电器销售公司	
地址	合肥市蜀山区临江东路186号			地址	合肥市庐阳区长江中路355号	
电话	0551-74859656			电话	0551-99878897	
编号	商品名称	商品规格	单位	损耗数量(溢出+/损耗-)	损耗原因	
1	遥控开关	KZB-152	个	-10	途中合理损耗	
财务部门建议处理意见:		按实际入库数量重新分配采购成本				
单位主管部门批复处理意见:		同意				

业务联

部门负责人: (略) 审核人: (略) 制单人: (略)

图 1-108 【业务四十一】原始凭证 3

货物拒收单

2019 年 01 月 19 日

交来单位或部门	金鑫家电配件制造有限公司		采购单号	cg0110	
验收仓库	配件库		验收日期	2019.01.19	
编号	名称及规格	单位	数量		
			到货	实收	拒收
1	遥控开关KZB-152	个	400	390	10
合计			400	390	10
拒收原因	商品已破损				

业务联

主管: (略) 验收人员: (略) 供货人员: (略)

图 1-109 【业务四十一】原始凭证 4

业务四十二

【业务四十二】 19 日,根据合同 xs0104,向广聚源家电开具增值税专用发票。取得相关凭证如图 1-110 所示。

业务四十三

【业务四十三】 20 日,采购部杨钱与金鑫配件签订购销合同(合同编号 cg0114)。取得相关凭证如图 1-111 所示。

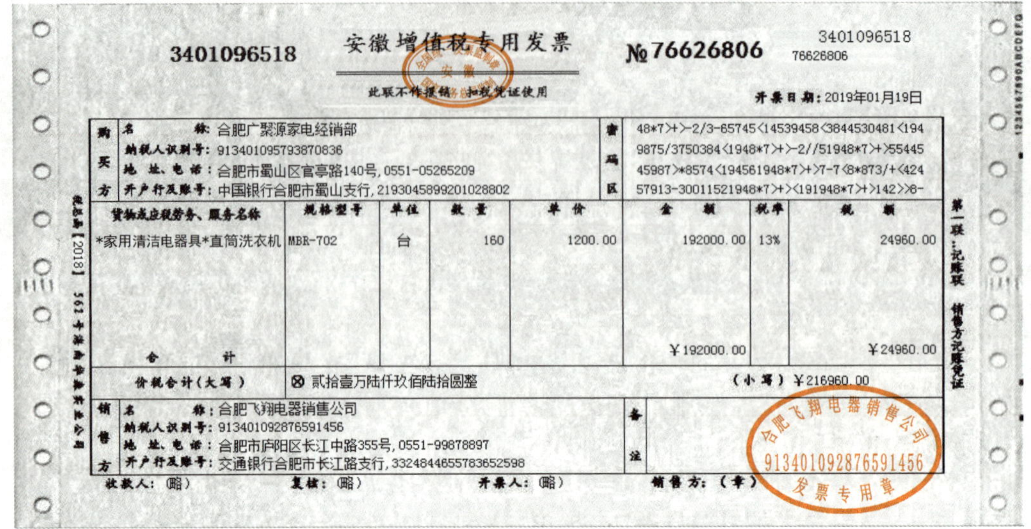

3401096518 **安徽增值税专用发票** №76626806 3401096518 76626806

此联不作报销、扣税凭证使用

开票日期：2019年01月19日

购买方	名　　称：合肥广聚源家电经销部 纳税人识别号：913401095793870836 地址、电话：合肥市蜀山区官亭路140号，0551-05265209 开户行及账号：中国银行合肥市蜀山支行，2193045899201028802	密码区	48*7>+>-2/3-65745<14539458<3844530481<194 9875/3750384<1948*7>+>-2//51948*7>+>55445 45987>*8574<194561948*7>+>7-7<8*873/+<424 57913-30011521948*7>+><191948*7>+>142>>8-

货物或应税劳务、服务名称	规格型号	单位	数量	单价	金额	税率	税额
*家用清洁电器具*直筒洗衣机	MBR-702	台	160	1200.00	192000.00	13%	24960.00
合　　计					¥192000.00		¥24960.00
价税合计（大写）	⊗ 贰拾壹万陆仟玖佰陆拾圆整				（小写）¥216960.00		

销售方	名　　称：合肥飞翔电器销售公司 纳税人识别号：913401092876591456 地址、电话：合肥市庐阳区长江中路355号，0551-99878897 开户行及账号：交通银行合肥市长江路支行，3324844655783652598	备注	

收款人：（略）　复核：（略）　开票人：（略）　销售方：（章）

第一联：记账联　销售方记账凭证

图 1-110 【业务四十二】原始凭证

购销合同

供货方：金鑫家电配件制造有限公司　　合同号：cg0114

购买方：合肥飞翔电器销售公司　　签订日期：2019年01月20日

为保护买卖双方的合法权益，买卖双方根据《中华人民共和国合同法》的有关规定，经友好协商，一致同意签订本合同并共同遵守。

一、商品的名称、数量及金额

商品名称	规格型号	计量单位	数量	单价（不含税）	金额（不含税）	税率	税额
照明灯	ZMD-963	个	200	200.00	40000.00	13%	5200.00
合　　计			200	—	¥40000.00	—	¥5200.00
货款总计（大写）：肆万伍仟贰佰圆整					（小写）：¥45200.00		

二、质量验收标准：按国家行业标准执行。

三、交货日期：2019年01月27日。

四、交货地点：合肥市蜀山区临江东路186号。

五、结算方式：转账支票，付款时间：2019年3月31日。

六、发运方式及费用承担：买方自提，相关费用由购买方承担。

七、其　　他：存在商品质量及溢余等情况，经双方协商，另行解决。

八、违约条款：违约方须赔偿对方一切经济损失。但遇天灾人祸或其他人力不能控制之因素而导致延误交货，需方不能要求供方赔偿任何损失。

九、合同纠纷解决方式：经双方协商解决，如协商不成的，可向当地仲裁委员会提出申诉解决。

十、本合同一式两份，双方各执一份，自签订之日起生效。

供货方（盖章）		购买方（盖章）	
税号：	913401043538369886	税号：	913401092876591456
开户银行：	中国工商银行合肥市蜀山支行	开户银行：	交通银行合肥市长江路支行
银行账号：	6754465534320137819	银行账号：	3324844655783652598
地址：	合肥市蜀山区临江东路186号	地址：	合肥市庐阳区长江中路355号
法定代表：	刘晓露	法定代表：	王翔
联系电话：	0551-74859656	联系电话：	0551-99878897

图 1-111 【业务四十三】原始凭证

【业务四十四】 20日，销售部吴方与惠光电器签订委托代销合同（合同编号 wt0104）。取得相关凭证如图 1-112、图 1-113 所示。

业务四十四

委托代销合同

委托方：合肥飞翔电器销售公司　　合同号：wt0104

受托方：合肥惠光电器经销部　　签订日期：2019年01月20日

为保护买卖双方的合法权益，买卖双方根据《中华人民共和国合同法》的有关规定，经友好协商，一致同意签订本合同并共同遵守。

一、商品的名称、数量及金额

商品名称	规格型号	计量单位	数量	单价（不含税）	金额（不含税）	税率	税额
立柜式空调	LGS-726	台	60	7200.00	432000.00	13%	56160.00
合计			60	—	¥432000.00	—	¥56160.00
货款总计（大写）：肆拾捌万捌仟壹佰陆拾圆整					（小写）：¥488160.00		

二、质量验收标准：按国家行业标准执行。

三、委托代销方式：双方约定，受托方以销货款（不含增值税）的10%收取手续费。

四、交货日期：2019年01月20日。

五、交货地点：合肥市庐阳区长江中路355号。

六、结算方式：转账支票，每月月底结算一次。

七、发运方式及费用承担：买方自提，相关费用由购买方承担。

八、其　他：4月30日前未销售完成的商品可退回给委托方。

九、违约条款：违约方须赔偿对方一切经济损失。但遇天灾人祸或其他人力不能控制之因素而导致延误交货，需方不能要求供方赔偿任何损失。

十、合同纠纷解决方式：经双方协商解决，如协商不成的，可向当地仲裁委员会提出申诉解决。

十一、本合同一式两份，双方各执一份，自签订之日起生效。

委托方（盖章）		受托方（盖章）	
税号：	913401092876591456	税号：	913401080947886556
开户银行：	交通银行合肥市长江路支行	开户银行：	中国建设银行合肥市瑶海支行
银行账号：	3324844655783652598	银行账号：	8724465781011441047
地址：	合肥市庐阳区长江中路355号	地址：	合肥市瑶海区站前路645号
法定代表：	王翔	法定代表：	刘晓燕
联系电话：	0551-99878897	联系电话：	0551-36953575

图 1-112 【业务四十四】原始凭证 1

业务四十五

【业务四十五】 21日，销售部郑想与美乐家电签订购销合同（合同编号 xs0109）。销售金鑫配件委托本单位代销的压缩机 WDQ-365（代销合同编号 wt0103），收取款项使用现结功能处理。取得相关凭证如图 1-114～图 1-117 所示。

1

出 库 单

出货单位：合肥飞翔电器销售公司　　2019 年 01 月 20 日　　单号：x012001

提货单位或领货部门	合肥惠光电器经销部	销售单号	wt0104	发出仓库	商品库	出库日期	2019年01月20日

编 号	名称及规格	单 位	数量 应 发	数量 实 发	单 价	金 额
1	立柜式空调LGS-726	台	60	60		
合计			60	60		—

会计联

部门经理：（略）　会计：（略）　仓库：（略）　经办人：（略）

图 1－113 【业务四十四】原始凭证 2

购销合同

供货方：合肥飞翔电器销售公司　　合同号：xs0109

购买方：合肥美乐家电经营部　　签订日期：2019年01月21日

为保护买卖双方的合法权益，买卖双方根据《中华人民共和国合同法》的有关规定，经友好协商，一致同意签订本合同并共同遵守。

一、商品的名称、数量及金额

商 品 名 称	规格型号	计量单位	数 量	单 价（不含税）	金 额（不含税）	税率	税 额
压缩机	WDQ-365	台	100	2200.00	220000.00	13%	28600.00
合 计			100	—	¥220000.00	—	¥28600.00
货款总计（大写）：贰拾肆万捌仟陆佰圆整					（小写）：¥248600.00		

二、质量验收标准：按国家行业标准执行。

三、交货日期：2019年01月21日。

四、交货地点：合肥市庐阳区长江中路355号。

五、结算方式：转账支票，付款时间：2019年01月21日。

六、发运方式及费用承担：买方自提，相关费用由购买方承担。

七、其　他：存在商品质量及溢余等情况，经双方协商，另行解决。

八、违约条款：违约方须赔偿对方一切经济损失。但遇天灾人祸或其他人力不能控制之因素而导致延误交货，需方不能要求供方赔偿任何损失。

九、合同纠纷解决方式：经双方协商解决，如协商不成的，可向当地仲裁委员会提出申诉解决。

十、本合同一式两份，双方各执一份，自签订之日起生效。

供货方　（盖章）
税　号：913401092876591456
开户银行：交通银行合肥市长江路支行
银行账号：332484465578365 2598
地　址：合肥市庐阳区长江中路355号
法定代表：王翔
联系电话：0551-99878897

（印章：合肥飞翔电器销售公司 合同专用章）

购买方　（盖章）
税　号：913401059775797356
开户银行：中国农业银行合肥市庐阳支行
银行账号：852132986734777 8789
地　址：合肥市庐阳区长江中路426号
法定代表：何世铭
联系电话：0551-58256566

（印章：合肥美乐家电经营部 合同专用章）

图 1－114 【业务四十五】原始凭证 1

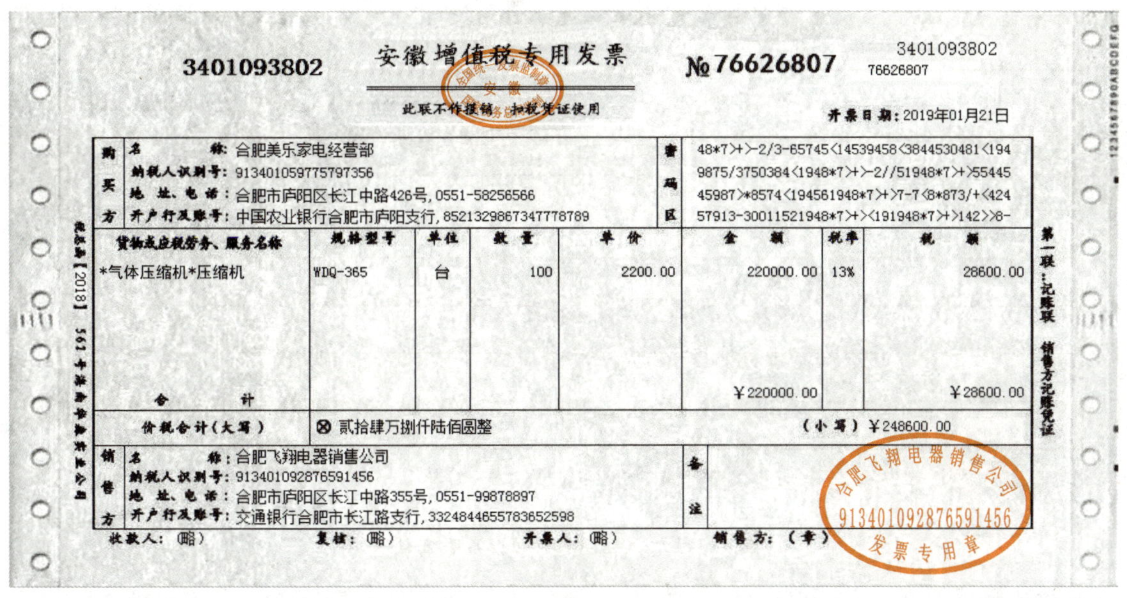

安徽增值税专用发票

3401093802 №76626807 3401093802 76626807

此联不作报销、扣税凭证使用

开票日期：2019年01月21日

购买方	名称：合肥美乐家电经营部 纳税人识别号：913401059775797356 地址、电话：合肥市庐阳区长江中路426号，0551-58256566 开户行及账号：中国农业银行合肥市庐阳支行，8521329867347778789	密码区	48*7>+>-2/3-65745<14539458<3844530481<194 9875/3750384<1948*7>+>-2//51948*7>+>55445 45987>*8574<194561948*7>+>7-7<8*873/+<424 57913-30011521948*7>+><191948*7>+>142>>8-

货物或应税劳务、服务名称	规格型号	单位	数量	单价	金额	税率	税额
*气体压缩机*压缩机	WDQ-365	台	100	2200.00	220000.00	13%	28600.00
合计					¥220000.00		¥28600.00
价税合计（大写）	⊗贰拾肆万捌仟陆佰圆整				（小写）¥248600.00		

销售方	名称：合肥飞翔电器销售公司 纳税人识别号：913401092876591456 地址、电话：合肥市庐阳区长江中路355号，0551-99878897 开户行及账号：交通银行合肥市长江路支行，3324844655783652598	备注	

收款人：（略） 复核：（略） 开票人：（略） 销售方：（章）

第一联：记账联 销售方记账凭证

图 1－115 【业务四十五】原始凭证 2

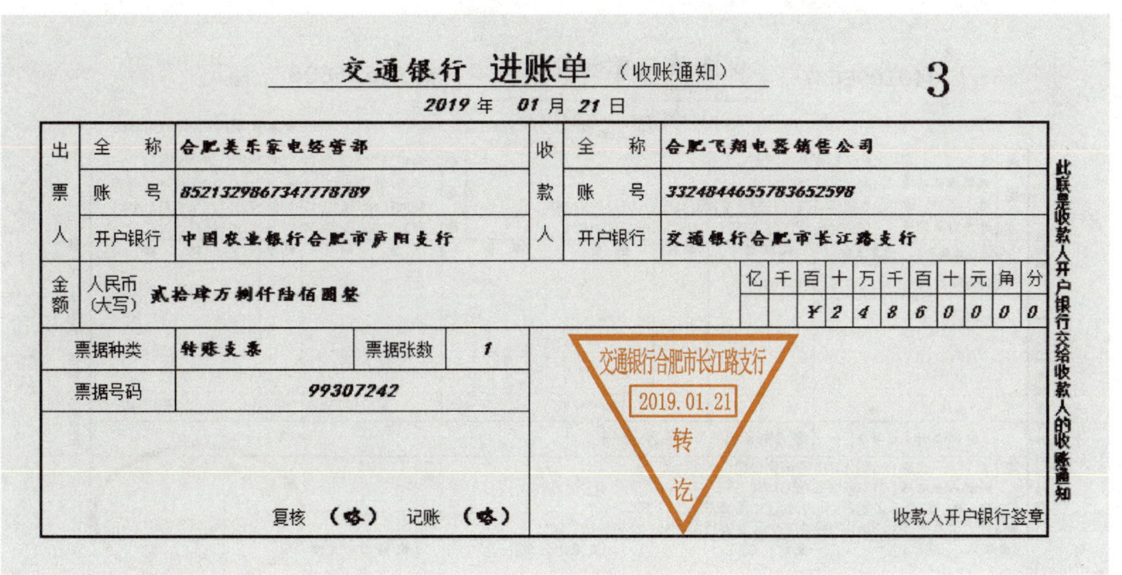

交通银行 进账单（收账通知） 3

2019 年 01 月 21 日

出票人	全称	合肥美乐家电经营部	收款人	全称	合肥飞翔电器销售公司
	账号	8521329867347778789		账号	3324844655783652598
	开户银行	中国农业银行合肥市庐阳支行		开户银行	交通银行合肥市长江路支行
金额	人民币（大写）	贰拾肆万捌仟陆佰圆整		亿千百十万千百十元角分	¥24860000
票据种类	转账支票	票据张数	1		
票据号码	99307242				

复核（略） 记账（略） 收款人开户银行签章

交通银行合肥市长江路支行 2019.01.21 转讫

此联是收款人开户银行交给收款人的收账通知

图 1－116 【业务四十五】原始凭证 3

1

出 库 单

出货单位：合肥飞翔电器销售公司　　2019 年 01 月 21 日　　单号：x012101

提货单位或领货部门	合肥美乐家电经营部	销售单号	76626807	发出仓库	代销库	出库日期	2019年01月21日

编 号	名称及规格	单 位	数量 应 发	数量 实 发	单 价	金 额
1	压缩机WDQ-365	台	100	100		
	合计		100	100	—	

会计联

部门经理：（略）　　会计：（略）　　仓库：（略）　　经办人：（略）

图 1－117 【业务四十五】原始凭证 4

业务四十六

【业务四十六】 21 日，向天鹅家电发出合同 xs0106 规定的货物，并开具增值税专用发票。取得相关凭证如图 1－118、图 1－119 所示。

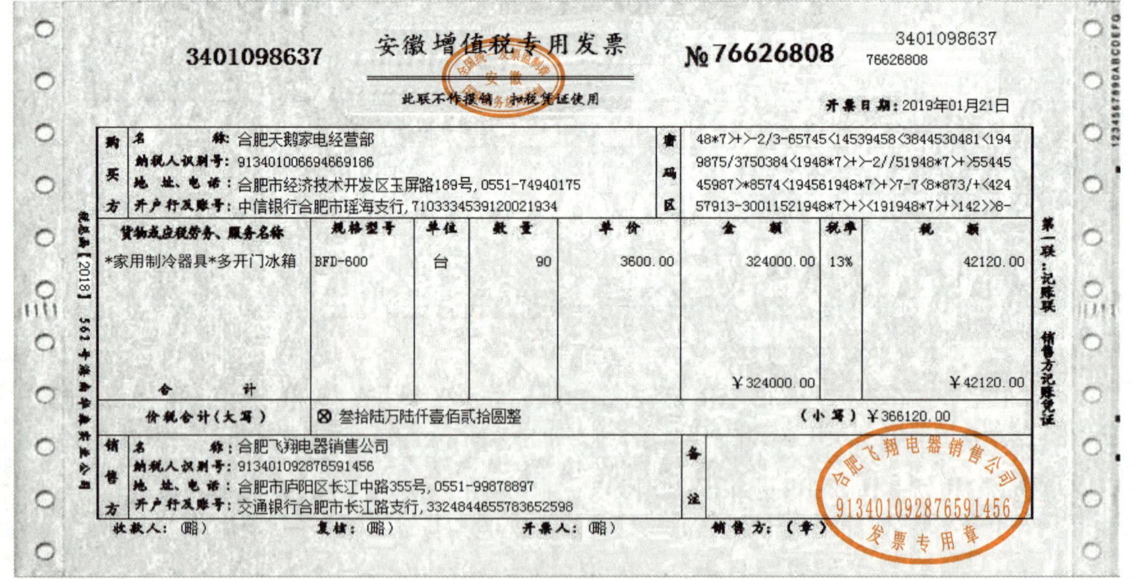

3401098637　　安徽增值税专用发票　　№76626808　　3401098637 76626808

此联不作报销、扣税凭证使用　　开票日期：2019年01月21日

购买方	名称：合肥天鹅家电经营部 纳税人识别号：913401006694669186 地址、电话：合肥市经济技术开发区玉屏路189号，0551-74940175 开户行及账号：中信银行合肥市瑶海支行，7103334539120021934	密码区	48*7>+>-2/3-65745<14539458<3844530481<194 9875/3750384<1948*7>+>-2//51948*7>+>55445 45987>*8574<194561948*7>+>7-7<8*873/+<424 57913-30011521948*7>+><191948*7>+>142>>8-

货物或应税劳务、服务名称	规格型号	单位	数量	单价	金额	税率	税额
*家用制冷器具*多开门冰箱	BFD-600	台	90	3600.00	324000.00	13%	42120.00
合　　计					¥324000.00		¥42120.00
价税合计（大写）	⊗叁拾陆万陆仟壹佰贰拾圆整				（小写）¥366120.00		

销售方	名称：合肥飞翔电器销售公司 纳税人识别号：913401092876591456 地址、电话：合肥市庐阳区长江中路355号，0551-99878897 开户行及账号：交通银行合肥市长江路支行，3324844655783652598	备注	

收款人：（略）　　复核：（略）　　开票人：（略）　　销售方：（章）

第一联：记账联 销售方记账凭证

图 1－118 【业务四十六】原始凭证 1

业务四十七

【业务四十七】 22 日，根据合同 cg0111 的规定，支付货款。取得相关凭证如图1－120、图 1－121 所示。

1

出库单

出货单位：合肥飞翔电器销售公司　　2019 年 01 月 21 日　　单号：x012102

提货单位或领货部门	合肥天鹅家电经营部	销售单号	76626808	发出仓库	商品库	出库日期	2019年01月21日

编号	名称及规格	单位	数量 应发	数量 实发	单价	金额
1	多开门冰箱BFD-600	台	90	90		
合计			90	90	—	

会计联

部门经理：（略）　会计：（略）　仓库：（略）　经办人：（略）

图 1-119 【业务四十六】原始凭证 2

付款审批单

2019 年 01 月 22 日

收款单位	海信客声冰箱有限公司			申请部门	采购部
开户行	中国农业银行佛山市顺德支行			经手人	杨钱
账号	1223324857365779980			付款方式	电汇
付款用途	支付合同cg0111规定的购货款。				
付款金额	人民币（大写）	壹拾伍万玖仟捌佰肆拾圆整	小写	¥159840.00	
总经理	财务负责人	部门负责人	出纳		
王翔	张国	杨钱	周冲		

会计主管：（略）　审核：（略）　出纳：（略）　制单：（略）

图 1-120 【业务四十七】原始凭证 1

业务四十八

【业务四十八】 22 日，根据合同 xs0106 销售给天鹅家电的多开门冰箱 BFD-600 存在一定的质量问题，经协商，双方达成一致意见。取得相关凭证如图 1-122～图 1-124 所示。

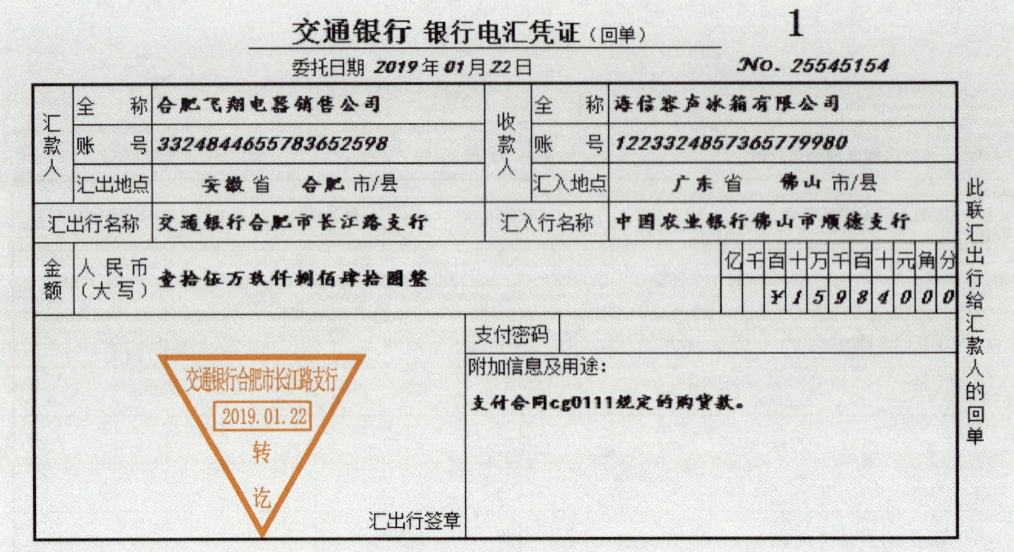

交通银行 银行电汇凭证（回单） 1

委托日期 2019年01月22日 No. 25545154

汇款人	全称	合肥飞翔电器销售公司	收款人	全称	海信容声冰箱有限公司
	账号	3324844655783652598		账号	1223324857365779980
	汇出地点	安徽省 合肥 市/县		汇入地点	广东省 佛山 市/县
汇出行名称		交通银行合肥市长江路支行	汇入行名称		中国农业银行佛山市顺德支行

金额	人民币（大写）	亿	千	百	十	万	千	百	十	元	角	分
	壹拾伍万玖仟捌佰肆拾圆整			¥	1	5	9	8	4	0	0	0

交通银行合肥市长江路支行 2019.01.22 转讫

汇出行签章

支付密码

附加信息及用途：

支付合同cg0111规定的购货款。

此联汇出行给汇款人的回单

图 1－121 【业务四十七】原始凭证 2

商品质量问题处理协议书

甲方（供货方）：合肥飞翔电器销售公司

乙方（购买方）：合肥天鹅家电经营部

甲、乙双方与2019年1月16日签订购销合同xs0106，约定由甲方向乙方提供商品多开门冰箱BFD-600，由于甲方提供的商品与乙方的具体要求有偏差，且存在一定的质量问题。为妥善处理甲乙双方之间存在的争议，减少双方因此产生的损失。根据诚实信用、公平互助的原则，经甲乙双方充分友好协商，达成以下共识：

一、甲方给予乙方商品货款10%的销售折让。

二、乙方与签订协议当日，根据购销合同xs0106的规定，立即支付折让后的价税款¥329508.00。

三、双方不得因本事件要求对方给予任何形式的赔偿。

四、如本协议无效或被撤销，则甲方仍继续按原合同及其他法律文件履行义务。

五、本协议经甲、乙双方加盖公章并由双方法定代表人或由法定代表人授权的代理人签字后生效。

六、本协议未尽事宜，遵照国家有关法律、法规和规章办理。

七、本协议一式两份，甲、乙双方各执一份，具同等法律效力。

甲方：合肥飞翔电器销售公司（签章）　　乙方：合肥天鹅家电经营部（签章）

授权代理人（签字）：陈思　　授权代理人（签字）：方唐朱

签订时间：2019年01月22日

图 1－122 【业务四十八】原始凭证 1

1

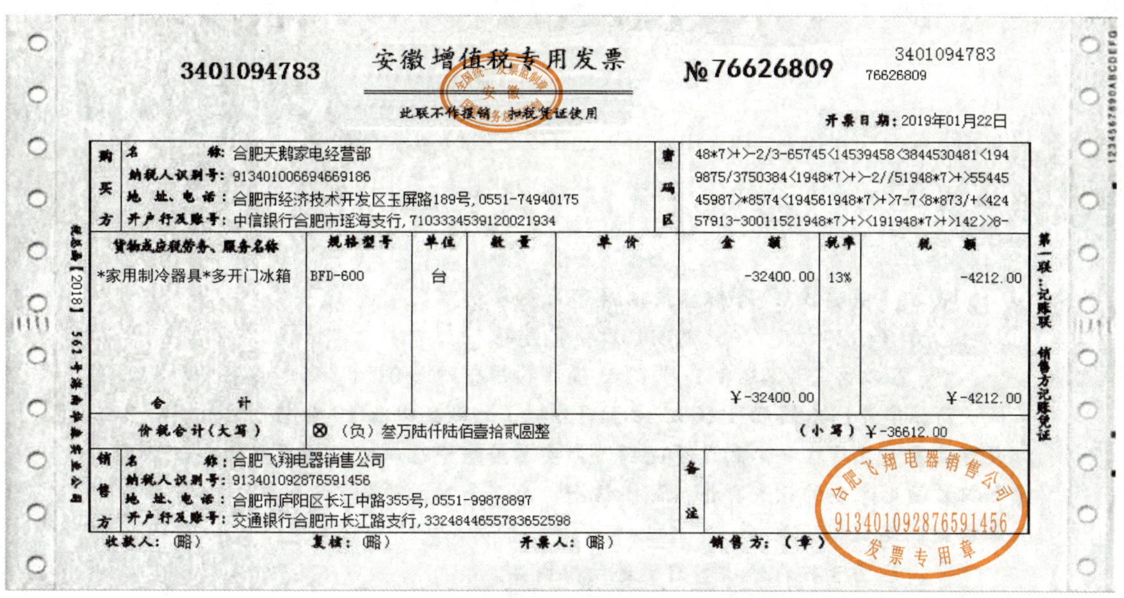

3401094783 安徽增值税专用发票 №76626809 3401094783 76626809

此联不作报销、扣税凭证使用

开票日期：2019年01月22日

购买方	名称：合肥天鹅家电经营部 纳税人识别号：913401006694669186 地址、电话：合肥市经济技术开发区玉屏路189号，0551-74940175 开户行及账号：中信银行合肥市瑶海支行，7103334539120021934				密码区	48*7>+>-2/3-65745<14539458<3844530481<194 9875/3750384<1948*7>+>-2//51948*7>+>55445 45987>*8574<194561948*7>+>7-7<8*873/+<424 57913-30011521948*7>+><191948*7>+>142>>8-	
货物或应税劳务、服务名称	规格型号	单位	数量	单价	金额	税率	税额
*家用制冷器具*多开门冰箱	BFD-600	台			-32400.00	13%	-4212.00
合计					￥-32400.00		￥-4212.00
价税合计（大写）	⊗（负）叁万陆仟陆佰壹拾贰圆整				（小写）￥-36612.00		
销售方	名称：合肥飞翔电器销售公司 纳税人识别号：913401092876591456 地址、电话：合肥市庐阳区长江中路355号，0551-99878897 开户行及账号：交通银行合肥市长江路支行，3324844655783652598				备注		

收款人：（略） 复核：（略） 开票人：（略） 销售方：（章）

第一联：记账联 销售方记账凭证

图 1－123 【业务四十八】原始凭证 2

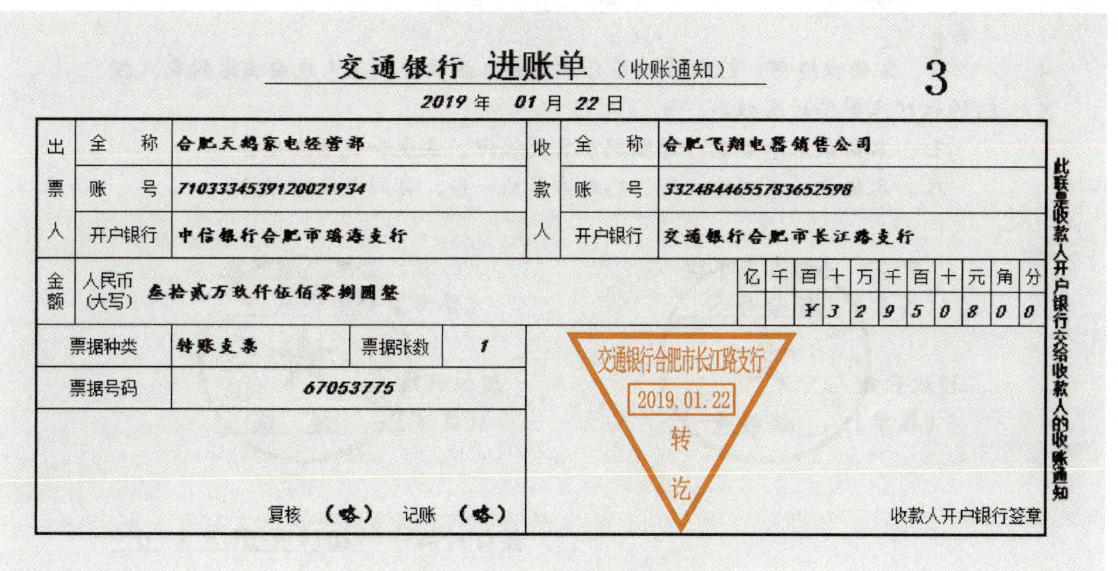

交通银行 进账单（收账通知） 3

2019 年 01 月 22 日

出票人	全称	合肥天鹅家电经营部	收款人	全称	合肥飞翔电器销售公司
	账号	7103334539120021934		账号	3324844655783652598
	开户银行	中信银行合肥市瑶海支行		开户银行	交通银行合肥市长江路支行
金额	人民币（大写）	叁拾贰万玖仟伍佰零捌圆整		亿千百十万千百十元角分	￥32950800
票据种类	转账支票	票据张数	1		
票据号码	67053775				
复核（略） 记账（略）				收款人开户银行签章	

此联是收款人开户银行交给收款人的收账通知

图 1－124 【业务四十八】原始凭证 3

【业务四十九】 23日，根据合同cg0111向容声冰箱采购的多开门冰箱BFD－600，部分存在质量问题，经协商，达成一致处理意见，款项收回不使用现付功能处理。取得相关凭证如图1－125～图1－128所示。

业务四十九

商品质量问题处理协议书

甲方（供货方）：海信容声冰箱有限公司

乙方（购买方）：合肥飞翔电器销售公司

甲、乙双方与2019年1月13日签订购销合同cg0111，约定由甲方向乙方提供商品多开门冰箱BFD-600，由于甲方提供的商品中有10台与乙方的具体要求有偏差，且存在一定的质量问题。为妥善处理甲乙双方之间存在的争议，减少双方因此产生的损失。根据诚实信用、公平互助的原则，经甲乙双方充分友好协商，达成以下共识：

一、乙方于签订协议当日退还该批商品。

二、乙方不得要求甲方根据购销合同cg0111的规定重新提供该批商品。

三、甲方于签订协议当日退还乙方1月22日根据合同规定实际支付的价税款￥26640.00。

四、双方不得因本事件要求对方给予任何形式的赔偿。

五、如本协议无效或被撤销，则甲方仍继续按原合同及其他法律文件履行义务。

六、本协议经甲、乙双方加盖公章并由双方法定代表人或由法定代表人授权的代理人签字后生效。

七、本协议未尽事宜，遵照国家有关法律、法规和规章办理。

八、本协议一式两份，甲、乙双方各执一份，具同等法律效力。

甲方：海信容声冰箱有限公司（签章）

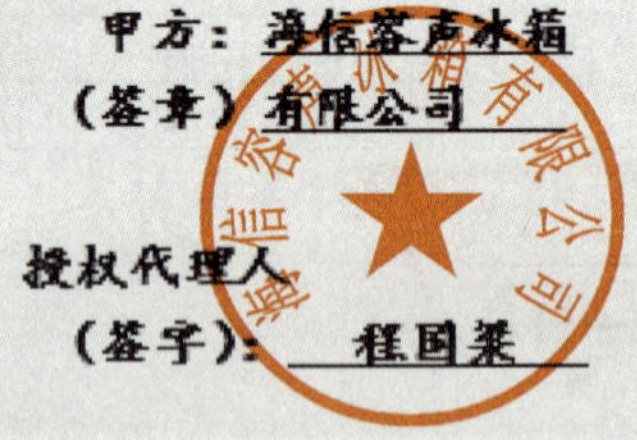

授权代理人（签字）：程国栗

乙方：合肥飞翔电器销售公司（签章）

授权代理人（签字）：杨 钱

签订时间：2019年01月23日

图1－125 【业务四十九】原始凭证1

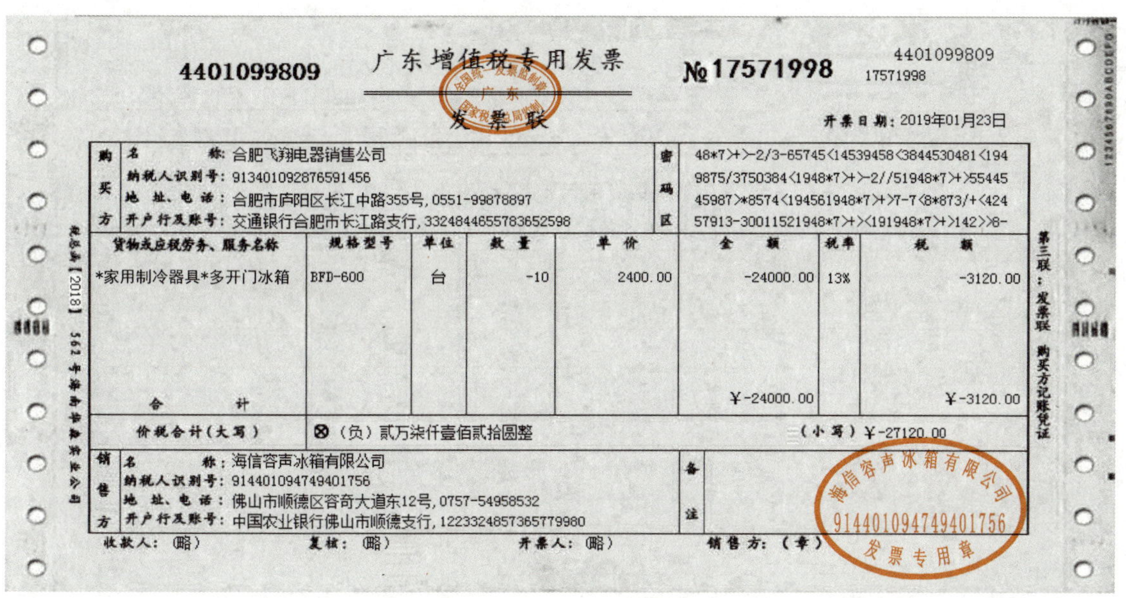

4401099809　广东增值税专用发票　№17571998　4401099809 17571998

发票联

开票日期：2019年01月23日

购买方	名称：合肥飞翔电器销售公司 纳税人识别号：913401092876591456 地址、电话：合肥市庐阳区长江中路355号，0551-99878897 开户行及账号：交通银行合肥市长江路支行，3324844655783652598	密码区	48*7>+>-2/3-65745<14539458<3844530481<194 9875/3750384<1948*7>+>-2//51948*7>+>55445 45987>*8574<194561948*7>+>7-7<8*873/+<424 57913-3001521948*7>+><191948*7>+>142>>8-

货物或应税劳务、服务名称	规格型号	单位	数量	单价	金额	税率	税额
*家用制冷器具*多开门冰箱	BFD-600	台	-10	2400.00	-24000.00	13%	-3120.00
合计					￥-24000.00		￥-3120.00
价税合计（大写）	⊗（负）贰万柒仟壹佰贰拾圆整				（小写）￥-27120.00		

销售方	名称：海信容声冰箱有限公司 纳税人识别号：914401094749401756 地址、电话：佛山市顺德区容奇大道东12号，0757-54958532 开户行及账号：中国农业银行佛山市顺德支行，1223324857365779980	备注	

收款人：（略）　复核：（略）　开票人：（略）　销售方：（章）

第三联：发票联　购买方记账凭证

海信容声冰箱有限公司 914401094749401756 发票专用章

图 1－126 【业务四十九】原始凭证 2

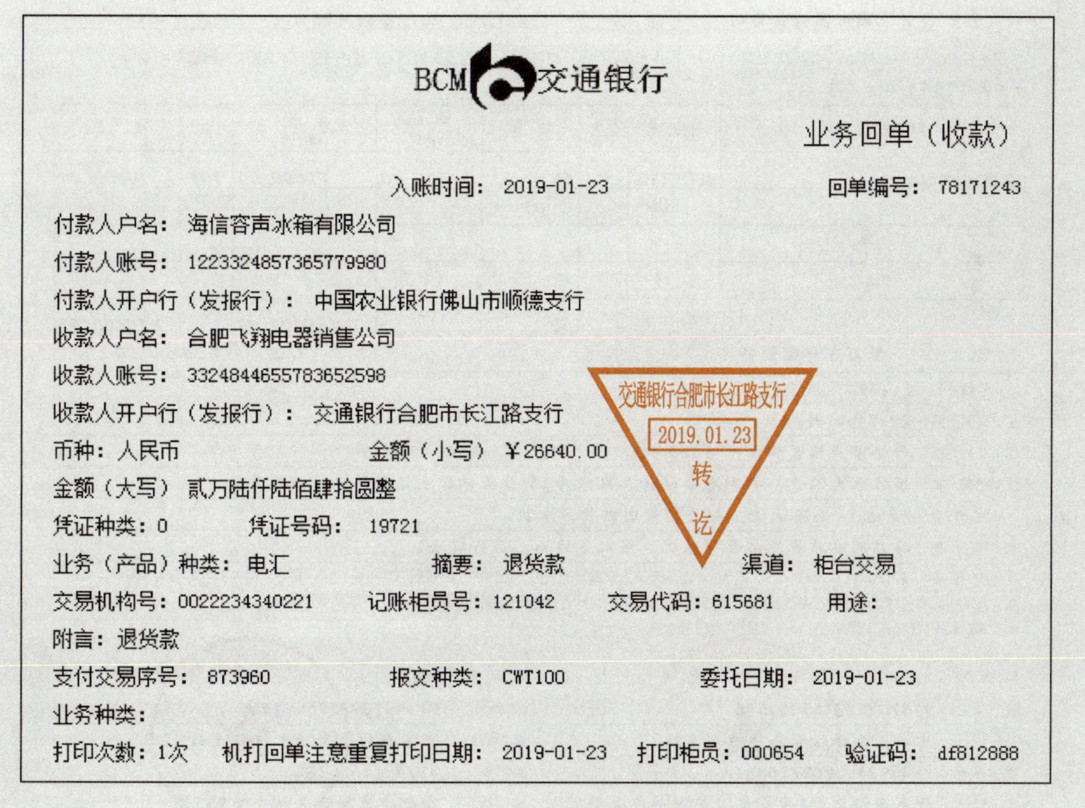

BCM 交通银行

业务回单（收款）

入账时间：2019-01-23　回单编号：78171243

付款人户名：海信容声冰箱有限公司

付款人账号：1223324857365779980

付款人开户行（发报行）：中国农业银行佛山市顺德支行

收款人户名：合肥飞翔电器销售公司

收款人账号：3324844655783652598

收款人开户行（发报行）：交通银行合肥市长江路支行

币种：人民币　金额（小写）￥26640.00

金额（大写）贰万陆仟陆佰肆拾圆整

凭证种类：0　凭证号码：19721

业务（产品）种类：电汇　摘要：退货款　渠道：柜台交易

交易机构号：0022234340221　记账柜员号：121042　交易代码：615681　用途：

附言：退货款

支付交易序号：873960　报文种类：CWT100　委托日期：2019-01-23

业务种类：

打印次数：1次　机打回单注意重复打印日期：2019-01-23　打印柜员：000654　验证码：df812888

交通银行合肥市长江路支行 2019.01.23 转讫

图 1－127 【业务四十九】原始凭证 3

【业务五十】 23 日，采购部杨钱与海尔洗衣机签订购销合同（合同编号 cg0115）（申请开具的银行承兑汇票不考虑承兑手续费）。取得相关凭证如图 1－129～图 1－133 所示。

业务五十

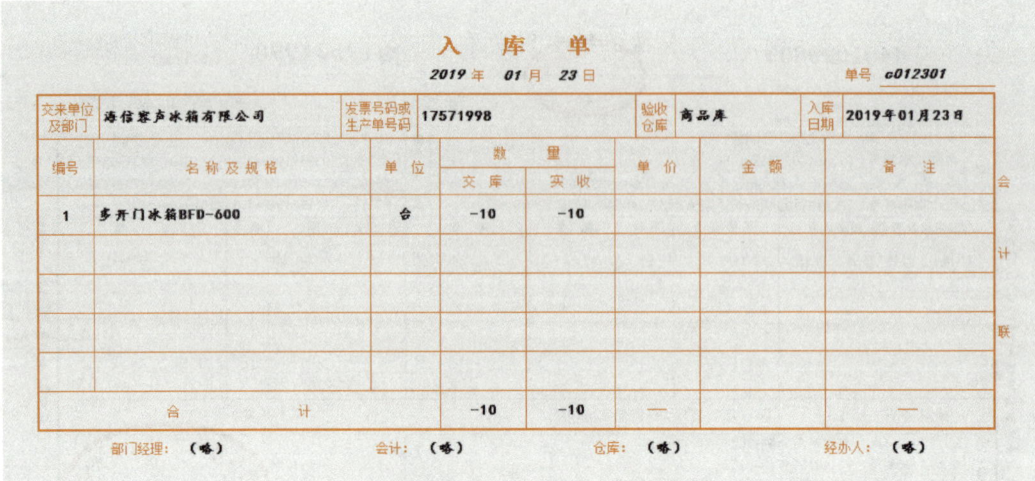

入 库 单

2019 年 01 月 23 日　　　　单号 c012301

交来单位及部门	海信容声冰箱有限公司	发票号码或生产单号码	17571998	验收仓库	商品库	入库日期	2019年01月23日

编号	名称及规格	单位	数量 交库	数量 实收	单价	金额	备注
1	多开门冰箱BFD-600	台	-10	-10			
合计			-10	-10	—		—

会计联

部门经理：（略）　会计：（略）　仓库：（略）　经办人：（略）

图 1－128 【业务四十九】原始凭证 4

购销合同

供货方：青岛海尔集团洗衣机有限公司　　合同号：cg0115

购买方：合肥飞翔电器销售公司　　签订日期：2019年01月23日

为保护买卖双方的合法权益，买卖双方根据《中华人民共和国合同法》的有关规定，经友好协商，一致同意签订本合同并共同遵守。

一、商品的名称、数量及金额

商品名称	规格型号	计量单位	数量	单价（不含税）	金额（不含税）	税率	税额
滚筒洗衣机	MDR-715	台	50	1600.00	80000.00	13%	10400.00
合计			50	—	¥80000.00	—	¥10400.00
货款总计（大写）：玖万零肆佰圆整					（小写）：¥90400.00		

二、质量验收标准：按国家行业标准执行。

三、交货日期：2019年01月23日。

四、交货地点：合肥市庐阳区长江中路355号。

五、结算方式：银行承兑汇票，收到发票时开具期限为3个月的银行承兑汇票抵付该笔货款。

六、发运方式及费用承担：公路运输，相关费用由供货方承担。

七、其　他：存在商品质量及溢余等情况，经双方协商，另行解决。

八、违约条款：违约方须赔偿对方一切经济损失。但遇天灾人祸或其他人力不能控制之因素而导致延误交货，需方不能要求供方赔偿任何损失。

九、合同纠纷解决方式：经双方协商解决，如协商不成的，可向当地仲裁委员会提出申诉解决。

十、本合同一式两份，双方各执一份，自签订之日起生效。

供货方（盖章）		购买方（盖章）	
税号：	913702172165060546	税号：	913401092876591456
开户银行：	中国工商银行青岛市海尔支行	开户银行：	交通银行合肥市长江路支行
银行账号：	7585924059687263343	银行账号：	3324844655783652598
地址：	青岛市海尔路1号海尔工业园创牌大楼	地址：	合肥市庐阳区长江中路355号
法定代表：	徐慧华	法定代表：	王翔
联系电话：	0532-78694532	联系电话：	0551-99878897

青岛海尔集团洗衣机有限公司 合同专用章　　合肥飞翔电器销售公司 合同专用章

图 1－129 【业务五十】原始凭证 1

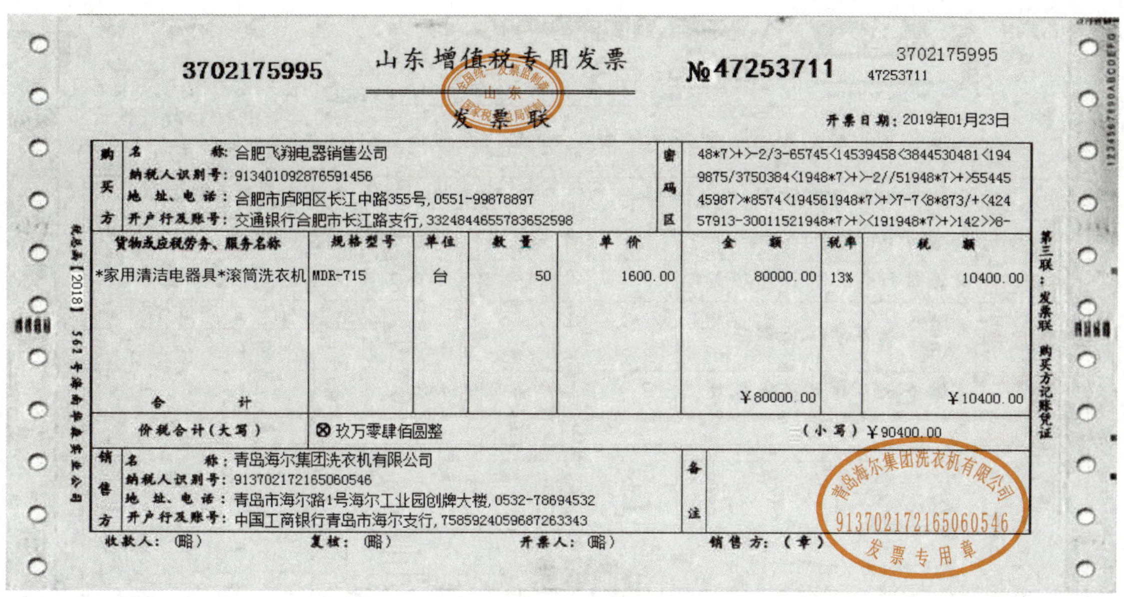

3702175995 山东增值税专用发票 №47253711 3702175995 47253711

发票联

开票日期：2019年01月23日

购买方	名称：合肥飞翔电器销售公司 纳税人识别号：913401092876591456 地址、电话：合肥市庐阳区长江中路355号，0551-99878897 开户行及账号：交通银行合肥市长江路支行，3324844655783652598				密码区	48*7>+>-2/3-65745<14539458<3844530481<194 9875/3750384<1948*7>+>-2//51948*7>+>55445 45987>*8574<194561948*7>+>7-7<8*873/+<424 57913-30011521948*7>+><191948*7>+>142>>8-		
货物或应税劳务、服务名称	规格型号	单位	数量	单价	金额	税率	税额	
*家用清洁电器具*滚筒洗衣机	MDR-715	台	50	1600.00	80000.00	13%	10400.00	
合计					¥80000.00		¥10400.00	
价税合计（大写）	⊗玖万零肆佰圆整				（小写）¥90400.00			
销售方	名称：青岛海尔集团洗衣机有限公司 纳税人识别号：913702172165060546 地址、电话：青岛市海尔路1号海尔工业园创牌大楼，0532-78694532 开户行及账号：中国工商银行青岛市海尔支行，7585924059687263343				备注			

收款人：（略） 复核：（略） 开票人：（略） 销售方：（章）

第三联：发票联 购买方记账凭证

图 1－130 【业务五十】原始凭证 2

付 款 审 批 单

2019 年 01 月 23 日

收款单位	青岛海尔集团洗衣机有限公司		申请部门	采购部
开户行	中国工商银行青岛市海尔支行		经手人	杨钱
账号	7585924059687263343		付款方式	银行承兑汇票
付款用途	支付合同cg0115规定的购货款。			
付款金额	人民币（大写）	玖万零肆佰圆整	小写	¥90400.00

总经理	财务负责人	部门负责人	出纳
王翔	张国	杨钱	周冲

会计主管：（略） 审核：（略） 出纳：（略） 制单：（略）

图 1－131 【业务五十】原始凭证 3

1

银行承兑汇票(存根) 3

10203756

13403296

出票日期(大写) 贰零壹玖年 零壹月 贰拾叁日

出票人全称	合肥飞翔电器销售公司	收款人	全 称	青岛海尔集团洗衣机有限公司
出票人账号	3324844655783652598		账 号	7585924059687263343
付款行名称	交通银行合肥市长江路支行		开户银行	中国工商银行青岛市海尔支行
出票金额	人民币(大写) 玖万零肆佰圆整		亿千百十万千百十元角分	¥9040000
汇票到期日(大写)	贰零壹玖年肆月贰拾叁日	付款行	行号	7664358
承兑协议编号	334399		地址	合肥长江中路148号

备注:

密押

复核(略) 经办(略)

此联由出票人存查

图 1-132 【业务五十】原始凭证 4

入 库 单

2019年 01月 23日 单号 c012302

交来单位及部门	青岛海尔集团洗衣机有限公司	发票号码或生产单号码	47253711		验收仓库	商品库	入库日期	2019年01月23日
编号	名称及规格	单位	数量		单价	金额	备注	
			交库	实收				
1	滚筒洗衣机MDR-715	台	50	50				
	合计		50	50	—		—	

部门经理:(略) 会计:(略) 仓库:(略) 经办人:(略)

会计联

图 1-133 【业务五十】原始凭证 5

【业务五十一】 24 日，采购部杨钱与金鑫配件签订购销合同（合同编号 cg0116）。取得相关凭证如图 1－134 所示。

业务五十一

购销合同

供货方：金鑫家电配件制造有限公司　　合同号：cg0116

购买方：合肥飞翔电器销售公司　　签订日期：2019年01月24日

为保护买卖双方的合法权益，买卖双方根据《中华人民共和国合同法》的有关规定，经友好协商，一致同意签订本合同并共同遵守。

一、商品的名称、数量及金额

商品名称	规格型号	计量单位	数量	单价（不含税）	金额（不含税）	税率	税额
电器盒	YKK-576	件	80	695.00	55600.00	13%	7228.00
合计			80	—	￥55600.00	—	￥7228.00
货款总计（大写）：陆万贰仟捌佰贰拾捌圆整					（小写）：￥62828.00		

二、质量验收标准：按国家行业标准执行。

三、交货日期：2019年01月30日。

四、交货地点：合肥市蜀山区临江东路186号。

五、结算方式：转账支票，付款时间：2019年01月30日。

六、发运方式及费用承担：买方自提，相关费用由购买方承担。

七、其　他：存在商品质量及溢余等情况，经双方协商，另行解决。

八、违约条款：违约方须赔偿对方一切经济损失。但遇天灾人祸或其他人力不能控制之因素而导致延误交货，需方不能要求供方赔偿任何损失。

九、合同纠纷解决方式：经双方协商解决，如协商不成的，可向当地仲裁委员会提出申诉解决。

十、本合同一式两份，双方各执一份，自签订之日起生效。

供货方（盖章）（印章：金鑫家电配件制造有限公司 合同专用章）
税号：913401043538369886
开户银行：中国工商银行合肥市蜀山支行
银行账号：6754465534320137819
地址：合肥市蜀山区临江东路186号
法定代表：刘晓露
联系电话：0551-74859656

购买方（盖章）（印章：合肥飞翔电器销售公司 合同专用章）
税号：913401092876591456
开户银行：交通银行合肥市长江路支行
银行账号：3324844655783652598
地址：合肥市庐阳区长江中路355号
法定代表：王翔
联系电话：0551-99878897

图 1－134 【业务五十一】原始凭证

1

【业务五十二】 24 日，根据合同 xszy01，向天马家电开具增值税专用发票，款项收取使用现结功能处理。取得相关凭证如图 1 - 135、图 1 - 136 所示。

业务五十二

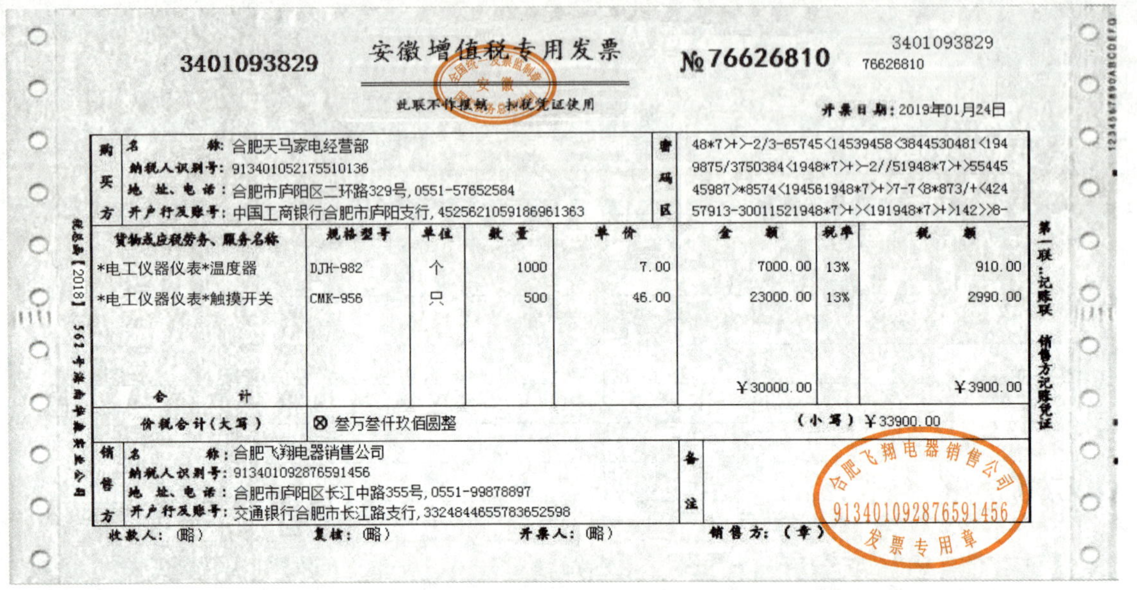

安徽增值税专用发票

3401093829 №76626810 3401093829 76626810

此联不作报销、扣税凭证使用 开票日期：2019年01月24日

购买方	名称：合肥天马家电经营部 纳税人识别号：913401052175510136 地址、电话：合肥市庐阳区二环路329号，0551-57652584 开户行及账号：中国工商银行合肥市庐阳支行，4525621059186961363				密码区	48*7>+>-2/3-65745<14539458<3844530481<194 9875/3750384<1948*7>+>-2//51948*7>+>55445 45987>*8574<194561948*7>+>7-7<8*873/+<424 57913-30011521948*7>+><191948*7>+>142>>8-		
货物或应税劳务、服务名称	规格型号	单位	数量	单价	金额	税率	税额	
*电工仪器仪表*温度器	DJH-982	个	1000	7.00	7000.00	13%	910.00	
*电工仪器仪表*触摸开关	CMK-956	只	500	46.00	23000.00	13%	2990.00	
合计					¥30000.00		¥3900.00	
价税合计（大写）	⊗叁万叁仟玖佰圆整				（小写）¥33900.00			
销售方	名称：合肥飞翔电器销售公司 纳税人识别号：913401092876591456 地址、电话：合肥市庐阳区长江中路355号，0551-99878897 开户行及账号：交通银行合肥市长江路支行，332484465578365259 8				备注			

收款人：（略） 复核：（略） 开票人：（略） 销售方：（章）

第一联：记账联 销售方记账凭证

图 1 - 135 【业务五十二】原始凭证 1

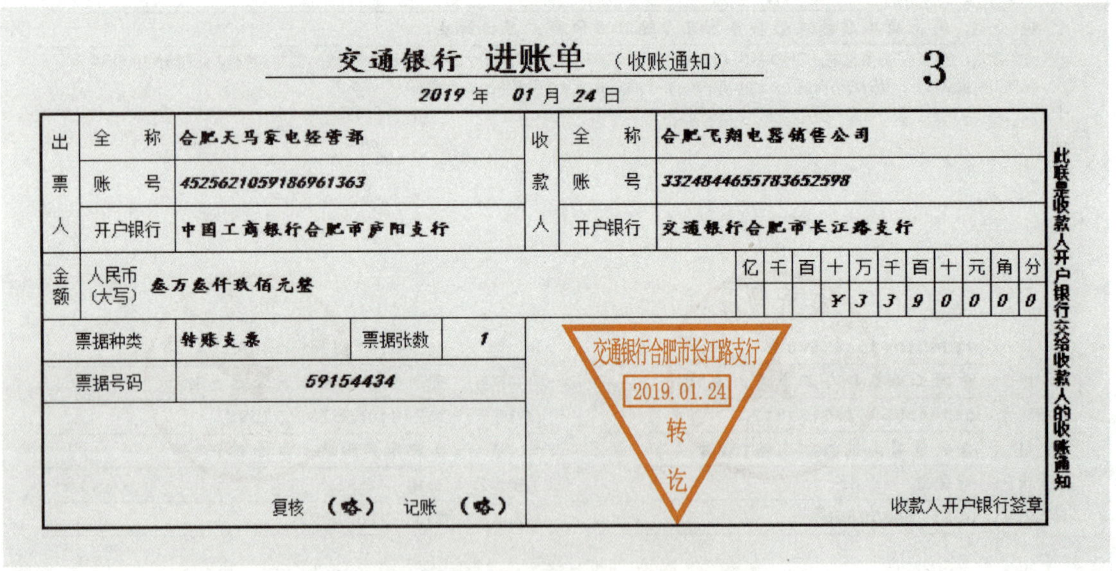

交通银行 进账单（收账通知） 3

2019 年 01 月 24 日

出票人	全称	合肥天马家电经营部	收款人	全称	合肥飞翔电器销售公司
	账号	4525621059186961363		账号	3324844655783652598
	开户银行	中国工商银行合肥市庐阳支行		开户银行	交通银行合肥市长江路支行
金额	人民币（大写）	叁万叁仟玖佰元整		亿千百十万千百十元角分	¥3390000
票据种类	转账支票	票据张数	1		
票据号码	59154434				
复核（略） 记账（略）				收款人开户银行签章	

此联是收款人开户银行交给收款人的收账通知

图 1 - 136 【业务五十二】原始凭证 2

1

业务五十三

【业务五十三】 25 日，销售部李力与天马家电签订购销合同（合同编号 xs0110）。销售金鑫配件委托本单位代销的电机 YSH－215（合同编号 wt0101），收取款项使用现结功能处理。取得相关凭证如图 1－137～图 1－140 所示。

购销合同

供货方：合肥飞翔电器销售公司　　　　合同号：xs0110

购买方：合肥天马家电经营部　　　　签订日期：2019年01月25日

为保护买卖双方的合法权益，买卖双方根据《中华人民共和国合同法》的有关规定，经友好协商，一致同意签订本合同并共同遵守。

一、商品的名称、数量及金额

商品名称	规格型号	计量单位	数量	单价（不含税）	金额（不含税）	税率	税额
电机	YSH-215	台	70	900.00	63000.00	13%	8190.00
合计			70	—	¥63000.00	—	¥8190.00
货款总计（大写）：柒万壹仟壹佰玖拾圆整					（小写）：¥71190.00		

二、质量验收标准：按国家行业标准执行。

三、交货日期：2019年01月25日。

四、交货地点：合肥市庐阳区长江中路355号。

五、结算方式：转账支票，付款时间：2019年01月25日。

六、发运方式及费用承担：买方自提，相关费用由购买方承担。

七、其　他：存在商品质量及溢余等情况，经双方协商，另行解决。

八、违约条款：违约方须赔偿对方一切经济损失。但遇天灾人祸或其他人力不能控制之因素而导致延误交货，需方不能要求供方赔偿任何损失。

九、合同纠纷解决方式：经双方协商解决，如协商不成的，可向当地仲裁委员会提出申诉解决。

十、本合同一式两份，双方各执一份，自签订之日起生效。

供货方（盖章）	购买方（盖章）
税号：913401092876591456	税号：913401052175510136
开户银行：交通银行合肥市长江路支行	开户银行：中国工商银行合肥市庐阳支行
银行账号：3324844655783652598	银行账号：4525621059186961363
地址：合肥市庐阳区长江中路355号	地址：合肥市庐阳区二环路329号
法定代表：王翔	法定代表：李海涛
联系电话：0551-99878897	联系电话：0551-57652584

图 1－137 【业务五十三】原始凭证 1

1

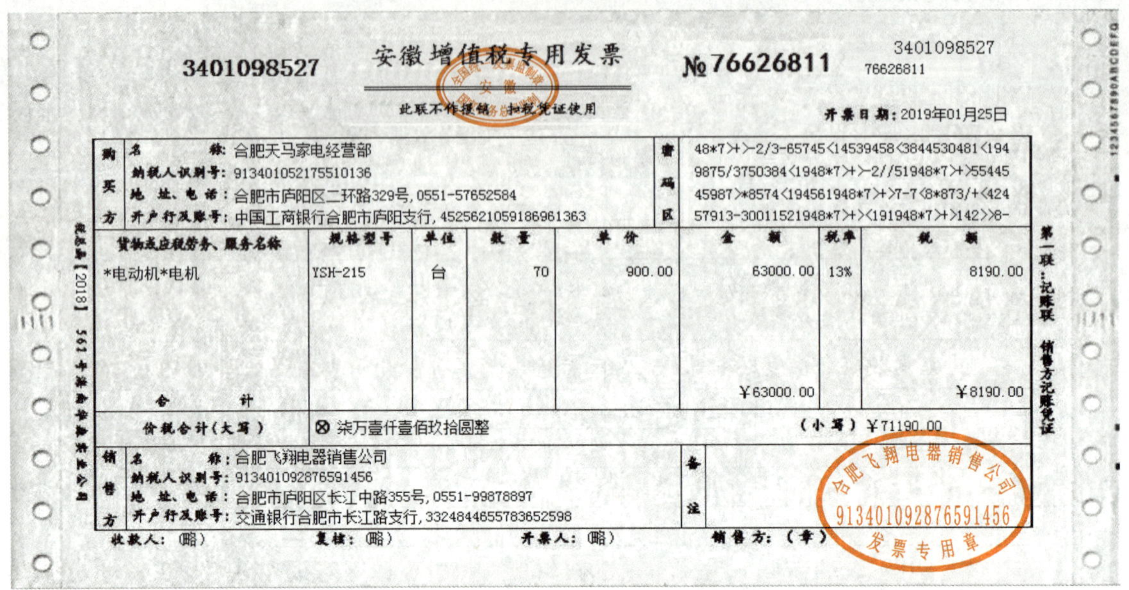

3401098527 安徽增值税专用发票 №76626811 3401098527 76626811

此联不作报销、扣税凭证使用　　开票日期：2019年01月25日

购买方	名称：合肥天马家电经营部 纳税人识别号：913401052175510136 地址、电话：合肥市庐阳区二环路329号，0551-57652584 开户行及账号：中国工商银行合肥市庐阳支行，4525621059186961363	密码区	48*7>+>-2/3-65745<14539458<3844530481<194 9875/3750384<1948*7>+>-2//51948*7>+>55445 45987>*8574<194561948*7>+>7-7<8*873/+<424 57913-30011521948*7>+><191948*7>+>142>>8-

货物或应税劳务、服务名称	规格型号	单位	数量	单价	金额	税率	税额
*电动机*电机	YSH-215	台	70	900.00	63000.00	13%	8190.00
合计					¥63000.00		¥8190.00
价税合计（大写）	⊗柒万壹仟壹佰玖拾圆整				（小写）¥71190.00		

销售方	名称：合肥飞翔电器销售公司 纳税人识别号：913401092876591456 地址、电话：合肥市庐阳区长江中路355号，0551-99878897 开户行及账号：交通银行合肥市长江路支行，3324844655783652598	备注	

收款人：（略）　复核：（略）　开票人：（略）　销售方：（章）

第一联：记账联　销售方记账凭证

图 1－138 【业务五十三】原始凭证 2

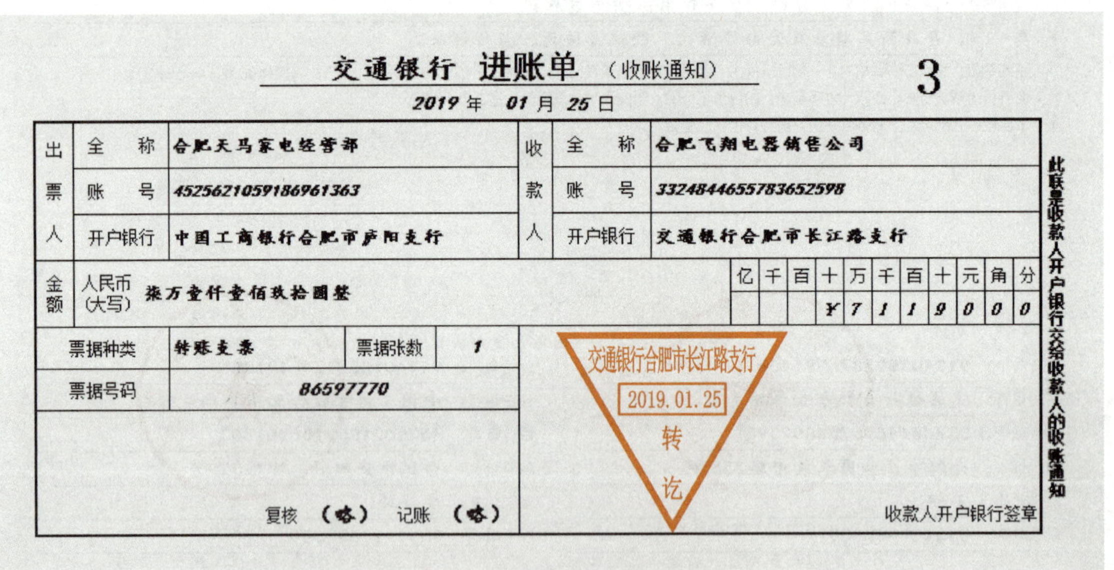

交通银行 进账单（收账通知） 3

2019 年 01 月 25 日

出票人	全称	合肥天马家电经营部	收款人	全称	合肥飞翔电器销售公司
	账号	4525621059186961363		账号	3324844655783652598
	开户银行	中国工商银行合肥市庐阳支行		开户银行	交通银行合肥市长江路支行
金额	人民币（大写）	柒万壹仟壹佰玖拾圆整		亿千百十万千百十元角分	¥7119000
票据种类	转账支票	票据张数	1		
票据号码	86597770				

复核（略）　记账（略）　　收款人开户银行签章

交通银行合肥市长江路支行 2019.01.25 转讫

此联是收款人开户银行交给收款人的收账通知

图 1－139 【业务五十三】原始凭证 3

1

出 库 单

出货单位：合肥飞翔电器销售公司　　2019 年 01 月 25 日　　单号：x012501

提货单位或领货部门	合肥天马家电经营部	销售单号	76626811	发出仓库	代销库	出库日期	2019年01月25日

编 号	名称及规格	单 位	数量 应发	数量 实发	单 价	金 额
1	电机YSH-215	台	70	70		
合计			70	70	—	

会计联

部门经理：（略）　会计：（略）　仓库：（略）　经办人：（略）

图 1-140 【业务五十三】原始凭证 4

【业务五十四】 25 日，销售部蒋芯接到三元五金的要货电话，同时开具普通销售发票，款项收取使用现结功能处理。取得相关凭证如图 1-141～图 1-143 所示。

业务五十四

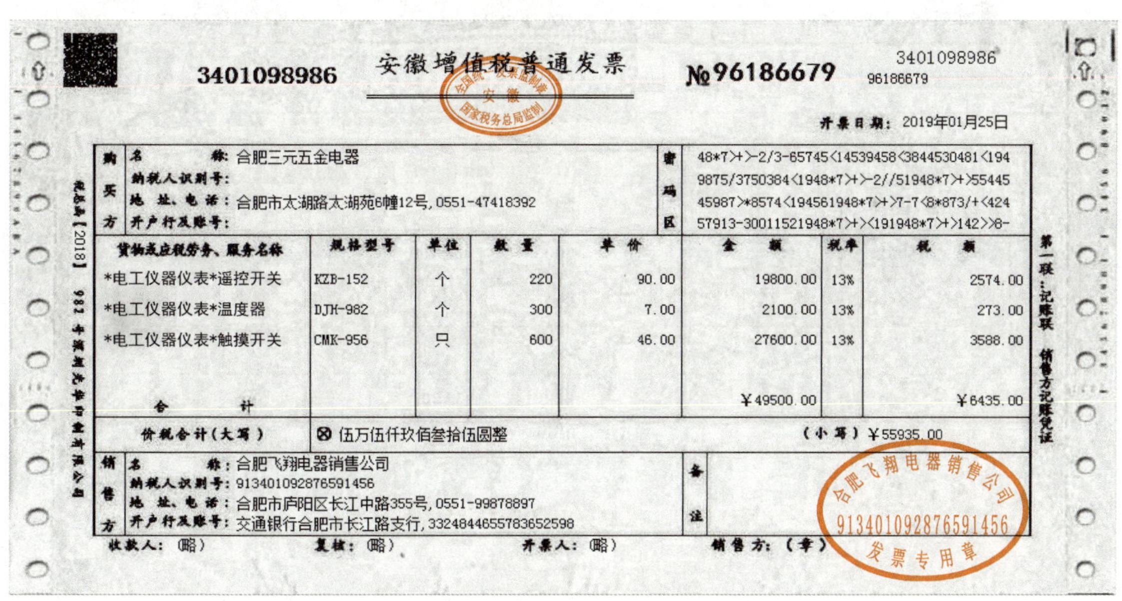

3401098986　安徽增值税普通发票　№96186679　3401098986　96186679

开票日期：2019年01月25日

购买方	名称：合肥三元五金电器 纳税人识别号： 地址、电话：合肥市太湖路太湖苑6幢12号，0551-47418392 开户行及账号：	密码区	48*7\>+\>-2/3-65745\<14539458\<3844530481\<194 9875/3750384\<1948*7\>+\>-2//51948*7\>+\>55445 45987\>*8574\<194561948*7\>+\>7-7\<8*873/+\<424 57913-30011521948*7\>+\>\<191948*7\>+\>142\>\>8-

货物或应税劳务、服务名称	规格型号	单位	数量	单价	金额	税率	税额
*电工仪器仪表*遥控开关	KZB-152	个	220	90.00	19800.00	13%	2574.00
*电工仪器仪表*温度器	DJH-982	个	300	7.00	2100.00	13%	273.00
*电工仪器仪表*触摸开关	CMK-956	只	600	46.00	27600.00	13%	3588.00
合计					￥49500.00		￥6435.00
价税合计（大写）	⊗伍万伍仟玖佰叁拾伍圆整				（小写）￥55935.00		

销售方	名称：合肥飞翔电器销售公司 纳税人识别号：913401092876591456 地址、电话：合肥市庐阳区长江中路355号，0551-99878897 开户行及账号：交通银行合肥市长江路支行，3324844655783652598	备注	

收款人：（略）　复核：（略）　开票人：（略）　销售方：（章）

第一联：记账联 销售方记账凭证

图 1-141 【业务五十四】原始凭证 1

1

收款收据

NO. 76068572

2019 年 01 月 25 日

今收到：合肥三元五金电器

交来：遥控开关KZB-152、触摸开关CMK-956、温度器DJH-982货款 现金收讫

金额（大写） 零拾 伍万 伍仟 玖佰 叁拾 伍元 零角 零分

¥55935.00 ☑现金 ☐支票 ☐信用卡 ☐其他 收款单位（盖章）

第三联交财务

核准（略） 会计（略） 记账（略） 出纳（略） 经手人（略）

图 1-142 【业务五十四】原始凭证 2

出库单

出货单位：合肥飞翔电器销售公司 2019 年 01 月 25 日 单号：x012502

提货单位或领货部门	合肥三元五金电器	销售单号	96186679	发出仓库	配件库	出库日期	2019年01月25日

编号	名称及规格	单位	数量 应发	数量 实发	单价	金额
1	遥控开关KZB-152	个	220	220		
2	温度器DJH-982	个	300	300		
3	触摸开关CMK-956	只	600	600		
合计			1120	1120	—	

会计联

部门经理：（略） 会计：（略） 仓库：（略） 经办人：（略）

图 1-143 【业务五十四】原始凭证 3

【业务五十五】 26 日，销售部陈思与天鹅家电签订购销合同（合同编号 xs0111），款项支付与收取不使用现结功能处理。取得相关凭证如图 1－144～图 1－150 所示。

购销合同

供货方：合肥飞翔电器销售公司　　　　合同号：xs0111

购买方：合肥天鹅家电经营部　　　　签订日期：2019年01月26日

为保护买卖双方的合法权益，买卖双方根据《中华人民共和国合同法》的有关规定，经友好协商，一致同意签订本合同并共同遵守。

一、商品的名称、数量及金额

商品名称	规格型号	计量单位	数量	单价（不含税）	金额（不含税）	税率	税额
电器盒	YKK-576	件	180	1100.00	198000.00	13%	25740.00
合计			180	—	¥198000.00	—	¥25740.00
货款总计（大写）：贰拾贰万叁仟柒佰肆拾圆整					（小写）：¥223740.00		

二、质量验收标准：按国家行业标准执行。

三、交货日期：2019年01月26日。

四、交货地点：合肥市经济技术开发区玉屏路189号。

五、结算方式：转账支票，付款时间：2019年01月26日。

六、发运方式及费用承担：公路运输，供货方代垫运输费用，代垫款项随同商品货款一并结清。

七、其　他：存在商品质量及溢余等情况，经双方协商，另行解决。

八、违约条款：违约方须赔偿对方一切经济损失。但遇天灾人祸或其他人力不能控制之因素而导致延误交货，需方不能要求供方赔偿任何损失。

九、合同纠纷解决方式：经双方协商解决，如协商不成的，可向当地仲裁委员会提出申诉解决。

十、本合同一式两份，双方各执一份，自签订之日起生效。

供货方（盖章）		购买方（盖章）	
税号：	913401092876591456	税号：	913401006694669186
开户银行：	交通银行合肥市长江路支行	开户银行：	中信银行合肥市瑞海支行
银行账号：	332484465578365 2598	银行账号：	710333453912002 1934
地址：	合肥市庐阳区长江中路355号	地址：	合肥市经济技术开发区玉屏路189号
法定代表：	王翔	法定代表：	熊义辉
联系电话：	0551-99878897	联系电话：	0551-74940175

（印章：合肥飞翔电器销售公司 合同专用章；合肥天鹅家电经营部 合同专用章）

图 1－144 【业务五十五】原始凭证 1

1

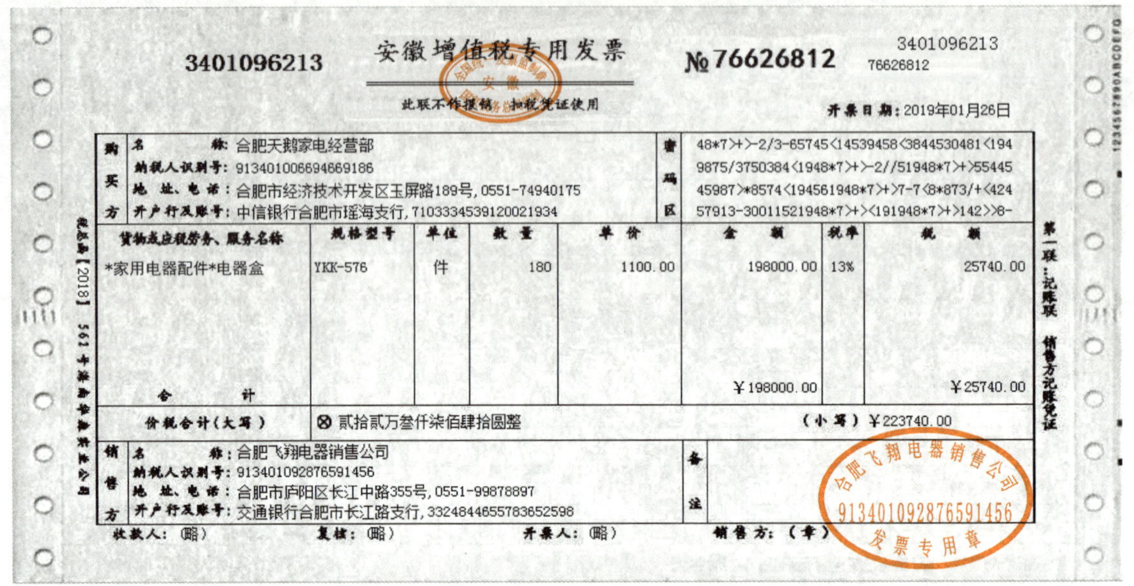

3401096213 安徽增值税专用发票 №76626812 3401096213 76626812

此联不作报销、扣税凭证使用

开票日期：2019年01月26日

购买方	名称：合肥天鹅家电经营部 纳税人识别号：913401006694669186 地址、电话：合肥市经济技术开发区玉屏路189号，0551-74940175 开户行及账号：中信银行合肥市瑶海支行，7103334539120021934	密码区	48*7>+>-2/3-65745<14539458<3844530481<194 9875/3750384<1948*7>+>-2//51948*7>+>55445 45987>*8574<194561948*7>+>7-7<8*873/+<424 57913-30011521948*7>+><191948*7>+>142>>8-

货物或应税劳务、服务名称	规格型号	单位	数量	单价	金额	税率	税额
*家用电器配件*电器盒	YKK-576	件	180	1100.00	198000.00	13%	25740.00
合计					¥198000.00		¥25740.00
价税合计（大写）	⊗贰拾贰万叁仟柒佰肆拾圆整				（小写）¥223740.00		

销售方	名称：合肥飞翔电器销售公司 纳税人识别号：913401092876591456 地址、电话：合肥市庐阳区长江中路355号，0551-99878897 开户行及账号：交通银行合肥市长江路支行，3324844655783652598	备注	

收款人：（略） 复核：（略） 开票人：（略） 销售方：（章）

第一联：记账联 销售方记账凭证

图 1-145 【业务五十五】原始凭证 2

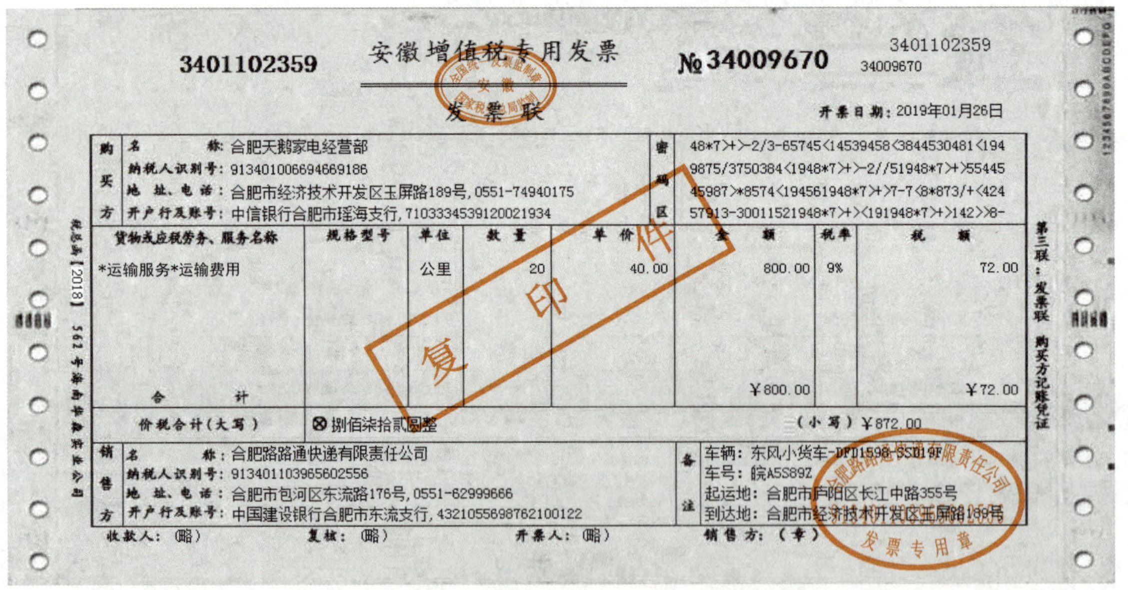

3401102359 安徽增值税专用发票 №34009670 3401102359 34009670

发票联

开票日期：2019年01月26日

购买方	名称：合肥天鹅家电经营部 纳税人识别号：913401006694669186 地址、电话：合肥市经济技术开发区玉屏路189号，0551-74940175 开户行及账号：中信银行合肥市瑶海支行，7103334539120021934	密码区	48*7>+>-2/3-65745<14539458<3844530481<194 9875/3750384<1948*7>+>-2//51948*7>+>55445 45987>*8574<194561948*7>+>7-7<8*873/+<424 57913-30011521948*7>+><191948*7>+>142>>8-

货物或应税劳务、服务名称	规格型号	单位	数量	单价	金额	税率	税额
*运输服务*运输费用		公里	20	40.00	800.00	9%	72.00
合计					¥800.00		¥72.00
价税合计（大写）	⊗捌佰柒拾贰圆整				（小写）¥872.00		

销售方	名称：合肥路路通快递有限责任公司 纳税人识别号：913401103965602556 地址、电话：合肥市包河区东流路176号，0551-62999666 开户行及账号：中国建设银行合肥市东流支行，4321055698762100122	备注	车辆：东风小货车-DFD1598-SS019F 车号：皖A5S89Z 起运地：合肥市庐阳区长江中路355号 到达地：合肥市经济技术开发区玉屏路189号

收款人：（略） 复核：（略） 开票人：（略） 销售方：（章）

第三联：发票联 购买方记账凭证

复印件

图 1-146 【业务五十五】原始凭证 3

1

出 库 单

出货单位：合肥飞翔电器销售公司　　2019 年 01 月 26 日　　单号：x012601

提货单位或领货部门	合肥天鹅家电经营部	销售单号	76626812	发出仓库	配件库	出库日期	2019年01月26日
编 号	名称及规格	单 位	数量 应 发	数量 实 发	单 价	金 额	
1	电器盒YKK-576	件	180	180			
合计			180	180	—		

会计联

部门经理：（略）　会计：（略）　仓库：（略）　经办人：（略）

图 1－147 【业务五十五】原始凭证 4

付 款 审 批 单

2019 年 01 月 26 日

收款单位	合肥路路通快递有限责任公司		申请部门	销售部
开 户 行	中国建设银行合肥市东流支行		经 手 人	陈思
账 号	4321055698762100122		付款方式	转账支票
付款用途	代垫商品电器盒YKK-576的运输费用。			
付款金额	人民币(大写)	捌佰柒拾贰圆整	小写	￥872.00

总经理	财务负责人	部门负责人	出纳
王翔	张国	李力	周冲

会计主管：（略）　审核：（略）　出纳：（略）　制单：（略）

图 1－148 【业务五十五】原始凭证 5

1

业务五十六

业务五十七

业务五十八

业务五十九

交通银行
转账支票存根
30103427
20289805

附加信息

出票日期 2019 年 01 月 26 日

收款人：合肥路路通快递有限责任公司
金　额：¥872.00
用　途：支付运输费用

单位主管（略）会计（略）

合肥方正三彩印刷有限公司 · 2018年印制

图 1－149 【业务五十五】原始凭证 6

【业务五十六】 27 日，收到金鑫配件根据合同 cg0114 发来的货物与增值税专用发票，验收中发现部分商品已破损，经协商达成一致意见。取得相关凭证如图 1－151～图 1－154 所示。

【业务五十七】 27 日，根据合同 xs0107 的规定，向七彩电器发出商品并开具增值税专用发票，款项收回使用现结功能处理。取得相关凭证如图 1－155～图 1－157 所示。

【业务五十八】 28 日，收到广聚源家电发来的转账支票，支付合同 xs0104 规定的货款。取得相关凭证如图 1－158 所示。

【业务五十九】 28 日，根据合同 xs0107 向七彩电器发出的遥控开关 KZB－152，有部分存在质量问题，经协商办理退换货手续。取得相关凭证如图 1－159、图 1－160 所示。

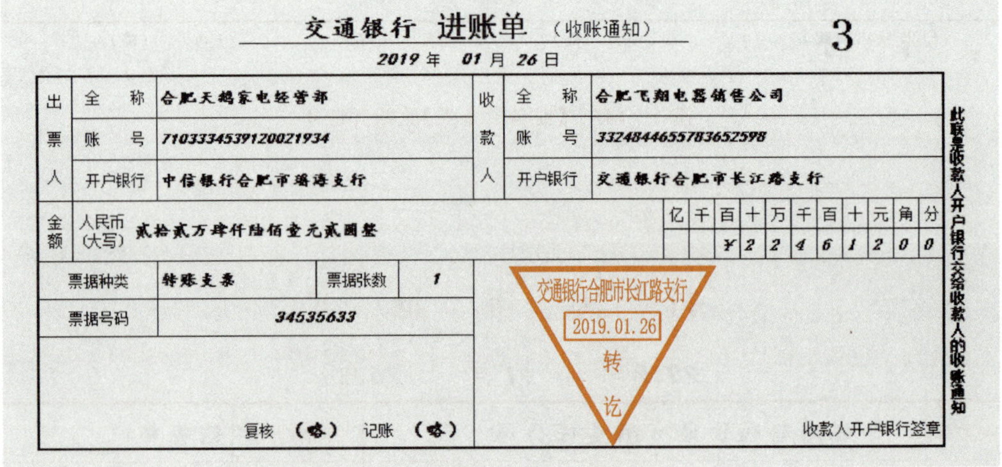

交通银行 进账单（收账通知） 3

2019 年 01 月 26 日

出票人	全称	合肥天鹅家电经营部	收款人	全称	合肥飞翔电器销售公司
	账号	7103334539120021934		账号	332484465578365259 8
	开户银行	中信银行合肥市瑶海支行		开户银行	交通银行合肥市长江路支行
金额	人民币（大写）	贰拾贰万肆仟陆佰壹元贰圆整		亿千百十万千百十元角分	¥22461200
票据种类	转账支票	票据张数	1		
票据号码	34535633				
复核（略） 记账（略）				收款人开户银行签章	

交通银行合肥市长江路支行 2019.01.26 转讫

此联是收款人开户银行交给收款人的收账通知

图 1－150 【业务五十五】原始凭证 7

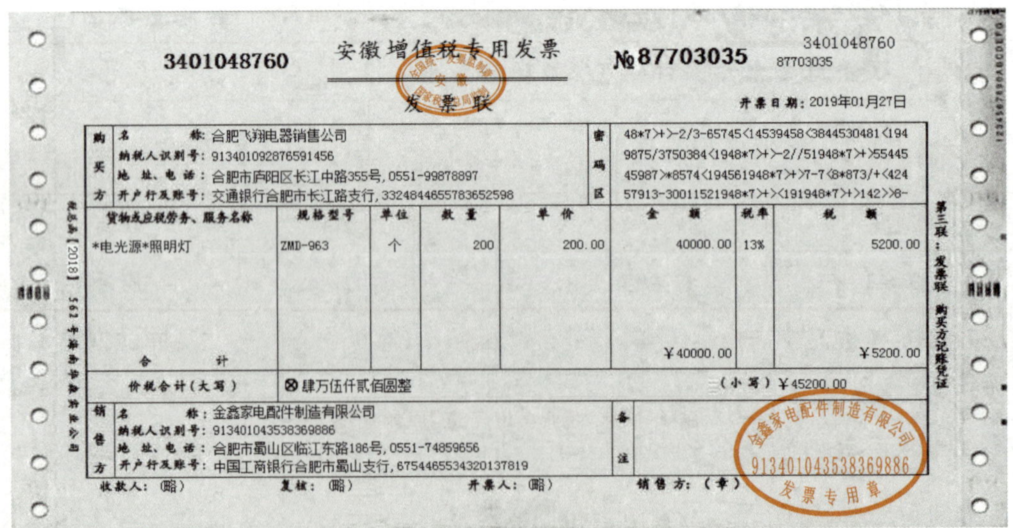

3401048760　安徽增值税专用发票　№87703035　3401048760 87703035

发票联

开票日期：2019年01月27日

购买方	名称：合肥飞翔电器销售公司 纳税人识别号：913401092876591456 地址、电话：合肥市庐阳区长江中路355号，0551-99878897 开户行及账号：交通银行合肥市长江路支行，332484465578365259 8	密码区	48*7>+>-2/3-65745<14539458<3844530481<194 9875/3750384<1948*7>+>-2//51948*7>+>55445 45987>*8574<194561948*7>+>7-7<8*873/+<424 57913-30011521948*7>+><191948*7>+>142>>8-

货物或应税劳务、服务名称	规格型号	单位	数量	单价	金额	税率	税额
*电光源*照明灯	ZMD-963	个	200	200.00	40000.00	13%	5200.00
合计					¥40000.00		¥5200.00
价税合计（大写）	⊗肆万伍仟贰佰圆整				（小写）¥45200.00		

销售方	名称：金鑫家电配件制造有限公司 纳税人识别号：913401043538369886 地址、电话：合肥市蜀山区临江东路186号，0551-74859656 开户行及账号：中国工商银行合肥市蜀山支行，6754465534320137819	备注	金鑫家电配件制造有限公司 913401043538369886 发票专用章

收款人：（略）　复核：（略）　开票人：（略）　销售方：（章）

第三联：发票联 购买方记账凭证

图 1－151 【业务五十六】原始凭证 1

1

货物损失赔偿协议书

甲方：金鑫家电配件制造有限公司

乙方：合肥路路通快递有限责任公司

丙方：合肥飞翔电器销售公司

2019 年 1 月 20 日，甲方与丙方签订购销合同，合同规定甲方向丙方销售 200 个照明灯 ZMD-963，并于 2018 年 1 月 27 日送货至丙方所在地。

2019 年 1 月 26 日，甲方与乙方签订货物运输协议，合同规定 2018 年 1 月 27 日由乙方将200 个照明灯 ZMD-963 运送至丙方所在地。

2019 年 1 月 27 日，乙方的汽车在运输货物时，在合肥市大同路与长江中路交叉口处，因乙方司机车速过快撞向路边护栏，造成 80 个照明灯 ZMD-963 破损无法继续使用。经合肥市交警队现场认定，乙方司机在事故中负全部责任。在此情况下，甲、巳、丙三方经协商，现就损失赔偿一事达成以下协议：

一、由乙方赔偿丙方货物损失 18080 元。

二、以上赔偿费由乙方在 2019 年 2 月 28 日之前付清，丙方无论损失多大，今后都不得因本事件再次向甲方、乙方索赔或提起诉讼。

三、本协议生效后，甲方不再补发破损的商品，丙方不得因本事件要求甲方补发破损的商品。

四、甲方原和乙方协商此次运费为 1000 元，因此事故发生，甲方不再向乙方支付此次货物运费。

五、本协议由三方在协议上签字，乙方将协议约定的赔偿款全部偿付给丙方后生效。

六、本协议一式三份，甲、乙、丙三方各执一份，具有同等法律效力。

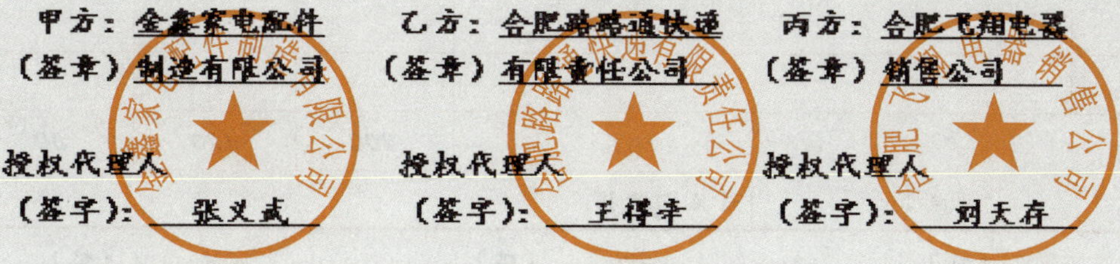

甲方：金鑫家电配件（签章）制造有限公司　　乙方：合肥路路通快递（签章）有限责任公司　　丙方：合肥飞翔电器（签章）销售公司

授权代理人（签字）：张义武　　授权代理人（签字）：王得幸　　授权代理人（签字）：刘天存

签订时间：2019 年 01 月 27 日

图 1－152　【业务五十六】原始凭证 2

1

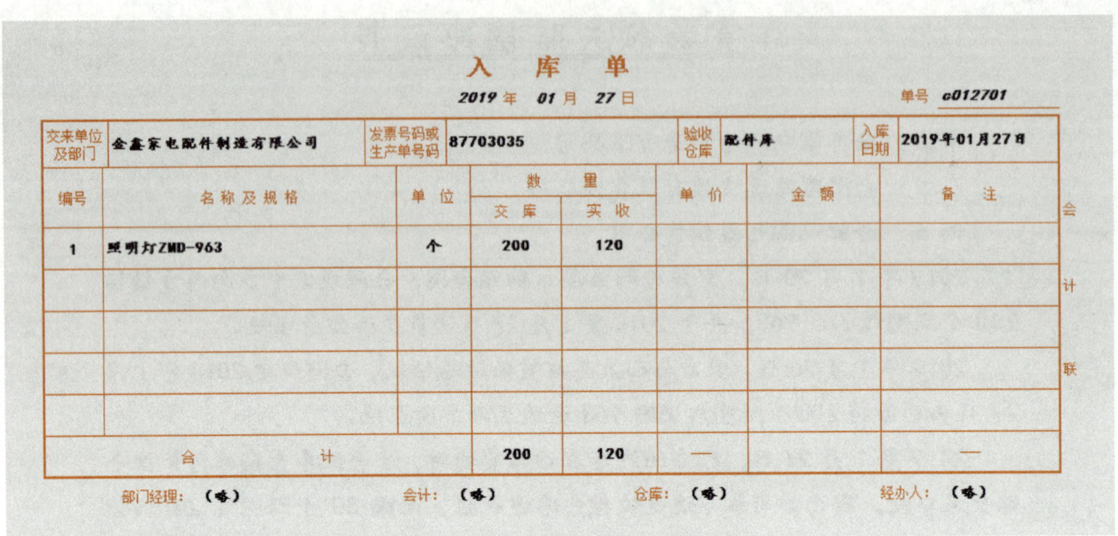

入　库　单

2019 年 01 月 27 日　　　　单号 c012701

交来单位及部门	金鑫家电配件制造有限公司	发票号码或生产单号码	87703035	验收仓库	配件库	入库日期	2019年01月27日

编号	名称及规格	单位	数量		单价	金额	备注
			交库	实收			
1	照明灯ZMD-963	个	200	120			
合计			200	120	—		—

会计联

部门经理：（略）　会计：（略）　仓库：（略）　经办人：（略）

图 1-153 【业务五十六】原始凭证 3

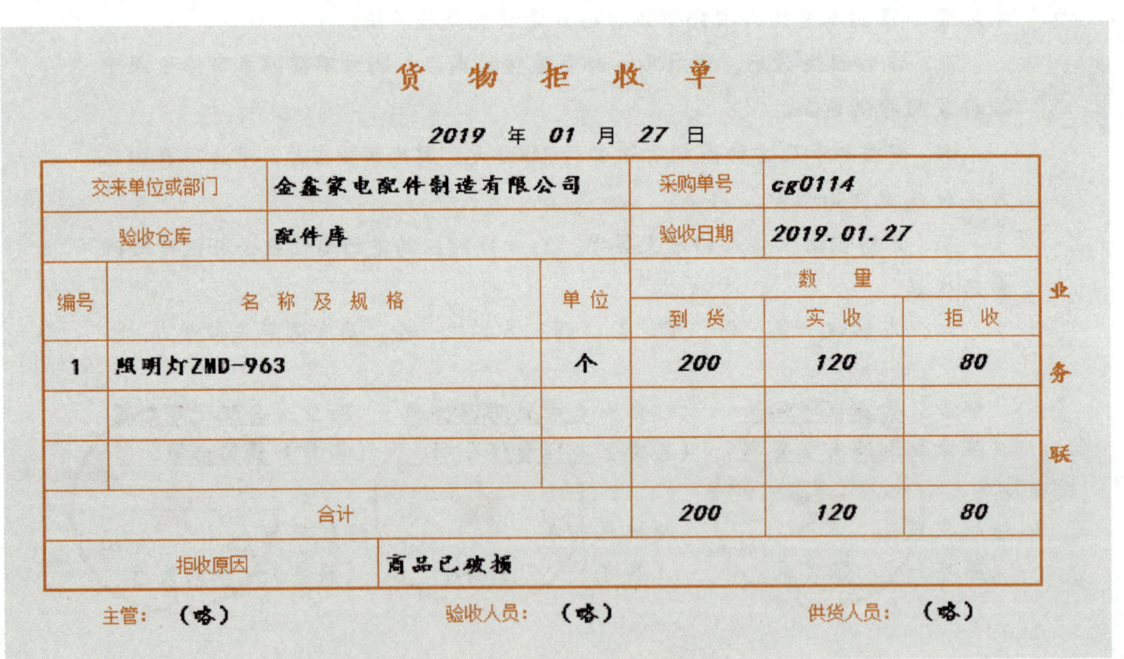

货　物　拒　收　单

2019 年 01 月 27 日

交来单位或部门	金鑫家电配件制造有限公司	采购单号	cg0114
验收仓库	配件库	验收日期	2019.01.27

编号	名称及规格	单位	数量		
			到货	实收	拒收
1	照明灯ZMD-963	个	200	120	80
合计			200	120	80
拒收原因	商品已破损				

业务联

主管：（略）　验收人员：（略）　供货人员：（略）

图 1-154 【业务五十六】原始凭证 4

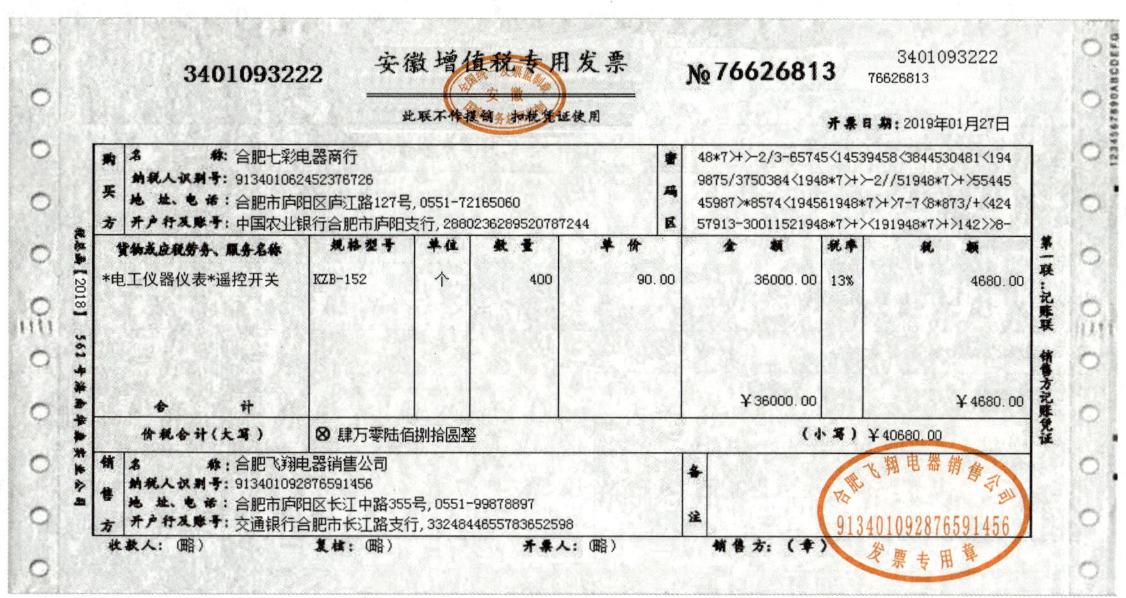

3401093222　　安徽增值税专用发票　　№76626813　　3401093222 76626813

此联不作报销、扣税凭证使用　　开票日期：2019年01月27日

购买方	名称：合肥七彩电器商行 纳税人识别号：913401062452376726 地址、电话：合肥市庐阳区庐江路127号，0551-72165060 开户行及账号：中国农业银行合肥市庐阳支行，2880236289520787244	密码区	48*7>+>-2/3-65745<14539458<3844530481<194 9875/3750384<1948*7>+>-2//51948*7>+>55445 45987>*8574<194561948*7>+>7-7<8*873/+<424 57913-30011521948*7>+><191948*7>+>142>>8-

货物或应税劳务、服务名称	规格型号	单位	数量	单价	金额	税率	税额
*电工仪器仪表*遥控开关	KZB-152	个	400	90.00	36000.00	13%	4680.00
合计					¥36000.00		¥4680.00
价税合计（大写）	⊗肆万零陆佰捌拾圆整				（小写）¥40680.00		

销售方	名称：合肥飞翔电器销售公司 纳税人识别号：913401092876591456 地址、电话：合肥市庐阳区长江中路355号，0551-99878897 开户行及账号：交通银行合肥市长江路支行，3324844655783652598	备注	

收款人：（略）　复核：（略）　开票人：（略）　销售方：（章）

第一联：记账联　销售方记账凭证

图 1－155　【业务五十七】原始凭证 1

出库单

出货单位：合肥飞翔电器销售公司　　2019 年 01 月 27 日　　单号：x012701

提货单位或领货部门	合肥七彩电器商行	销售单号	76626813	发出仓库	配件库	出库日期	2019年01月27日

编号	名称及规格	单位	数量 应发	数量 实发	单价	金额
1	遥控开关KZB-152	个	400	400		
合计			400	400	—	

会计联

部门经理：（略）　会计：（略）　仓库：（略）　经办人：（略）

图 1－156　【业务五十七】原始凭证 2

1

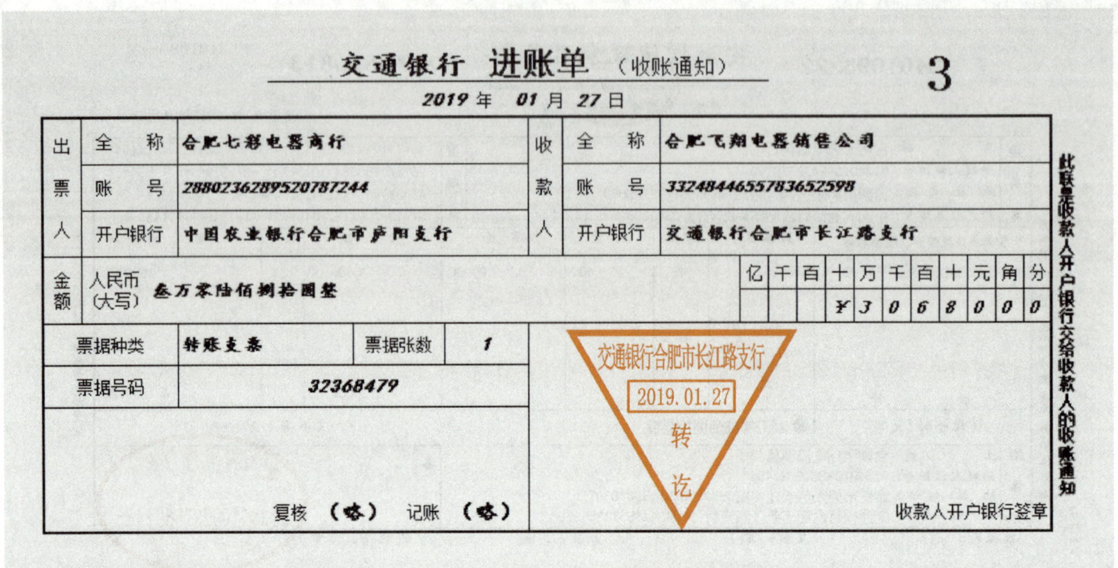

交通银行 进账单（收账通知） 3

2019 年 01 月 27 日

出票人	全称	合肥七彩电器商行	收款人	全称	合肥飞翔电器销售公司
	账号	2880236289520787244		账号	3324844655783652598
	开户银行	中国农业银行合肥市庐阳支行		开户银行	交通银行合肥市长江路支行
金额	人民币（大写）	叁万零陆佰捌拾圆整			¥30680.00
票据种类	转账支票	票据张数	1		
票据号码	32368479				
复核（略） 记账（略）					收款人开户银行签章

亿	千	百	十	万	千	百	十	元	角	分
			¥	3	0	6	8	0	0	0

交通银行合肥市长江路支行 2019.01.27 转讫

此联是收款人开户银行交给收款人的收账通知

图 1-157 【业务五十七】原始凭证 3

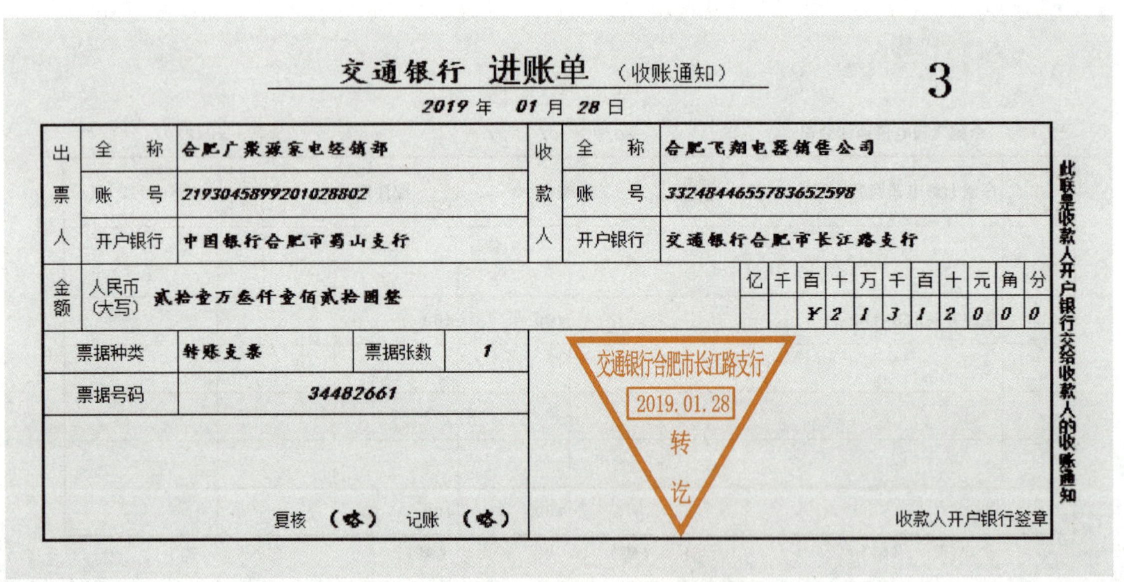

交通银行 进账单（收账通知） 3

2019 年 01 月 28 日

出票人	全称	合肥广聚源家电经销部	收款人	全称	合肥飞翔电器销售公司
	账号	2193045899201028802		账号	3324844655783652598
	开户银行	中国银行合肥市蜀山支行		开户银行	交通银行合肥市长江路支行
金额	人民币（大写）	贰拾壹万叁仟壹佰贰拾圆整			¥213120.00
票据种类	转账支票	票据张数	1		
票据号码	34482661				
复核（略） 记账（略）					收款人开户银行签章

亿	千	百	十	万	千	百	十	元	角	分
		¥	2	1	3	1	2	0	0	0

交通银行合肥市长江路支行 2019.01.28 转讫

此联是收款人开户银行交给收款人的收账通知

图 1-158 【业务五十八】原始凭证

商品质量问题处理协议书

甲方（供货方）：合肥飞翔电器销售公司

乙方（购买方）：合肥七彩电器商行

甲、乙双方与 2019 年 1 月 16 日签订购销合同 xs0107，约定由甲方向乙方提供商品遥控开关 KZB-152，由于甲方提供的商品中有 100 个与乙方的具体要求有偏差，且存在一定的质量问题。为妥善处理甲乙双方之间存在的争议，减少双方因此产生的损失。根据诚实信用、公平互助的原则，经甲乙双方充分友好协商，达成以下共识：

一、乙方于签订协议当日退还该批商品。

二、甲方与 2019 年 1 月 29 日重新根据购销合同 xs0107 的相关规定，提供该批商品并运送至乙方指定地点。

三、如本协议无效或被撤销，则甲方仍继续按原合同及其他法律文件履行义务。

四、本协议经甲、乙双方加盖公章并由双方法定代表人或由法定代表人授权的代理人签字后生效。

五、本协议未尽事宜，遵照国家有关法律、法规和规章办理。

六、本协议一式两份，甲、乙双方各执一份，具同等法律效力。

甲方：合肥飞翔电器
（签章）销售公司

授权代理人
（签字）：陈思

乙方：合肥七彩电器
（签章）商行

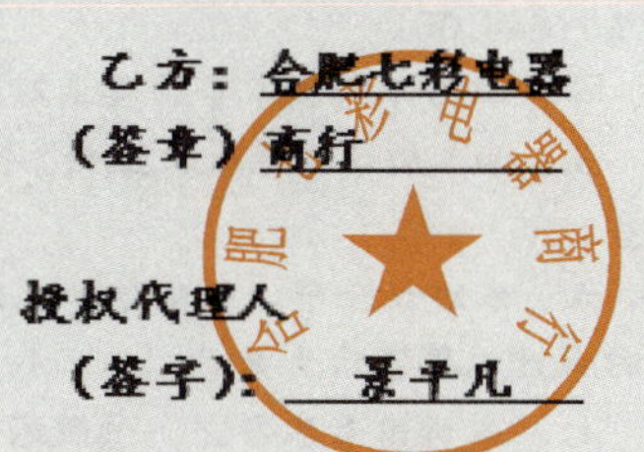

授权代理人
（签字）：景平凡

签订时间：2019 年 01 月 28 日

图 1－159　【业务五十九】原始凭证 1

【业务六十】　29 日，根据合同 xs0104 向广聚源家电销售的直筒洗衣机 MBR－702 有部分存在质量问题，经协商，本公司同意退货，款项支付不使用现结功能处理。取得相关凭证如图 1－161～图 1－165 所示。

业务六十

1

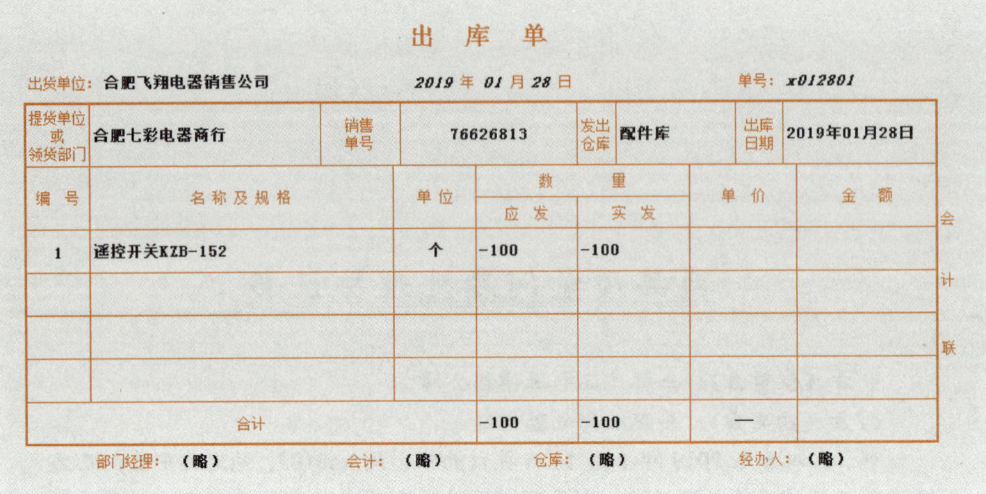

出库单

出货单位：合肥飞翔电器销售公司　　2019 年 01 月 28 日　　单号：x012801

提货单位或领货部门	合肥七彩电器商行	销售单号	76626813	发出仓库	配件库	出库日期	2019年01月28日

编号	名称及规格	单位	数量		单价	金额
			应发	实发		
1	遥控开关KZB-152	个	-100	-100		
合计			-100	-100	—	

会计联

部门经理：（略）　会计：（略）　仓库：（略）　经办人：（略）

图 1-160 【业务五十九】原始凭证 2

商品质量问题处理协议书

甲方（供货方）：合肥飞翔电器销售公司

乙方（购买方）：合肥广聚源家电经销部

甲、乙双方与 2019 年 1 月 12 日签订购销合同 xs0104，约定由甲方向乙方提供商品直筒洗衣机 MBR-702，由于甲方提供的商品中有 20 台与乙方的具体要求有偏差，且存在一定的质量问题。为妥善处理甲乙双方之间存在的争议，减少双方因此产生的损失。根据诚实信用、公平互助的原则，经甲乙双方充分友好协商，达成以下共识：

一、乙方于签订协议当日退还该批商品。

二、乙方不得要求甲方根据购销合同 xs0104 的规定重新提供该批商品。

三、甲方于签订协议当日退还乙方 1 月 28 日根据合同规定实际支付的价税款￥26640.00。

四、双方不得因本事件要求对方给予任何形式的赔偿。

五、如本协议无效或被撤销，则甲方仍继续按原合同及其他法律文件履行义务。

六、本协议经甲、乙双方加盖公章并由双方法定代表人或由法定代表人授权的代理人签字后生效。

七、本协议未尽事宜，遵照国家有关法律、法规和规章办理。

八、本协议一式两份，甲、乙双方各执一份，具同等法律效力。

甲方：合肥飞翔电器销售公司　　乙方：合肥广聚源家电经销部
（签章）　　（签章）

授权代理人（签字）：陈思　　授权代理人（签字）：冯子桐

签订时间：2019 年 01 月 29 日

图 1-161 【业务六十】原始凭证 1

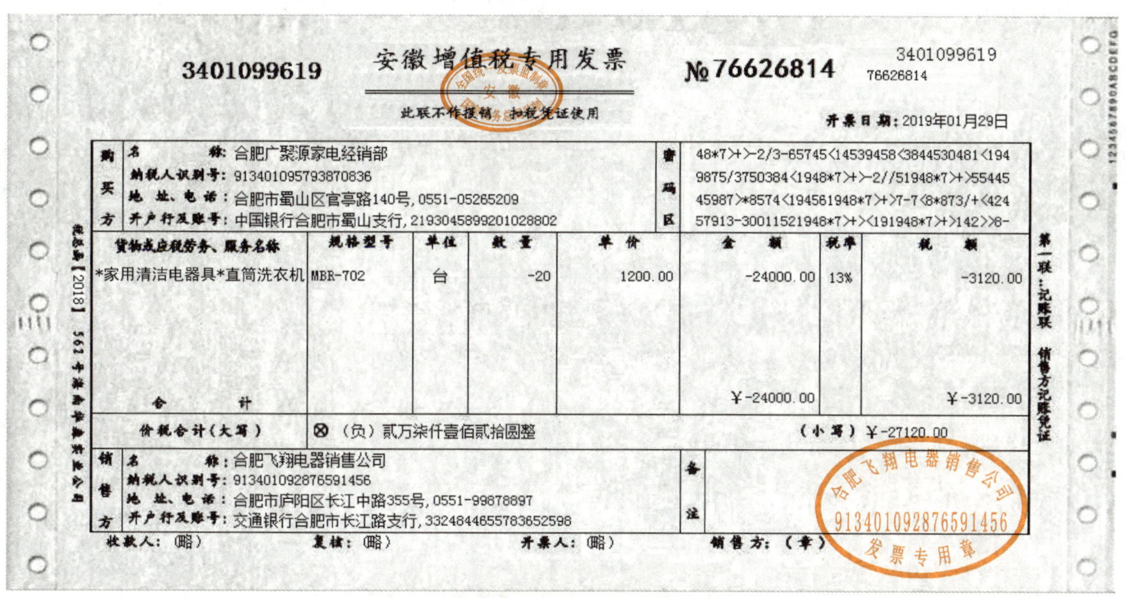

3401099619 安徽增值税专用发票 №76626814 3401099619 76626814

此联不作报销、扣税凭证使用

开票日期：2019年01月29日

购买方	名称：合肥广聚源家电经销部 纳税人识别号：913401095793870836 地址、电话：合肥市蜀山区官亭路140号，0551-05265209 开户行及账号：中国银行合肥市蜀山支行，2193045899201028802	密码区	48*7>+>-2/3-65745<14539458<3844530481<194 9875/3750384<1948*7>+>-2//51948*7>+>55445 45987>*8574<194561948*7>+>7-7<8*873/+<424 57913-30011521948*7>+><191948*7>+>142>>8-

货物或应税劳务、服务名称	规格型号	单位	数量	单价	金额	税率	税额
*家用清洁电器具*直筒洗衣机	MBR-702	台	-20	1200.00	-24000.00	13%	-3120.00
合计					¥-24000.00		¥-3120.00
价税合计（大写）	⊗（负）贰万柒仟壹佰贰拾圆整				（小写）¥-27120.00		

销售方	名称：合肥飞翔电器销售公司 纳税人识别号：913401092876591456 地址、电话：合肥市庐阳区长江中路355号，0551-99878897 开户行及账号：交通银行合肥市长江路支行，3324844655783652598	备注	

收款人：（略） 复核：（略） 开票人：（略） 销售方：（章）

第一联：记账联 销售方记账凭证

合肥飞翔电器销售公司 913401092876591456 发票专用章

图 1－162 【业务六十】原始凭证 2

付 款 审 批 单

2019 年 01 月 29 日

收款单位	合肥广聚源家电经销部		申请部门	销售部
开户行	中国银行合肥市蜀山支行		经手人	陈思
账号	2193045899201028802		付款方式	转账支票
付款用途	支付退货款。			
付款金额	人民币（大写）	贰万陆仟陆佰肆拾圆整	小写	¥26640.00

总经理	财务负责人	部门负责人	出纳
王翔	张国	李力	周冲

会计主管：（略） 审核：（略） 出纳：（略） 制单：（略）

图 1－163 【业务六十】原始凭证 3

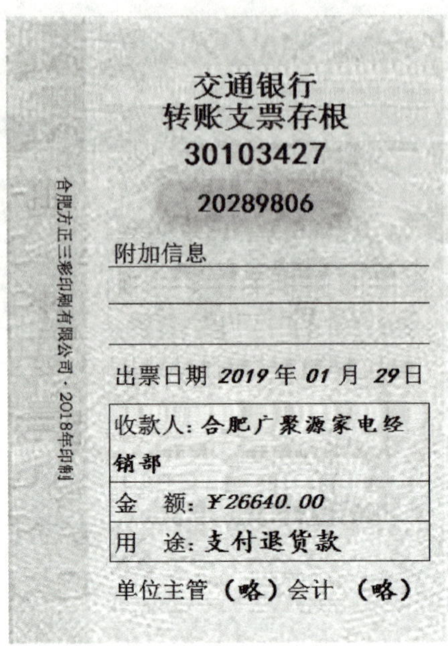

交通银行
转账支票存根
30103427
20289806

合肥方正三彩印刷有限公司·2018年印制

附加信息

出票日期 2019年01月29日

收款人：合肥广聚源家电经销部

金 额：¥26640.00

用 途：支付退货款

单位主管（略）会计（略）

图1-164 【业务六十】原始凭证4

出 库 单

出货单位：合肥飞翔电器销售公司 2019年01月29日 单号：x012901

提货单位或领货部门	合肥广聚源家电经销部	销售单号	76626814	发出仓库	商品库	出库日期	2019年01月29日

编号	名称及规格	单位	数量 应发	数量 实发	单价	金额
1	直筒洗衣机BR-702	台	-20	-20		
合计			-20	-20	—	

会计联

部门经理：（略） 会计：（略） 仓库：（略） 经办人：（略）

图1-165 【业务六十】原始凭证5

业务六十一

业务六十二

【业务六十一】 29日，向七彩电器补发28日退回的商品。取得相关凭证如图1-166所示。

【业务六十二】 30日，采购部杨钱与美的空调签订购销合同（合同编号cg0117）。取得相关凭证如图1-167、图1-168所示。

1

出库单

出货单位：合肥飞翔电器销售公司　　2019 年 01 月 29 日　　单号：x012902

提货单位或领货部门	合肥七彩电器商行	销售单号	76626813	发出仓库	配件库	出库日期	2019年01月29日

编号	名称及规格	单位	数量 应发	数量 实发	单价	金额
1	遥控开关KZB-152	个	100	100		
合计			100	100	—	

会计联

部门经理：（略）　会计：（略）　仓库：（略）　经办人：（略）

图 1－166　【业务六十一】原始凭证

购销合同

供货方：广东美的精品电器制造有限公司　　合同号：cg0117

购买方：合肥飞翔电器销售公司　　签订日期：2019年01月30日

为保护买卖双方的合法权益，买卖双方根据《中华人民共和国合同法》的有关规定，经友好协商，一致同意签订本合同并共同遵守。

一、商品的名称、数量及金额

商品名称	规格型号	计量单位	数量	单价（不含税）	金额（不含税）	税率	税额
壁挂式空调	BGS-356	台	60	3800.00	228000.00	13%	29640.00
合计			60	—	￥228000.00	—	￥29640.00
货款总计（大写）：贰拾伍万柒仟陆佰肆拾圆整					（小写）：￥257640.00		

二、质量验收标准：按国家行业标准执行。

三、交货日期：2019年01月30日。

四、交货地点：合肥市庐阳区长江中路355号。

五、结算方式：电汇，付款时间：2019年3月31日。

六、发运方式及费用承担：公路运输，相关费用由供货方承担。

七、其　他：存在商品质量及溢余等情况，经双方协商，另行解决。

八、违约条款：违约方须赔偿对方一切经济损失。但遇天灾人祸或其他人力不能控制之因素而导致延误交货，需方不能要求供方赔偿任何损失。

九、合同纠纷解决方式：经双方协商解决，如协商不成的，可向当地仲裁委员会提出申诉解决。

十、本合同一式两份，双方各执一份，自签订之日起生效。

供货方　（盖章）
税　号：914401005265209646
开户银行：中国建设银行佛山市顺德支行
银行账号：9888736356453241206
地　址：佛山市顺德区北滘镇林港美的工业城
法定代表：傅建东
联系电话：0757-28694526

购买方　（盖章）
税　号：913401092876591456
开户银行：交通银行合肥市长江路支行
银行账号：3324844655783652598
地　址：合肥市庐阳区长江中路355号
法定代表：王翔
联系电话：0551-99878897

（印章：广东美的精品电器制造有限公司 合同专用章；合肥飞翔电器销售公司 合同专用章）

图 1－167　【业务六十二】原始凭证 1

入 库 单

2019 年 01 月 30 日　　　　单号 c013001

交来单位及部门	广东美的精品电器制造有限公司	发票号码或生产单号码	(无)	验收仓库	商品库	入库日期	2019年01月30日

编号	名称及规格	单位	数量		单价	金额	备注
			交库	实收			
1	壁挂式空调BGS-356	台	60	60			
合计			60	60	—		—

部门经理：(略)　会计：(略)　仓库：(略)　经办人：(略)

会计联

图 1-168 【业务六十二】原始凭证 2

业务六十三

【业务六十三】 30 日，收到金鑫配件根据合同 cg0116 发来的货物与增值税专用发票，另收到路路通快递发来的货物运输业增值税专用发票，款项支付使用现付功能处理。取得相关凭证如图 1-169～图 1-175 所示。

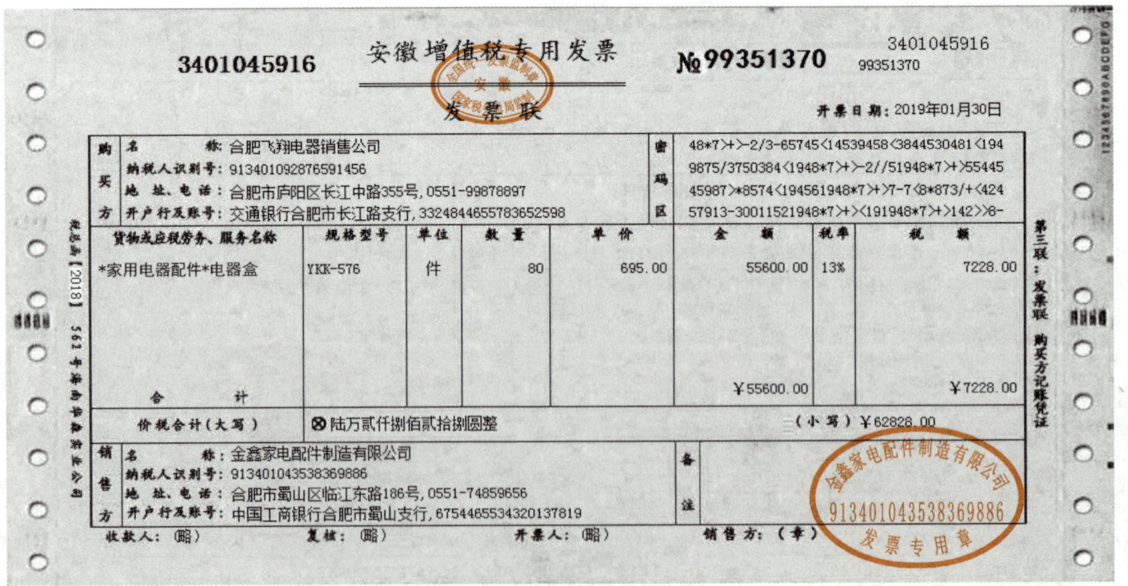

3401045916　　安徽增值税专用发票　　№99351370　　3401045916 99351370

发票联　　开票日期：2019年01月30日

购买方	名称：合肥飞翔电器销售公司 纳税人识别号：913401092876591456 地址、电话：合肥市庐阳区长江中路355号，0551-99878897 开户行及账号：交通银行合肥市长江路支行，3324844655783652598	密码区	48*7>+>-2/3-65745<14539458<3844530481<194 9875/3750384<1948*7>+>-2//51948*7>+>55445 45987>*8574<194561948*7>+>7-7<8*873/+<424 57913-30011521948*7>+><191948*7>+>142>>6-

货物或应税劳务、服务名称	规格型号	单位	数量	单价	金额	税率	税额
*家用电器配件*电器盒	YKK-576	件	80	695.00	55600.00	13%	7228.00
合计					¥55600.00		¥7228.00
价税合计（大写）	⊗陆万贰仟捌佰贰拾捌圆整				（小写）¥62828.00		

销售方	名称：金鑫家电配件制造有限公司 纳税人识别号：913401043538369886 地址、电话：合肥市蜀山区临江东路186号，0551-74859656 开户行及账号：中国工商银行合肥市蜀山支行，6754465534320137819	备注	金鑫家电配件制造有限公司 913401043538369886 发票专用章

收款人：(略)　复核：(略)　开票人：(略)　销售方：(章)

税总函〔2018〕561号海南华森实业公司

第三联：发票联 购买方记账凭证

图 1-169 【业务六十三】原始凭证 1

1

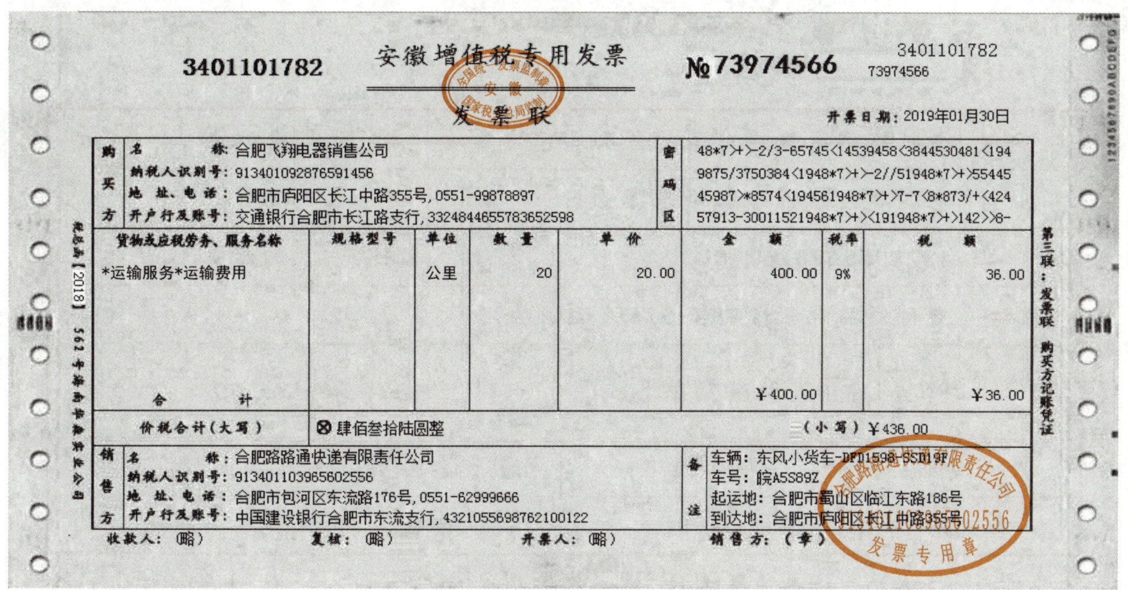

3401101782 安徽增值税专用发票 №73974566 3401101782 73974566

发票联

开票日期：2019年01月30日

购买方	名称：合肥飞翔电器销售公司 纳税人识别号：913401092876591456 地址、电话：合肥市庐阳区长江中路355号，0551-99878897 开户行及账号：交通银行合肥市长江路支行，3324844655783652598	密码区	48*7>+>-2/3-65745<14539458<3844530481<194 9875/3750384<1948*7>+>-2//51948*7>+>55445 45987>*8574<194561948*7>+>7-7<8*873/+<424 57913-30011521948*7>+><191948*7>+>142>>8-

货物或应税劳务、服务名称	规格型号	单位	数量	单价	金额	税率	税额
*运输服务*运输费用		公里	20	20.00	400.00	9%	36.00
合计					¥400.00		¥36.00
价税合计（大写）	⊗肆佰叁拾陆圆整				（小写）¥436.00		

销售方	名称：合肥路路通快递有限责任公司 纳税人识别号：913401103965602556 地址、电话：合肥市包河区东流路176号，0551-62999666 开户行及账号：中国建设银行合肥市东流支行，4321055698762100122	备注	车辆：东风小货车-DFD1598-SSD19F 车号：皖A5S89Z 起运地：合肥市蜀山区临江东路186号 到达地：合肥市庐阳区长江中路355号

收款人：（略） 复核：（略） 开票人：（略） 销售方：（章）

税总函【2018】562号海南华森实业公司

第三联：发票联 购买方记账凭证

图 1-170 【业务六十三】原始凭证 2

入库单

2019 年 01 月 30 日　　单号 c013002

交来单位及部门	金鑫家电配件制造有限公司	发票号码或生产单号码	99351370	验收仓库	配件库	入库日期	2019年01月30日

编号	名称及规格	单位	数量 交库	数量 实收	单价	金额	备注
1	电器盒YKK-576	件	80	80			
合计			80	80	—		—

部门经理：（略） 会计：（略） 仓库：（略） 经办人：（略）

会计联

图 1-171 【业务六十三】原始凭证 3

1

付 款 审 批 单

2019 年 01 月 30 日

收款单位	合肥路路通快递有限责任公司			申请部门	采购部
开 户 行	中国建设银行合肥市东流支行			经 手 人	杨钱
账 号	4321055698762100122			付款方式	转账支票
付款用途	支付商品电器盒YKK-576的运输费用。				
付款金额	人民币(大写)	肆佰叁拾陆圆整	小写	¥436.00	
总经理	财务负责人	部门负责人	出纳		
王翔	张国	杨钱	周冲		

会计主管：（略） 审核：（略） 出纳：（略） 制单：（略）

图 1－172 【业务六十三】原始凭证 4

合肥方正三彩印刷有限公司·2018年印制

交通银行
转账支票存根
30103427
20289807

附加信息

出票日期 2019 年 01 月 30 日

收款人：合肥路路通快递有限责任公司
金 额：¥436.00
用 途：支付运输费用

单位主管（略）会计（略）

图 1－173 【业务六十三】原始凭证 5

付　款　审　批　单

2019 年　　01 月　　30 日

收款单位	金鑫家电配件制造有限公司			申请部门	采购部
开 户 行	中国工商银行合肥市蜀山支行			经 手 人	杨钱
账　　号	6754465534320137819			付款方式	转账支票
付款用途	支付合同cg0116规定的购货款。				
付款金额	人民币（大写）	陆万贰仟捌佰贰拾捌圆整		小写	¥62828.00
总经理		财务负责人	部门负责人		出纳
王翔		张国	杨钱		周冲

会计主管：（略）　审核：（略）　出纳：（略）　制单：（略）

图 1－174　【业务六十三】原始凭证 6

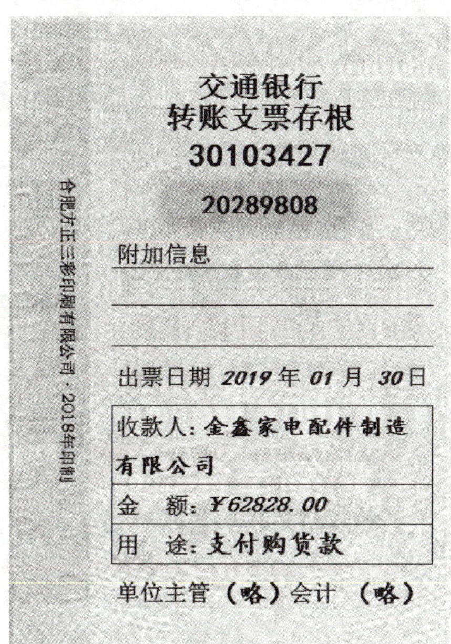
交通银行
转账支票存根
30103427
20289808
附加信息

出票日期 2019 年 01 月 30 日

收款人：金鑫家电配件制造有限公司
金　额：¥62828.00
用　途：支付购货款

单位主管（略）会计（略）

合肥方正三彩印刷有限公司·2018年印制

图 1－175　【业务六十三】原始凭证 7

【业务六十四】　31 日，自美的空调 1 月 30 日购入的壁挂式空调 BGS－356（合同编号 cg0117），发票仍未收到，月末暂估入账，暂估单价按合同单价确定。

【业务六十五】　31 日，根据合同 wt0101 规定，向金鑫配件开具代销清单，款项支付不使用现付功能处理。取得相关凭证如图 1－176～图 1－180 所示。

1

商品代销清单

结算期间：2019.01.01 至 2019.01.31　　No. 157823

委托方	金鑫家电配件制造有限公司				受托方	合肥飞翔电器销售公司	
账号	6754465534320137819				账号	3324844655783652598	
开户银行	中国工商银行合肥市蜀山支行				开户银行	交通银行合肥市长江路支行	
代销货物	名称及规格	计量单位	数量	单价	金额	税率	税额
	电机YSH-215	台	200	900.00	180000.00	13%	23400.00
	价税合计	人民币(大写) 贰拾万叁仟肆佰圆整			小写：¥203400.00		
代销方式	按销货款（不含增值税）的10%收取手续费						
代销款结算时间	根据代销货物销售情况于每月月底结算一次货款						
代销款结算方式	转账支票						
本期代销货物销售情况	名称及规格	计量单位	数量	单价	金额	税率	税额
	电机YSH-215	台	150	900.00	135000.00	13%	17550.00
	价税合计	人民币(大写) 壹拾伍万贰仟伍佰伍拾圆整			小写：¥152550.00		
本期代销款结算金额		人民币(大写) 壹拾伍万贰仟伍佰伍拾圆整			小写：¥152550.00		

主管：（略）　审核：（略）　制单：（略）　受托方盖章：合肥飞翔电器销售公司

图 1-176 【业务六十五】原始凭证 1

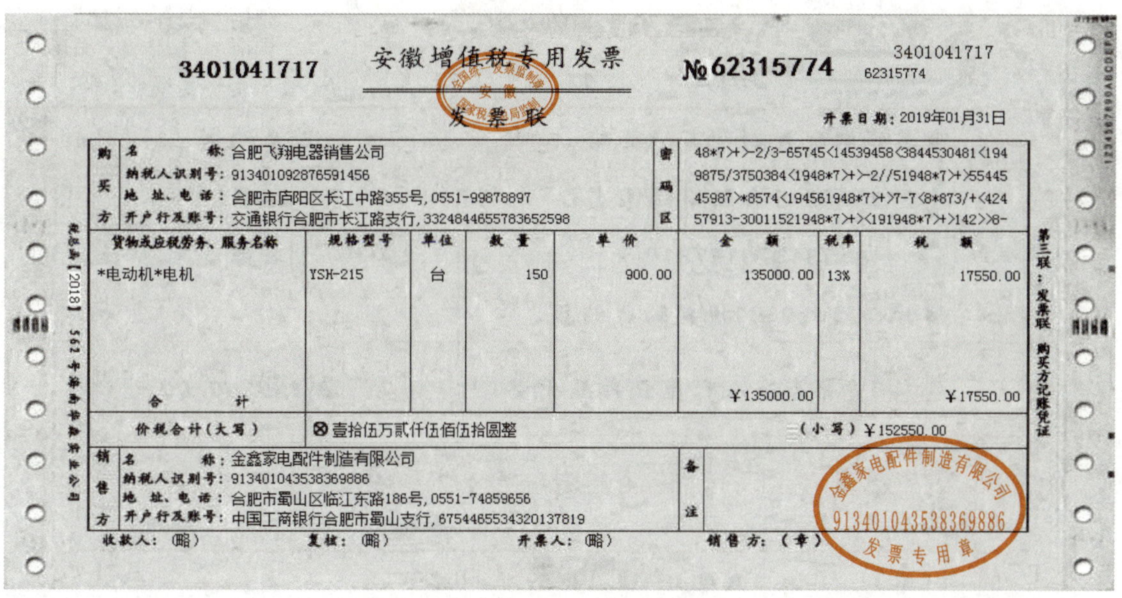

3401041717 安徽增值税专用发票 №62315774 3401041717 62315774

发票联

开票日期：2019年01月31日

购买方	名称：合肥飞翔电器销售公司 纳税人识别号：913401092876591456 地址、电话：合肥市庐阳区长江中路355号，0551-99878897 开户行及账号：交通银行合肥市长江路支行，3324844655783652598			密码区	48*7>+>-2/3-65745<14539458<3844530481<194 9875/3750384<1948*7>+>-2//51948*7>+>55445 45987>*8574<194561948*7>+>7-7<8*873/+<424 57913-30011521948*7>+><191948*7>+>142>>8-		
货物或应税劳务、服务名称	规格型号	单位	数量	单价	金额	税率	税额
*电动机*电机	YSH-215	台	150	900.00	135000.00	13%	17550.00
合计					¥135000.00		¥17550.00
价税合计（大写）	⊗壹拾伍万贰仟伍佰伍拾圆整				（小写）¥152550.00		
销售方	名称：金鑫家电配件制造有限公司 纳税人识别号：913401043538369886 地址、电话：合肥市蜀山区临江东路186号，0551-74859656 开户行及账号：中国工商银行合肥市蜀山支行，6754465534320137819			备注	金鑫家电配件制造有限公司 913401043538369886 发票专用章		

收款人：（略） 复核：（略） 开票人：（略） 销售方：（章）

第三联：发票联 购买方记账凭证

图 1－177 【业务六十五】原始凭证 2

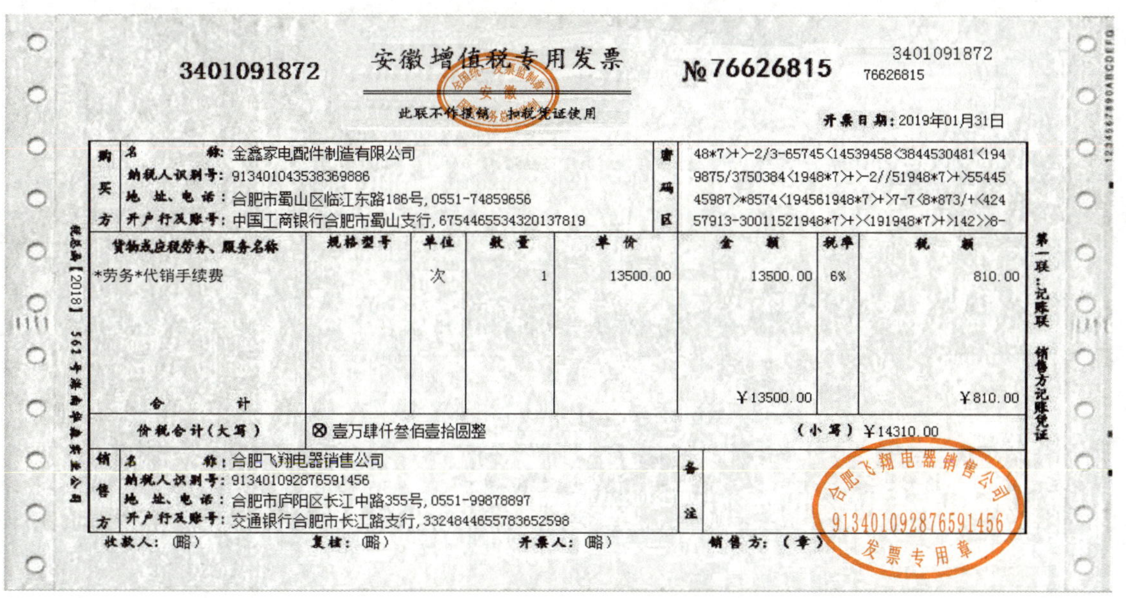

3401091872 安徽增值税专用发票 №76626815 3401091872 76626815

此联不作报销、扣税凭证使用

开票日期：2019年01月31日

购买方	名称：金鑫家电配件制造有限公司 纳税人识别号：913401043538369886 地址、电话：合肥市蜀山区临江东路186号，0551-74859656 开户行及账号：中国工商银行合肥市蜀山支行，6754465534320137819			密码区	48*7>+>-2/3-65745<14539458<3844530481<194 9875/3750384<1948*7>+>-2//51948*7>+>55445 45987>*8574<194561948*7>+>7-7<8*873/+<424 57913-30011521948*7>+><191948*7>+>142>>8-		
货物或应税劳务、服务名称	规格型号	单位	数量	单价	金额	税率	税额
*劳务*代销手续费		次	1	13500.00	13500.00	6%	810.00
合计					¥13500.00		¥810.00
价税合计（大写）	⊗壹万肆仟叁佰壹拾圆整				（小写）¥14310.00		
销售方	名称：合肥飞翔电器销售公司 纳税人识别号：913401092876591456 地址、电话：合肥市庐阳区长江中路355号，0551-99878897 开户行及账号：交通银行合肥市长江路支行，3324844655783652598			备注	合肥飞翔电器销售公司 913401092876591456 发票专用章		

收款人：（略） 复核：（略） 开票人：（略） 销售方：（章）

第一联：记账联 销售方记账凭证

图 1－178 【业务六十五】原始凭证 3

1

付 款 审 批 单

2019 年 01 月 31 日

收款单位	金鑫家电配件制造有限公司		申请部门	采购部
开户行	中国工商银行合肥市蜀山支行		经手人	杨钱
账号	6754465534320137819		付款方式	转账支票
付款用途	结算合同wt0101规定的代销款。			
付款金额	人民币(大写)	壹拾叁万捌仟贰佰肆拾元整	小写	￥138240.00

总经理	财务负责人	部门负责人	出纳
王翔	张国	杨钱	周冲

会计主管：（略） 审核：（略） 出纳：（略） 制单：（略）

图 1-179 【业务六十五】原始凭证 4

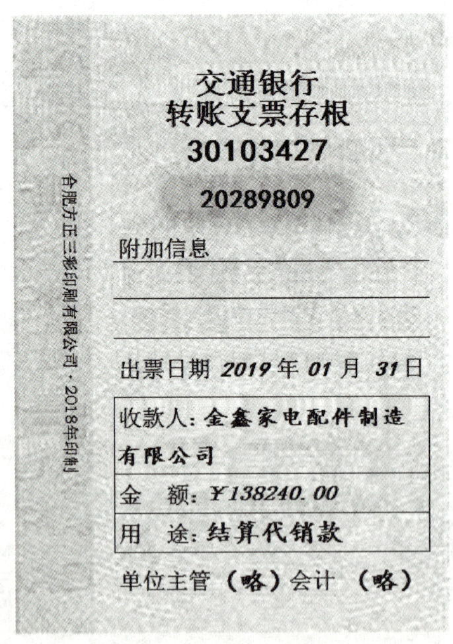

交通银行
转账支票存根
30103427
20289809
附加信息

出票日期 2019 年 01 月 31 日

收款人：金鑫家电配件制造有限公司
金 额：￥138240.00
用 途：结算代销款

单位主管（略）会计（略）

合肥方正三彩印刷有限公司·2018年印制

图 1-180 【业务六十五】原始凭证 5

【业务六十六】 31 日，根据合同 wt0103 规定，向金鑫配件开具代销清单，款项支付使用现付功能处理。取得相关凭证如图 1-181～图 1-184 所示。

商品代销清单

结算期间： 2019.01.01 至 2019.01.31　　　　No. 548646

委托方	金鑫家电配件制造有限公司	受托方	合肥飞翔电器销售公司
账号	6754465534320137819	账号	3324844655783652598
开户银行	中国工商银行合肥市蜀山支行	开户银行	交通银行合肥市长江路支行

代销货物	名称及规格	计量单位	数量	单价	金额	税率	税额
	压缩机WDQ-365	台	100	1500.00	150000.00	13%	19500.00
	价税合计	人民币（大写）	壹拾陆万玖仟伍佰圆整		小写：	¥169500.00	

代销方式	视同买断方式，由受托方销售代销货物
代销款结算时间	根据代销货物销售情况于每月月底结算一次货款
代销款结算方式	转账支票

本期代销货物销售情况	名称及规格	计量单位	数量	单价	金额	税率	税额
	压缩机WDQ-365	台	100	1500.00	150000.00	13%	19500.00
	价税合计	人民币（大写）	壹拾陆万玖仟伍佰圆整		小写：	¥169500.00	
本期代销款结算金额		人民币（大写）	壹拾陆万玖仟伍佰圆整		小写：	¥169500.00	

（印章：合肥飞翔电器销售公司）

主管：（略）　　审核：（略）　　制单：（略）　　受托方盖章：

图 1－181 【业务六十六】原始凭证 1

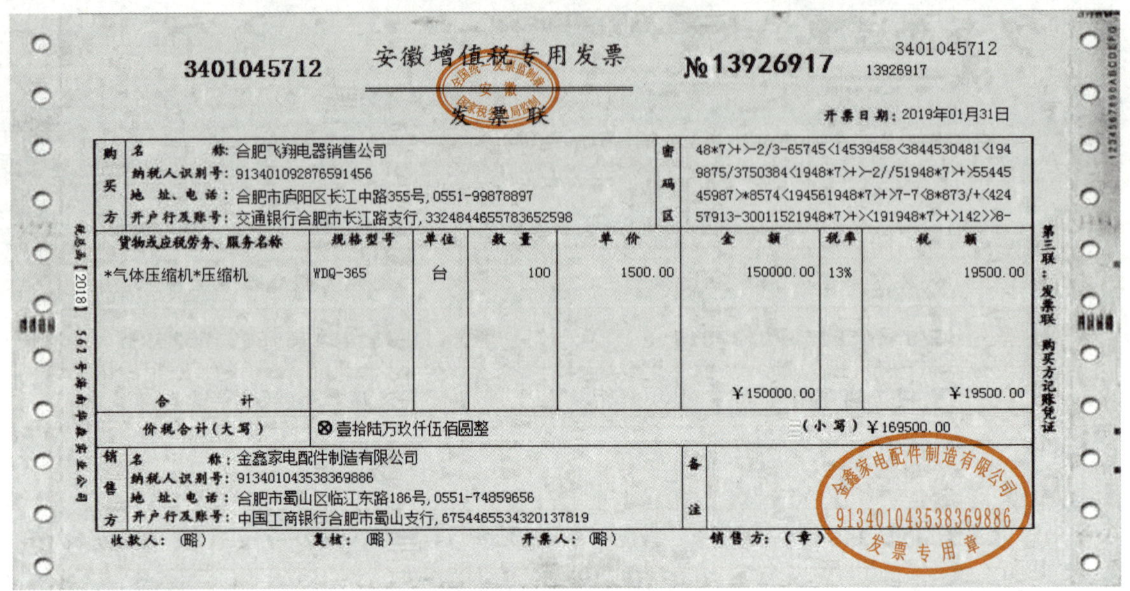

3401045712 安徽增值税专用发票 №13926917 3401045712 13926917

发票联

开票日期：2019年01月31日

		密码区	
购买方	名称：合肥飞翔电器销售公司 纳税人识别号：913401092876591456 地址、电话：合肥市庐阳区长江中路355号，0551-99878897 开户行及账号：交通银行合肥市长江路支行，3324844655783652598	密码区	48*7>+>-2/3-65745<14539458<3844530481<194 9875/3750384<1948*7>+>-2//51948*7>+>55445 45987>*8574<194561948*7>+>7-7<8*873/+<424 57913-30011521948*7>+><191948*7>+>142>>8-

货物或应税劳务、服务名称	规格型号	单位	数量	单价	金额	税率	税额
*气体压缩机*压缩机	WDQ-365	台	100	1500.00	150000.00	13%	19500.00
合计					¥150000.00		¥19500.00
价税合计（大写）	⊗壹拾陆万玖仟伍佰圆整				（小写）¥169500.00		

		备注
销售方	名称：金鑫家电配件制造有限公司 纳税人识别号：913401043538369886 地址、电话：合肥市蜀山区临江东路186号，0551-74859656 开户行及账号：中国工商银行合肥市蜀山支行，6754465534320137819	备注

收款人：（略） 复核：（略） 开票人：（略） 销售方：（章）

税总函【2018】561号海南华森实业公司

第三联：发票联 购买方记账凭证

金鑫家电配件制造有限公司 913401043538369886 发票专用章

图 1-182 【业务六十六】原始凭证 2

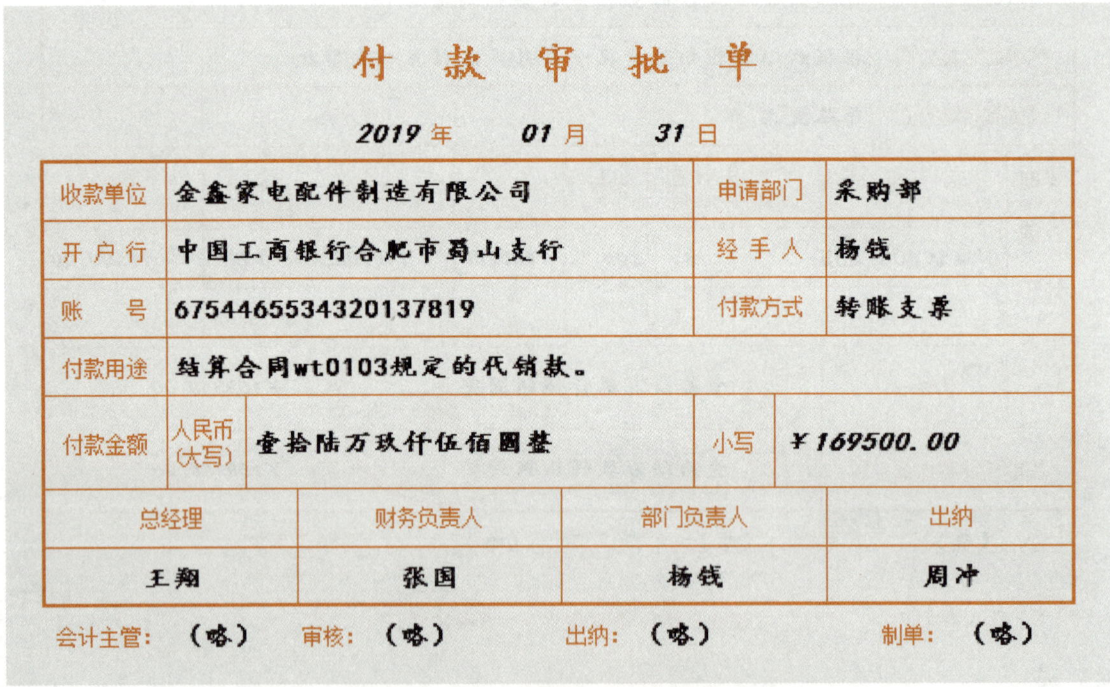

付 款 审 批 单

2019 年 01 月 31 日

收款单位	金鑫家电配件制造有限公司		申请部门	采购部
开户行	中国工商银行合肥市蜀山支行		经手人	杨钱
账号	6754465534320137819		付款方式	转账支票
付款用途	结算合同wt0103规定的代销款。			
付款金额	人民币（大写）	壹拾陆万玖仟伍佰圆整	小写	¥169500.00

总经理	财务负责人	部门负责人	出纳
王翔	张国	杨钱	周冲

会计主管：（略） 审核：（略） 出纳：（略） 制单：（略）

图 1-183 【业务六十六】原始凭证 3

业务六十七

【业务六十七】 31 日，收到东科家电根据合同 wt0102 开具的委托代销清单，款项收取使用现结功能处理。取得相关凭证如图 1-185～图 1-187 所示。

交通银行
转账支票存根
30103427
20289810

附加信息

出票日期 2019年01月31日

收款人：金鑫家电配件制造有限公司
金　额：¥169500.00
用　途：结算代销款

单位主管（略）会计（略）

合肥方正三彩印刷有限公司·2018年印制

图 1－184　【业务六十六】原始凭证 4

商品代销清单

结算期间：2019.01.01 至 2019.01.31　　　　No. 594616

委托方	合肥飞翔电器销售公司				受托方	合肥东科家电经营部	
账号	3324844655783652598				账号	1704768504356385213	
开户银行	交通银行合肥市长江路支行				开户银行	中国工商银行合肥市蜀山支行	
代销货物	名称及规格	计量单位	数量	单价	金额	税率	税额
	壁挂式空调BGS-356	台	80	5400.00	432000.00	13%	56160.00
	价税合计	人民币（大写）	肆拾捌万捌仟壹佰陆拾圆整			小写：	¥488160.00
代销方式	视同买断方式，由受托方销售代销货物						
代销款结算时间	根据代销货物销售情况于每月月底结算一次货款						
代销款结算方式	转账支票						
本期代销货物销售情况	名称及规格	计量单位	数量	单价	金额	税率	税额
	壁挂式空调BGS-356	台	80	5400.00	432000.00	13%	56160.00
	价税合计	人民币（大写）	肆拾捌万捌仟壹佰陆拾圆整			小写：	¥488160.00
本期代销款结算金额		人民币（大写）	肆拾捌万捌仟壹佰陆拾圆整			小写：	¥488160.00

主管：（略）　　审核：（略）　　制单：（略）　　受托方盖章：合肥东科家电经营部

图 1－185　【业务六十七】原始凭证 1

1

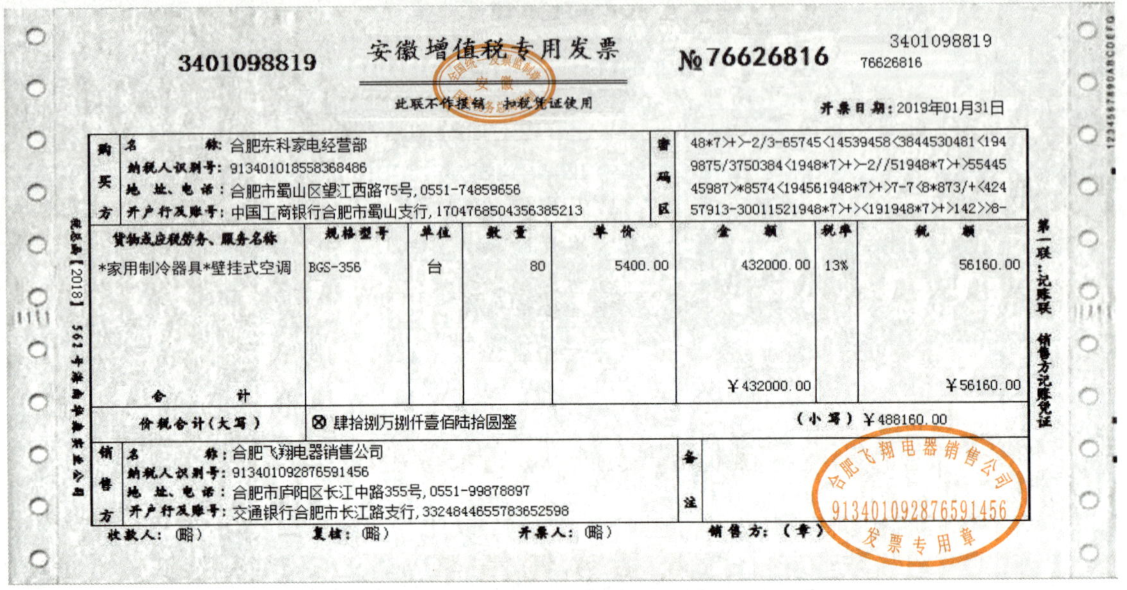

3401098819 安徽增值税专用发票 №76626816 3401098819 76626816

此联不作报销、扣税凭证使用

开票日期：2019年01月31日

购买方	名称：合肥东科家电经营部 纳税人识别号：913401018558368486 地址、电话：合肥市蜀山区望江西路75号，0551-74859656 开户行及账号：中国工商银行合肥市蜀山支行，1704768504356385213	密码区	48*7>+>-2/3-65745<14539458<3844530481<194 9875/3750384<1948*7>+>-2//51948*7>+>55445 45987>*8574<194561948*7>+>7-7<8*873/+<424 57913-30011521948*7>+><191948*7>+>142>>8-

货物或应税劳务、服务名称	规格型号	单位	数量	单价	金额	税率	税额
*家用制冷器具*壁挂式空调	BGS-356	台	80	5400.00	432000.00	13%	56160.00
合计					￥432000.00		￥56160.00
价税合计（大写）	⊗肆拾捌万捌仟壹佰陆拾圆整				（小写）￥488160.00		

销售方	名称：合肥飞翔电器销售公司 纳税人识别号：913401092876591456 地址、电话：合肥市庐阳区长江中路355号，0551-99878897 开户行及账号：交通银行合肥市长江路支行，3324844655783652598	备注	

收款人：（略） 复核：（略） 开票人：（略） 销售方：（章）

第一联：记账联 销售方记账凭证

税总函【2018】561号××印务有限公司

合肥飞翔电器销售公司 913401092876591456 发票专用章

图 1－186 【业务六十七】原始凭证 2

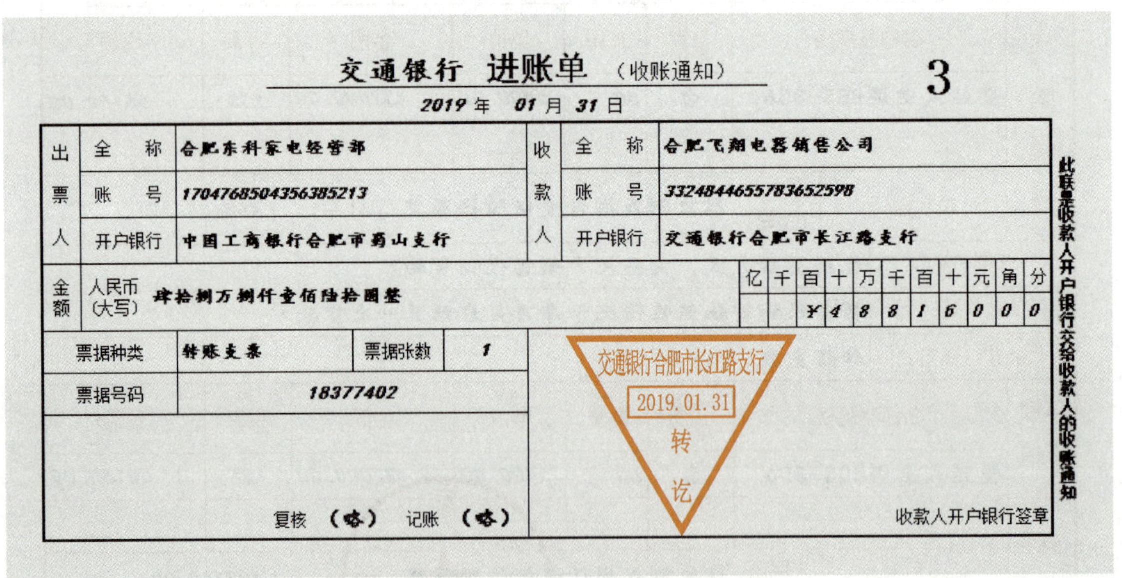

交通银行 进账单（收账通知） 3

2019 年 01 月 31 日

出票人	全称	合肥东科家电经营部	收款人	全称	合肥飞翔电器销售公司
	账号	1704768504356385213		账号	3324844655783652598
	开户银行	中国工商银行合肥市蜀山支行		开户银行	交通银行合肥市长江路支行

金额	人民币（大写）	肆拾捌万捌仟壹佰陆拾圆整	亿	千	百	十	万	千	百	十	元	角	分
					￥	4	8	8	1	6	0	0	0

票据种类	转账支票	票据张数	1
票据号码	18377402		

复核（略） 记账（略）

交通银行合肥市长江路支行 2019.01.31 转讫

收款人开户银行签章

此联是收款人开户银行交给收款人的收账通知

图 1－187 【业务六十七】原始凭证 3

1

【业务六十八】 31 日，收到惠光电器根据合同 wt0104 开具的委托代销清单，款项收取不使用现结功能处理。取得相关凭证如图 1 - 188～图 1 - 191 所示。

业务六十八

商品代销清单

结算期间：2019.01.01 至 2019.01.31　　No. 659832

委托方	合肥飞翔电器销售公司			受托方	合肥惠光电器经销部		
账号	3324844655783652598			账号	8724465781011441047		
开户银行	交通银行合肥市长江路支行			开户银行	中国建设银行合肥市瑶海支行		
代销货物	名称及规格	计量单位	数量	单价	金额	税率	税额
	立柜式空调LGS-726	台	60	7200.00	432000.00	13%	56160.00
	价税合计	人民币（大写）	肆拾捌万捌仟壹佰陆拾圆整		小写：	¥488160.00	
代销方式	按销货款（不含增值税）的10%收取手续费						
代销款结算时间	根据代销货物销售情况于每月月底结算一次货款						
代销款结算方式	转账支票						
本期代销货物销售情况	名称及规格	计量单位	数量	单价	金额	税率	税额
	立柜式空调LGS-726	台	60	7200.00	432000.00	13%	56160.00
	价税合计	人民币（大写）	肆拾捌万捌仟壹佰陆拾圆整		小写：	¥488160.00	
本期代销款结算金额	人民币（大写）	肆拾捌万捌仟壹佰陆拾圆整			小写：	¥488160.00	

主管：（略）　　审核：（略）　　制单：（略）　　委托方盖章：

图 1 - 188 【业务六十八】原始凭证 1

1

3401092396 安徽增值税专用发票 №76626817 3401092396 76626817

此联不作报销、扣税凭证使用

开票日期：2019年01月31日

购买方	名称：合肥惠光电器经销部 纳税人识别号：913401080947886556 地址、电话：合肥市瑶海区站前路645号，0551-36953575 开户行及账号：中国建设银行合肥市瑶海支行，8724465781011441047	密码区	48*7>+>-2/3-65745<14539458<3844530481<194 9875/3750384<1948*7>+>-2//51948*7>+>55445 45987>*8574<194561948*7>+>7-7<8*873/+<424 57913-30011521948*7>+><191948*7>+>142>>8-

货物或应税劳务、服务名称	规格型号	单位	数量	单价	金额	税率	税额
*家用制冷器具*立柜式空调	LGS-726	台	60	7200.00	432000.00	13%	56160.00
合计					¥432000.00		¥56160.00
价税合计（大写）	⊗肆拾捌万捌仟壹佰陆拾圆整				（小写）¥488160.00		

销售方	名称：合肥飞翔电器销售公司 纳税人识别号：913401092876591456 地址、电话：合肥市庐阳区长江中路355号，0551-99878897 开户行及账号：交通银行合肥市长江路支行，3324844655783652598	备注	合肥飞翔电器销售公司 913401092876591456 发票专用章

收款人：（略） 复核：（略） 开票人：（略） 销售方：（章）

第一联：记账联 销售方记账凭证

图 1-189 【业务六十八】原始凭证 2

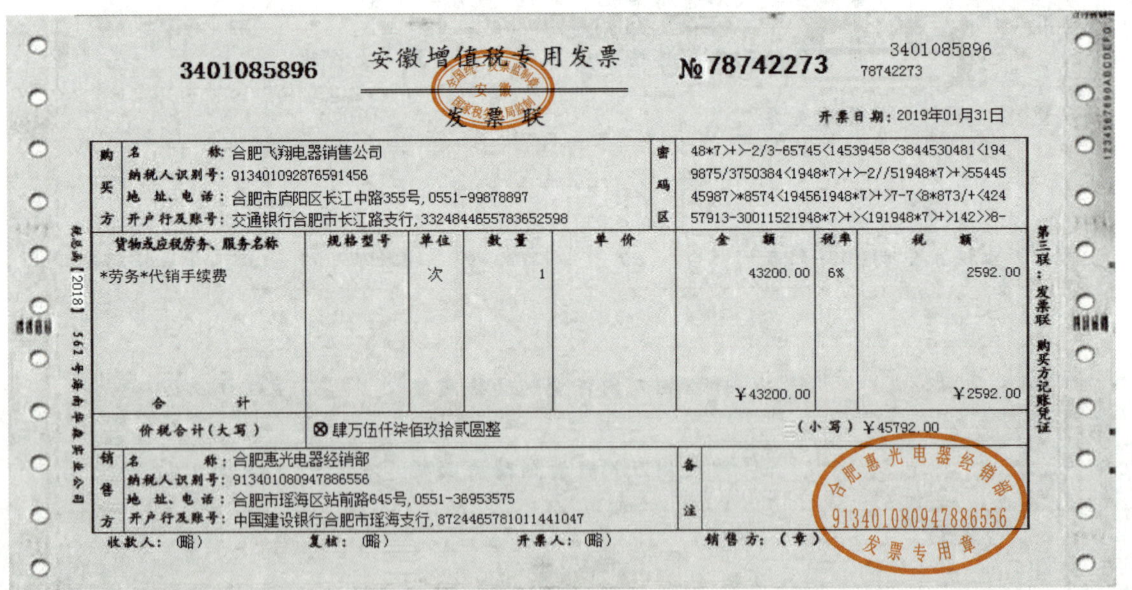

3401085896 安徽增值税专用发票 №78742273 3401085896 78742273

发票联

开票日期：2019年01月31日

购买方	名称：合肥飞翔电器销售公司 纳税人识别号：913401092876591456 地址、电话：合肥市庐阳区长江中路355号，0551-99878897 开户行及账号：交通银行合肥市长江路支行，3324844655783652598	密码区	48*7>+>-2/3-65745<14539458<3844530481<194 9875/3750384<1948*7>+>-2//51948*7>+>55445 45987>*8574<194561948*7>+>7-7<8*873/+<424 57913-30011521948*7>+><191948*7>+>142>>8-

货物或应税劳务、服务名称	规格型号	单位	数量	单价	金额	税率	税额
*劳务*代销手续费		次	1		43200.00	6%	2592.00
合计					¥43200.00		¥2592.00
价税合计（大写）	⊗肆万伍仟柒佰玖拾贰圆整				（小写）¥45792.00		

销售方	名称：合肥惠光电器经销部 纳税人识别号：913401080947886556 地址、电话：合肥市瑶海区站前路645号，0551-36953575 开户行及账号：中国建设银行合肥市瑶海支行，8724465781011441047	备注	合肥惠光电器经销部 913401080947886556 发票专用章

收款人：（略） 复核：（略） 开票人：（略） 销售方：（章）

第三联：发票联 购买方记账凭证

图 1-190 【业务六十八】原始凭证 3

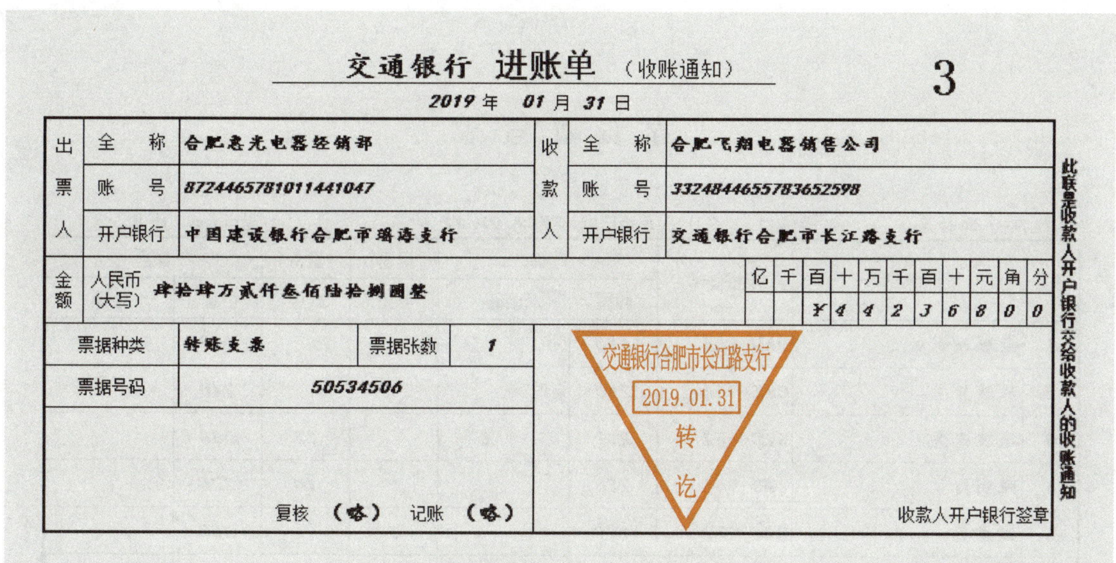

交通银行　进账单（收账通知）　3

2019 年　01 月　31 日

出票人	全　称	合肥惠光电器经销部	收款人	全　称	合肥飞翔电器销售公司
	账　号	8724465781011441047		账　号	3324844655783652598
	开户银行	中国建设银行合肥市瑶海支行		开户银行	交通银行合肥市长江路支行

金额	人民币（大写）	肆拾肆万贰仟叁佰陆拾捌圆整	亿	千	百	十	万	千	百	十	元	角	分
					¥	4	4	2	3	6	8	0	0

票据种类	转账支票	票据张数	1
票据号码	50534506		

交通银行合肥市长江路支行 2019.01.31 转讫

复核（略）　记账（略）　收款人开户银行签章

此联是收款人开户银行交给收款人的收账通知

图 1－191　【业务六十八】原始凭证 4

【业务六十九】　31 日，仓储部许良对商品库及配件库进行盘点。取得相关凭证如图 1－192、图 1－193 所示。

业务六十九

存货盘点表

盘点仓库：商品库　　盘点日期：2019.01.31　　盘点人：许良

序号	商品名称	规格型号	账面		盘盈	盘亏	实盘	
			数量	金额	数量	数量	数量	金额
1	直筒洗衣机	MBR-702	50				50	
2	滚筒洗衣机	MDR-715	140				140	
3	壁挂式空调	BGS-356	120				120	
4	立柜式空调	LGS-726	50				50	
5	双开门冰箱	BCD-400	80				80	
6	多开门冰箱	BFD-600	50				50	
合		计	—		—	—	—	

以上“金额”均为原值

图 1－192　【业务六十九】原始凭证 1

【业务七十】　31 日，配件库盘盈、盘亏的存货报批入账。取得相关凭证如图 1－194 所示。

业务七十

1

存货盘点表

盘点仓库：配件库　　盘点日期：2019.01.31　　盘点人：许良

序号	商品名称	规格型号	账面		盘盈	盘亏	实盘	
			数量	金额	数量	数量	数量	金额
1	主机控制板	DAH-564	130				130	
2	触摸开关	CMK-956	240				240	
3	遥控开关	KZB-152	242			12	230	
4	照明灯	ZMD-963	235			10	225	
5	温度器	DJH-982	199		1		200	
6	电器盒	YKK-576	120				120	
合计			—		—	—	—	

以上“金额”均为原值

图 1－193 【业务六十九】原始凭证 2

存货盘盈/亏处理报告表

企业名称：合肥飞翔电器销售有限公司　　2019 年 01 月 31 日　　单位：元

名称和规格	计量单位	单价	数量		盘盈		盘亏		差异原因
			账存	实存	数量	金额	数量	金额	
遥控开关KZB-152	个	60.00	242	230			12	720.00	收发计量差错
照明灯ZMD-963	个	200.00	235	225			10	2000.00	收发计量差错
温度器DJH-982	个	5.00	199	200	1	5.00			收发计量差错
财务部门建议处理意见：	盘亏存货损失计入管理费用；盘盈存货冲减当期管理费用。								
单位主管部门批复处理意见：	同意								

批准人：（略）　审批人：（略）　部门负责人：（略）　制单：（略）

图 1－194 【业务七十】原始凭证

二、备份账套数据

在D盘的“实训账套”文件夹下建立“1-3”文件夹，将账套备份至此文件夹。

实训四　期末业务及报表处理

一、凭证审核与记账

凭证审核与记账

31日，对所有凭证进行审核、记账处理。

二、期间损益结转

期间损益结转

31日，进行期末损益类账户结转，并审核记账。

三、月末结账

月末结账

31日，对各系统进行对账、结账处理。

四、生成财务报表

生成财务报表

31日，利用报表模板生成资产负债表、利润表。在D盘的“实训账套”文件夹下建立“1-4”文件夹，并将生成的资产负债表、利润表保存在该文件夹下。

五、备份账套数据

将账套备份至“D:\实训账套\1-4”文件夹下。

项目二 模拟题一

第一部分 初始账套信息

一、企业背景资料

(一) 企业概况

南京鑫元商贸有限公司(简称鑫元商贸),是专门从事乳制品批发的商贸企业,公司法人代表李金泽。

公司开户银行及账号:

人民币:交通银行南京上元路支行,账号:6220000526782987947;

美　元:交通银行南京上元路支行,账号:6220000526782987616。

纳税人识别号:253100098765760286。

公司地址:南京市江宁区上元路48号,电话:025-89820888,邮箱:xysm@126.com。

(二) 科目设置及辅助核算要求

日记账:库存现金、银行存款。

银行账:银行存款/工行存款(人民币)、银行存款/工行存款(美元)。

客户往来:应收票据/银行承兑汇票、应收票据/商业承兑汇票、应收账款/人民币、应收账款/美元、预收账款/人民币、预收账款/美元。

供应商往来:在途物资、应付票据/商业承兑汇票、应付票据/银行承兑汇票、应付账款/一般应付款、应付账款/暂估应付款(其中,一般应付款设置为受控于应付系统,暂估应付款设置为不受控于应付系统)、预付账款、其他应付款/其他单位往来、受托代销商品款。

(三) 会计凭证的基本规定

录入或生成“记账凭证”均由指定的会计人员操作,含有库存现金和银行存款科目的记账凭证均需出纳签字。采用单一格式的复式记账凭证。对已记账的凭证修改,只采用红字冲销法。为保证财务与业务数据的一致性,能在业务系统生成的记账凭证不得在总账系统直接录入。根据原始单据生成记账凭证时,除特殊规定外不采用合并制单。出库单与入库单原始凭证以软件系统生成的为准;除指定业务外,收到发票同时支付款项的业务使用现付功能处理,开出发票同时收到款项的业务使用现结功能处理。

(四) 结算方式

公司采用的结算方式包括现金、支票、托收承付、委托收款、银行汇票、商业汇票、电汇等。收、付款业务由财务部门根据有关凭证进行处理，在系统中没有对应结算方式时，其结算方式为“其他”。

（五）外币业务的处理

公司按业务发生当日的即期汇率记账，按期末汇率按月计算汇兑损益。

（六）存货业务的处理

公司存货主要包括乳制品、乳酸菌，按存货分类进行存放（代销商品除外）。各类存货按照实际成本核算，采用永续盘存制；对库存商品采用“数量进价金额核算”法，发出存货成本计价采用“先进先出法”，采购入库存货对方科目全部使用“在途物资”科目，委托代销商品成本使用“发出商品”科目核算，受托代销商品使用“受托代销商品”科目核算；存货按业务发生日期逐笔记账并制单，暂估业务除外。同一批出入库业务合并生成一张记账凭证；采购、销售业务必有订单（订单号与合同编号一致）、出入库业务必有发货单和到货单。

存货核算制单时不允许勾选“已结算采购入库单自动选择全部结算单上单据，包括入库单、发票、付款单，非本月采购入库按蓝字报销单制单”选项。

新增客户或供应商编码采用连续编号方式。

（七）财产清查的处理

公司期末对存货进行清查，根据盘点结果编制“盘点表”，并与账面数据进行比较，由库存管理员审核后进行处理。

（八）坏账损失的处理

除应收账款外，其他的应收款项不计提坏账准备。期末，按应收账款余额百分比法计提坏账准备，提取比例为0.5%。

（九）损益类科目的结转

每月末将各损益类科目余额转入“本年利润”科目，结转时按收入和支出分别生成记账凭证。

二、账套用户及权限（表2-1）

表2-1 操作员及权限分工

操作员编号	操作员姓名	隶属部门	职务	操作分工
A01	李金泽	经理室	总经理	账套主管
W01	宋清	财务部	财务经理	审核凭证，总账结账
W02	黄小明	财务部	会计	总账（填制、查询凭证、账表、期末处理、记账）、应收应付系统权限，存货核算、UFO报表权限
W03	李卉	财务部	出纳	总账（出纳签字），票据管理，收、付款单填制权限（卡片编辑、卡片删除、卡片查询、列表查询）
G01	叶敏	采购部	采购部	采购管理的全部权限
X01	张立	销售部	销售部	销售管理的全部权限
C01	李红	仓储部	库管员	库存管理的全部权限 公用目录和公共单据权限

备注：取消【仓库】【科目】【工资权限】及【用户】的记录级数据权限控制。

三、建账资料

账套号：616。

账套名称：南京鑫元商贸有限公司。

启用日期：2019 年 01 月 01 日。

企业类型：商业企业。

行业性质：2007 年新会计制度科目。

基础信息：存货、客户、供应商是否分类（是），是否有外币核算（是）。

编码方案：科目编码级次 4－2－2－2，收发类别编码级次 1－2，其他采用系统默认。

数据精度：采用系统默认。

启用系统：总账、应收、应付、采购、销售、库存、存货系统。

四、基础档案设置

（一）机构人员

1. 设置部门档案（表 2－2）

表 2－2 部 门 档 案

部门编码	部门名称
1	经理室
2	财务部
3	采购部
4	销售部
5	仓储部

2. 设置人员类别（表 2－3）

表 2－3 人员类别资料

分类编码	分类名称
10101	管理人员
10102	采购人员
10103	销售人员

3. 设置人员档案（表 2－4）

表 2－4 人 员 档 案

人员编码	人员名称	所属部门	人员类别	性别	是否业务员	业务或费用部门
101	李金泽	经理室	管理人员	男	是	经理室
201	宋 清	财务部	管理人员	男	是	财务部
202	黄小明	财务部	管理人员	男	是	财务部

续 表

人员编码	人员名称	所属部门	人员类别	性别	是否业务员	业务或费用部门
203	李 卉	财务部	管理人员	女	是	财务部
301	叶 敏	采购部	采购人员	女	是	采购部
302	王宏伟	采购部	采购人员	男	是	采购部
401	张 立	销售部	销售人员	男	是	销售部
402	李丽珊	销售部	销售人员	女	是	销售部
501	李 红	仓储部	管理人员	女	是	仓储部

(二) 客商信息

1. 设置地区分类(表 2-5)

2

表 2-5 地区分类资料

地区分类编码	地区分类
01	江苏
02	河北
03	上海
04	内蒙古
05	广东
06	安徽
09	境外

2. 设置客户分类(表 2-6)

表 2-6 客户分类资料

客户分类编码	客户分类
01	超市类
02	商贸类
03	零售商店

3. 设置客户档案(表 2-7)

表 2-7 客 户 档 案

客户编码	客户名称	客户简称	所属分类	所属地区	纳税人识别号	地址电话	开户银行	账 号
0001	南京华联超市有限公司	华联超市	超市	江苏	250104735760887342	南京市秦淮区中山路 46 号,025-67617288	交通银行南京中山路支行	7372310182600024932

2

续 表

客户编码	客户名称	客户简称	所属分类	所属地区	纳税人识别号	地址电话	开户银行	账 号
0002	南京欧尚超市有限公司	欧尚超市	超市	江苏	250106874790757564	南京市花园路20号，025-56774219	中国银行南京五峰路支行	6477620185600024346
0003	南京沃尔玛超市有限公司	沃尔玛超市	超市	江苏	250107865230333237	南京市保定路339号，025-86137566	中国建设银行南京保定路支行	2353670188600024689
0004	南京大润发超市有限公司	大润发超市	超市	江苏	250108321260348666	南京市珠江路9号，025-82766169	中国农业银行南京珠江路支行	5893680183600024178
0005	南京兴旺商贸公司	兴旺商贸	商贸	江苏	250108321260348788	南京市湖南路308号，025-86137562	交通银行南京湖南路支行	6372310182600025688
0006	南京日新商贸公司	日新商贸	商贸	江苏	250108321260368999	南京市花园路28号，025-56774238	中国建设银行南京花园路支行	6277620185600022986
0007	南京聚鑫商贸公司	聚鑫商贸	商贸	江苏	250108321260376879	南京市栖霞区万春路8号，025-45663275	中国农业银行南京栖霞支行	2453670188600023688
0008	南京同福进出口有限公司	同福进出口公司	商贸	江苏	250108321260488643	南京玄武区张庄路18号,025-67617399	中国银行济南玄武支行	6223680183600022768

4. 设置供应商分类(表2-8)

表2-8 供应商分类资料

供应商分类编码	供应商分类
01	商品
01001	乳制品
01002	乳酸菌
09	其他

5. 设置供应商档案(表2-9)

表2-9 供应商档案

客户编码	供应商名称	供应商简称	所属分类	所属地区	纳税人识别号	地址电话	开户银行	账 号
0001	石家庄君乐宝乳业有限公司	君乐宝乳业	01001	河北	130185723354486886	石家庄市石铜路68号,0311-83830123	交通银行石家庄支行	0402022029249363661
0002	上海光明乳业有限公司	光明乳业	01001	上海	210115777321663463	上海市闵行区吴中路378号，021-60483388	中国银行上海吴中路支行	2700600597934526278

续　表

客户编码	供应商名称	供应商简称	所属分类	所属地区	纳税人识别号	地址电话	开户银行	账　号
0003	内蒙古伊利乳业有限公司	伊利乳业	01001	内蒙古	390300545731347567	呼和浩特市曙金川开发区148号，0471－87631800	交通银行呼和浩特金川支行	2300600236934526237
0004	广州喜乐食品有限公司	喜乐食品	01002	广东	440300588731555244	广州市金华一街3号，020－82821822	交通银行广州经济技术开发区支行	3602005090026669884

（三）存货信息

1. 设置存货分类（表2－10）

表2－10　存货分类资料

分类编码	分类名称
01	商品
0101	乳制品
0102	乳酸菌
09	其他

2. 设置计量单位组（表2－11）

表2－11　计量单位组资料

计量单位组编码	计量单位组名称	计量单位组类别	计量单位编码	计量单位
01	自然单位	无换算	01	箱
01	自然单位	无换算	02	公里
01	自然单位	无换算	03	个

3. 设置存货档案（表2－12）

表2－12　存货档案

分类编码	所属类别	存货编码	存货名称	计量单位	税率	规格	存货属性
0101	乳制品	0001	君乐宝200 mL原味开啡尔酸奶	箱	13%	1×24	外购、内销
		0002	君乐宝200 mL优致牧场纯牛奶	箱	13%	1×24	外购、内销
		0003	君乐宝200 mL香蕉牛奶	箱	13%	1×24	外购、内销
		0004	光明200 mL畅优酸奶	箱	13%	1×24	外购、内销
		0005	光明200 mL红枣酸奶	箱	13%	1×24	外购、内销
		0006	光明200 mL莫斯利安酸奶	箱	13%	1×24	外购、内销
		0007	光明200 mL纯牛奶	箱	13%	1×24	外购、内销

2

2

续 表

分类编码	所属类别	存货编码	存货名称	计量单位	税率	规格	存货属性
0101	乳制品	0008	光明 200 mL 优倍牛奶	箱	13%	1×24	外购、内销
		0009	伊利 200 mL 畅轻酸奶	箱	13%	1×24	外购、内销
		0010	伊利 200 mL 红枣酸奶	箱	13%	1×24	外购、内销
		0011	伊利 200 mL 安慕希酸奶	箱	13%	1×24	外购、内销
		0012	伊利 200 mL 营养舒化奶	箱	13%	1×24	外购、内销、受托代销
		0013	伊利 200 mL 金典有机奶	箱	13%	1×24	外购、内销、受托代销
0102	乳酸菌	0014	喜乐 368 mL 蓝莓味	箱	13%	1×24	外购、内销
		0015	喜乐 368 mL 香橙味	箱	13%	1×24	外购、内销
		0016	喜乐 368 mL 原味	箱	13%	1×24	外购、内销
09	其他	0017	运输费	公里	9%		外购、内销
		0018	富光 500 mL 太空杯	个	13%		外购、内销

(四) 财务信息

1. 需要增加和修改的会计科目(表 2-13)

表 2-13 需要增加和修改的会计科目资料

科目编码	科目名称	外币币种	辅助账类型	账页格式	余额方向	受控系统	银行账	日记账
1001	库存现金			金额式	借			Y
1002	银行存款			金额式	借		Y	Y
100201	工行存款(人民币)			金额式	借		Y	Y
100202	工行存款(美元)	美元		外币金额式	借		Y	Y
1012	其他货币资金			金额式	借			
101201	存出投资款			金额式	借			
1121	应收票据		客户往来	金额式	借	应收系统		
112101	银行承兑汇票		客户往来	金额式	借	应收系统		
112102	商业承兑汇票		客户往来	金额式	借	应收系统		
1122	应收账款			金额式	借			
112201	人民币		客户往来	金额式	借	应收系统		
112202	美元	美元	客户往来	外币金额式	借	应收系统		
1123	预付账款			金额式	借			
112301	人民币		供应商往来	金额式	借	应付系统		
112302	美元	美元	供应商往来	外币金额式	借	应付系统		

续　表

科目编码	科目名称	外币币种	辅助账类型	账页格式	余额方向	受控系统	银行账	日记账
1321	受托代销商品			金额式	借			
1481	合同资产		客户往来	金额式	借	应收系统		
2001	短期借款			金额式	贷			
200101	中国工商银行济南天桥支行			金额式	贷			
2201	应付票据		供应商往来	金额式	贷	应付系统		
220101	银行承兑汇票		供应商往来	金额式	贷	应付系统		
220102	商业承兑汇票		供应商往来	金额式	贷	应付系统		
2202	应付账款			金额式	贷			
220201	一般应付款		供应商往来	金额式	贷	应付系统		
220202	暂估应付款		供应商往来	金额式	贷			
2203	预收账款			金额式	贷			
220301	人民币		客户往来	金额式	贷	应收系统		
220302	美元	美元	客户往来	外币金额式	贷	应收系统		
2204	合同负债		客户往来	金额式	贷	应收系统		
2211	应付职工薪酬			金额式	贷			
221101	工资			金额式	贷			
221102	社会保险			金额式	贷			
221103	职工福利			金额式	贷			
2221	应交税费			金额式	贷			
222101	应交增值税			金额式	贷			
22210101	进项税额			金额式	借			
22210102	已交税金			金额式	借			
22210103	减免税款			金额式	借			
22210104	转出未交增值税			金额式	借			
22210106	销项税额			金额式	贷			
22210107	进项税额转出			金额式	贷			
22210108	转出多交增值税			金额式	贷			
2314	受托代销商品款		供应商往来	金额式	贷			
4104	利润分配			金额式	贷			
410415	未分配利润			金额式	贷			
6601	销售费用			金额式	借			
660101	职工薪酬			金额式	借			
660102	广告费			金额式	借			
660103	委托代销手续费			金额式	借			

2

续 表

科目编码	科目名称	外币币种	辅助账类型	账页格式	余额方向	受控系统	银行账	日记账
660104	赠品费用			金额式	借			
660109	其他			金额式	借			
6602	管理费用			金额式	借			
660201	职工薪酬			金额式	借			
660202	办公费			金额式	借			
660209	其他			金额式	借			

2. 设置指定科目

指定现金科目为库存现金、银行科目为银行存款。

3. 设置凭证类别

设置凭证类别为“记账凭证”。

4. 设置外币

设置外币为 USD 美元，固定汇率。

(五) 收付结算

1. 设置结算方式(表 2-14)

表 2-14 结算方式资料

编 号	结算方式名称
1	现金
2	支票
201	现金支票
202	转账支票
3	汇票
301	商业承兑汇票
302	银行承兑汇票
4	电汇
5	托收承付
6	委托收款
9	其他

2. 设置本单位开户银行(表 2-15)

表 2-15 单位开户银行资料

项 目	内 容	
开户银行编码	01	02
开户银行名称	交通银行南京上元路支行	交通银行南京上元路支行

续 表

项目	内容	
账号	6220000526782987947	6220000526782987616
账户名	南京鑫元商贸有限公司	南京鑫元商贸有限公司
币种	人民币	美元
所属银行	交通银行	交通银行

(六)业务信息

1. 设置仓库档案(表 2-16)

表 2-16 仓库档案

仓库编码	仓库名称	计价方式
01	乳制品库	先进先出法
02	乳酸菌库	先进先出法
03	受托代销库	先进先出法
04	赠品仓库	先进先出法

2. 设置收发类别(表 2-17)

表 2-17 收发类别资料

收发类别编码	收发类别名称	收发标志	收发类别编码	收发类别名称	收发标志
1	入库	收	2	出库	发
101	采购入库	收	201	销售出库	发
102	采购退货	收	202	销售退货	发
103	盘盈入库	收	203	盘亏出库	发
104	受托代销入库	收	204	委托代销出库	发
109	其他入库	收	205	赠品出库	发
			209	其他出库	发

3. 设置采购和销售类型(表 2-18)

表 2-18 采购和销售类型资料

	名称	出入库类别		名称	出入库类别
采购类型	01 正常采购	采购入库	销售类型	01 正常销售	销售出库
	02 受托采购	受托代销入库		02 委托销售	委托代销出库
	03 采购退货	采购退货		03 销售退货	销售退货
				04 赠品销售	赠品出库

2

4. 设置费用项目(表 2-19)

表 2-19 费用项目资料

费用项目分类编码	费用项目分类名称	费用项目编码	费用项目名称
0	无分类	01	运输费
0	无分类	02	委托代销手续费

5. 设置非合理损耗的类型(表 2-20)

表 2-20 非合理损耗的类型资料

非合理损耗类型编码	非合理损耗类型名称
01	运输部门责任

2

五、单据设置

(一) 设置单击格式

(1) 修改销售订单、销售专用发票、发货单表头汇率可编辑。

(2) 修改销售专用发票表体退补标志,数量删除必输项。

(3) 增加委托代销结算单“发票号”表头,销售费用支出单“单据流向”和费用供应商名称。

(二) 设置单据编号

(1) 采购订单,采购(专用,普通)发票,完全手工编号。

(2) 销售订单,销售(专用,普通)发票,零售日报,完全手工编号。

六、采购管理与应付款管理初始设置

(一) 采购管理

设置采购选项:启用受托代销,允许超订单到货及入库,其他默认。

(二) 应付款管理

1. 设置选项

单据审核日期依据单据日期,自动计算现金折扣,勾选核销生成凭证;其他参数为系统默认。

2. 设置科目

(1) 基本科目设置:应付科目为 220201,预付科目为 112301,税金科目为 22210101;采购科目为 1402;现金折扣科目为 6603;银行承兑科目为 220101;商业承兑科目为 220102。

(2) 控制科目设置:应付科目为 220201;预付科目为 112301。

(3) 产品科目设置:采购科目为 1402,税金科目为 22210101。

(4) 结算科目设置:现金对应 1001;现金支票、转账支票、电汇、其他对应 100201。

3. 录入期初余额(表 2-21、表 2-22)

表 2-21 应付账款——一般应付款(220201)期初余额

日 期	供应商简称	摘 要	方向	金额/元
2018-12-08	君乐宝乳业	业务员叶敏,购入君乐宝 200 mL 优致牧场纯牛奶 200 箱,不含税单价 48.00 元/箱,票号 55438098	贷	10 848.00

表 2－22　预付账款(112301)期初余额

日　期	供应商简称	摘　　要	方向	金额/元	结算方式
2018－12－17	喜乐食品	预付喜乐食品货款,票号 19782436	借	2 000.00	电汇

七、销售管理与应收款管理初始设置

(一) 销售管理

设置销售选项：有零售日报业务,有委托代销业务,直运销售、销售调拨;取消销售生成出库单;新增退货单参照发货单,新增发票参照订单。

(二) 应收款管理

1. 设置参数

单据审核日期依据单据日期;其他参数为系统默认。

2. 设置科目

(1) 基本科目设置：应收科目为 112201,预收科目为 220301,税金科目为 22210106;销售收入科目为 6001;销售退回科目为 6001;现金折扣科目为 6603;坏账入账科目为 1231;银行承兑科目为 112101;商业承兑科目 112102。

(2) 控制科目设置：济南同福进出口公司应收科目为 112202,预收科目为 220302;其余客户的应收科目为 112201,预收科目为 220301。

(3) 产品科目设置：乳制品、乳酸菌的销售收入科目均为 6001,应交增值税科目为 22210106,销售退回科目为 6001。

(4) 结算方式科目设置：现金对应 1001;现金支票、转账支票、电汇、其他均对应 100201。

(5) 坏账准备设置：提取比例为 0.5%,坏账准备期初余额为 168.48,坏账准备科目为 1231,对方科目为 6701。

3. 录入期初余额(表 2－23、表 2－24)

表 2－23　预收账款(220301)期初余额

日　期	客户简称	摘　　要	方向	金额/元	结算方式
2018－12－31	华联超市	收到华联超市预付的货款,票号 51894748	贷	5 000.00	转账支票

表 2－24　应收票据(112101)期初余额

日　期	客户简称	摘　　要	方向	金额/元	结算方式
2018－11－08	欧尚超市	收到欧尚超市签发的中国银行承兑汇票,签发日期 2018－11－08,到期日 2019－02－08,票号 35678332	借	8 424.00	银行承兑汇票

八、库存管理与存货核算初始设置

(一) 库存管理

1. 设置参数

有受托代销业务,有委托代销业务。修改现存量时点为采购入库审核、销售出库审核、其他出入库审核时。

2. 录入库存期初数据(表 2-25)

表 2-25 库存期初资料

分类编码	所属类别	存货编码	存货名称	计量单位	税率	规格	数量	单价	金额
0101	乳制品	0001	君乐宝 200 mL 原味开啡尔酸奶	箱	13%	1×24	120	60.00	7 200.00
		0002	君乐宝 200 mL 优致牧场纯牛奶	箱	13%	1×24	100	48.00	4 800.00
		0003	君乐宝 200 mL 香蕉牛奶	箱	13%	1×24	280	36.00	10 080.00
		0004	光明 200 mL 畅优酸奶	箱	13%	1×24	300	60.00	18 000.00
		0005	光明 200 mL 红枣酸奶	箱	13%	1×24	100	48.00	4 800.00
		0006	光明 200 mL 莫斯利安酸奶	箱	13%	1×24	200	72.00	14 400.00
		0007	光明 200 mL 纯牛奶	箱	13%	1×24	240	48.00	11 520.00
		0008	光明 200 mL 优倍牛奶	箱	13%	1×24	160	72.00	11 520.00
		0009	伊利 200 mL 畅轻酸奶	箱	13%	1×24	180	60.00	10 800.00
		0010	伊利 200 mL 红枣酸奶	箱	13%	1×24	140	48.00	6 720.00
		0011	伊利 200 mL 安慕希酸奶	箱	13%	1×24	150	84.00	12 600.00
		0012	伊利 200 mL 营养舒化奶	箱	13%	1×24	200	60.00	12 000.00
		0013	伊利 200 mL 金典有机奶	箱	13%	1×24	150	84.00	12 600.00
0102	乳酸菌饮料	0014	喜乐 368 mL 蓝莓味	箱	13%	1×24	200	48.00	9 600.00
		0015	喜乐 368 mL 香橙味	箱	13%	1×24	300	48.00	14 400.00
		0016	喜乐 368 mL 原味	箱	13%	1×24	150	48.00	7 200.00
			合　计				2970		168 240.00

(二) 存货核算

1. 设置参数

销售成本核算方式为销售发票,委托代销按发出商品核算,其余默认系统提供参数。

2. 录入期初数据

同库存管理期初数据。

3. 设置科目

(1) 设置存货科目。

乳制品库、乳酸菌库、赠品仓库的存货科目为"1405 库存商品"。

乳制品库、乳酸菌库的发出商品科目为"1406 发出商品"。

乳制品库、乳酸菌库的直运科目为"1402 在途物资"。

受托代销库的存货科目为"1321 受托代销商品"。

(2) 设置存货对方科目。

采购退货的对方科目为"1402 在途物资"。

盘盈入库的对方科目为"1901 待处理财产损溢"。

受托代销入库的对方科目、暂估科目均为“2314 受托代销商品款”。
销售出库、销售退货、委托代销出库的对方科目均为“6401 主营业务成本”。
盘亏出库的对方科目为“1901 待处理财产损溢”。
赠品出库的对方科目为“660104 赠品费用”。
(3) 设置税金科目。
乳制品、乳酸菌的税金科目为“22210101 进项税额”。

九、总账管理系统初始设置

(一) 设置参数

取消允许修改、作废他人填制的凭证，勾选出纳凭证必须经由出纳签字。

(二) 录入期初余额

1. 总账账户期初余额(表 2-26)

表 2-26 期初余额表

科 目 名 称	方向	期初余额/元
库存现金(1001)	借	10 000.00
银行存款(1002)	借	
交行存款(人民币)(100201)	借	50 7054.08
其他货币资金(1012)	借	
存出投资款(101201)	借	50 000.00
应收票据(112101)	借	8 424.00
银行承兑汇票(112101)	借	
应收账款(1122)	借	
人民币(112201)	借	20 340.00
美元(112202)	借	
坏账准备(1131)	贷	168.48
预付账款(1123)	借	2 000.00
库存商品(1405)	借	168 240.00
发出商品	借	
固定资产(1601)	借	850 000.00
累计折旧(1602)	贷	156 503.60
短期借款(2001)	贷	
交通银行南京上元路支行(200101)	贷	
应付账款(2202)	贷	
一般应付款(220201)	贷	10 848.00
暂估应付款(220202)	贷	7 200.00
预收账款(2203)	贷	

续 表

科 目 名 称	方向	期初余额/元
人民币(220301)	贷	5 000.00
美元(220302)	贷	
实收资本(4001)	贷	1 400 000.00
资本公积(4002)	贷	
利润分配(4104)	贷	
未分配利润(410415)	贷	36 338.00
合计		1 459 386.00

2

2. 辅助核算账户期初余额(表 2-27～表 2-32)

表 2-27 应收账款(112201)期初余额

日 期	客户简称	摘 要	方向	金额/元
2018-12-18	沃尔玛超市	销售君乐宝原味开啡尔酸奶 300 箱,不含税单价 60 元/箱,票号 32567787	借	20 340.00

表 2-28 预收账款(220301)期初余额

日 期	客户简称	摘 要	方向	金额/元	结算方式
2018-12-31	华联超市	收到华联超市预付的货款,票号 518947	贷	5 000.00	转账支票

表 2-29 应收票据(112101)期初余额

日 期	客户简称	摘 要	方向	金额/元	结算方式
2018-11-08	欧尚超市	收到欧尚超市签发的银行承兑汇票,签发日期 2018-11-08,到期日 2019-02-08,票号 35678332	借	8 424.00	银行承兑汇票

表 2-30 应付账款——一般应付款(220201)期初余额

日 期	供应商得称	摘 要	方向	金额/元
2018-12-08	君乐宝乳业	业务员王宏伟,购入君乐宝 200 mL 优致牧场纯牛奶 200 箱,不含税单价 48 元/箱,票号 55438098	贷	10 848.00

表 2-31 应付账款——暂估应付款(220202)期初余额

日 期	供应商简称	摘 要	方向	金额/元
2018-12-18	君乐宝乳业	购入君乐宝 200 mL 香蕉牛奶	贷	7 200.00

表 2－32 预付账款(112301)期初余额

日　期	供应商简称	摘　　要	方向	金额/元	结算方式
2018－12－17	喜乐食品	预付喜乐食品货款，票号 19782436	借	2 000.00	电汇

(三) 设置期间损益转账定义

定义“期间损益结转”凭证，本年利润科目设置为“4103 本年利润”。

第二部分　试题题面

一、系统初始化

【总体要求】

使用 616 账套的总账、采购管理、销售管理、库存管理、存货核算、应收款管理、应付款管理系统完成以下初始化任务。（满分 20 分）

【工作任务】

【任务 1.1】　设置付款条件（表 2－33）。

表 2－33 付款条件

付款条件编码	信用天数	优惠天数 1	优惠率 1	优惠天数 2	优惠率 2
01	30	10	2	20	1

【任务 1.2】　录入期初采购入库单。

2018 年 12 月 18 日，采购部叶敏采购君乐宝 200 mL 香蕉牛奶 200 箱，不含税单价 36 元/箱，已入乳制品库，正常采购，入库类别为采购入库。

【任务 1.3】　采购期初记账。

【任务 1.4】　应收款管理参数设置。

坏账处理方式：应收余额百分比法；勾选核销生成凭证、自动计算现金折扣。

【任务 1.5】　在应收款管理系统中录入应收账款/人民币(112201)期初余额，如表 2－34 所示。

表 2－34 应收账款(112201)期初余额

日　期	发票号	客户简称	部门	货 物 名 称	数量	无税单价/元
2018－12－18	32567787	沃尔玛超市	销售部	君乐宝 200 mL 原味开啡尔酸奶	300	60.00

【任务 1.6】　设置暂估方式为单到回冲。

【任务 1.7】　设置采购入库的对方科目、暂估科目。

【任务 1.8】　存货核算期初余额记账。

二、业务处理与会计核算

【总体要求】

使用616账套的总账、采购管理、销售管理、库存管理、存货核算、应收款管理、应付款管理系统完成以下工作任务。(满分70分)

【工作任务】

对南京鑫元商贸有限公司2019年1月份业务进行处理。

【任务2.1】 1日,采购部叶敏与光明乳业签订采购合同。取得相关凭证如图2-1所示。

购销合同

供货方:上海光明乳业有限公司　　合同号:CG001

购买方:南京鑫元商贸有限公司　　签订日期:2019年01月01日

为保护买卖双方的合法权益,买卖双方根据《中华人民共和国合同法》的有关规定,经友好协商,一致同意签订本合同并共同遵守。

一、商品的名称、数量及金额

商品名称	规格型号	计量单位	数量	单价(不含税)	金额(不含税)	税率	税额
光明200mL红枣酸奶	1*24	箱	500	48.00	24000.00	13%	3120.00
合计			500	—	¥24000.00	—	¥3120.00
货款总计(大写):人民币贰万柒仟壹佰贰拾元整					(小写):	¥27120.00	

二、质量验收标准:按国家行业标准执行。

三、交货日期:2019年01月04日。

四、交货地点:南京鑫元商贸有限公司。

五、结算方式:电汇,付款时间:2019年01月31日。

六、发运方式及费用承担:公路运输,相关费用由供货方承担。

七、其 他:存在商品质量及溢余等情况,经双方协商,另行解决。

八、违约条款:违约方须赔偿对方一切经济损失。但遇天灾人祸或其他人力不能控制之因素而导致延误交货,需方不能要求供方赔偿任何损失。

九、合同纠纷解决方式:经双方协商解决,如协商不成的,可向当地仲裁委员会提出申诉解决。

十、本合同一式两份,双方各执一份,自签订之日起生效。

供方(盖章)
税 号:210115777321663463
开户银行:中国银行上海吴中路支行
银行账号:2700600597934526278
地 址:上海闵行区吴中路378号
法定代表:王宏
联系电话:021-60483388

需方(盖章)
税 号:253100098765760286
开户银行:交通银行南京上元路支行
银行账号:6220000526782987947
地 址:南京市江宁区上元路48号
法定代表:李金泽
联系电话:025-89820888

(印章:上海光明乳业有限公司 合同专用章;南京鑫元商贸有限公司 合同专用章)

图2-1 【1月1日业务】原始凭证

【任务 2.2】 2 日,销售部张立与沃尔玛超市签订销售合同。取得相关凭证如图 2-2 所示。

购销合同

供货方：南京鑫元商贸有限公司　　合同号：XS001

购买方：南京沃尔玛超市有限公司　　签订日期：2019年01月02日

为保护买卖双方的合法权益，买卖双方根据《中华人民共和国合同法》的有关规定，经友好协商，一致同意签订本合同并共同遵守。

一、商品的名称、数量及金额

商品名称	规格型号	计量单位	数量	单价（不含税）	金额（不含税）	税率	税额
光明200mL畅优酸奶	1*24	箱	300	84.00	25200.00	13%	3276.00
合计			300	—	¥25200.00	—	¥3276.00
货款总计（大写）：人民币贰万捌仟肆佰柒拾陆元整					（小写）：¥28476.00		

二、质量验收标准：按国家行业标准执行。

三、交货日期：2019年01月08日。

四、交货地点：南京沃尔玛超市有限公司。

五、结算方式：转账支票，付款时间：2019年02月08日。

六、发运方式及费用承担：买方自提，相关费用由购买方承担。

七、其　他：存在商品质量及溢余等情况，经双方协商，另行解决。

八、违约条款：违约方须赔偿对方一切经济损失。但遇天灾人祸或其他人力不能控制之因素而导致延误交货，需方不能要求供方赔偿任何损失。

九、合同纠纷解决方式：经双方协商解决，如协商不成的，可向当地仲裁委员会提出申诉解决。

十、本合同一式两份，双方各执一份，自签订之日起生效。

供方（盖章）		需方（盖章）	
税号：	253100098765760286	税号：	250107865230333237
开户银行：	交通银行南京上元路支行	开户银行：	中国建设银行南京保定路支行
银行账号：	6220000526782987947	银行账号：	2353670188600024689
地址：	南京市江宁区上元路48号	地址：	南京市保定路339号
法定代表：	李金泽	法定代表：	章伟
联系电话：	025-89820888	联系电话：	025-86137566

（印章：南京鑫元商贸有限公司 合同专用章；南京沃尔玛超市有限公司 合同专用章）

图 2-2 【1 月 2 日业务】原始凭证

【任务 2.3】 4 日，收到从光明乳业采购的商品。取得相关凭证如图 2-3、图 2-4 所示。

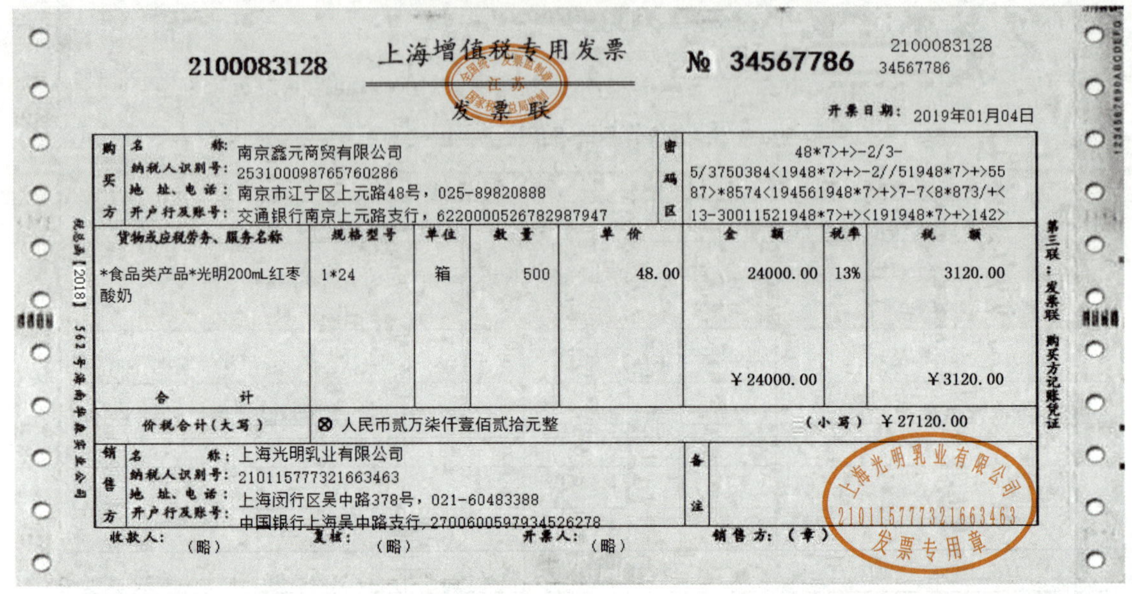

2100083128　　上海增值税专用发票　　№ 34567786　　2100083128 34567786

发票联　　开票日期：2019年01月04日

购买方　名称：南京鑫元商贸有限公司
纳税人识别号：253100098765760286
地址、电话：南京市江宁区上元路48号，025-89820888
开户行及账号：交通银行南京上元路支行，6220000526782987947

密码区：48*7>+>-2/3-5/3750384<1948*7>+>-2//51948*7>+>5587>*8574<194561948*7>+>7-7<8*873/+<13-30011521948*7>+><191948*7>+>142>

货物或应税劳务、服务名称	规格型号	单位	数量	单价	金额	税率	税额
*食品类产品*光明200mL红枣酸奶	1*24	箱	500	48.00	24000.00	13%	3120.00
合计					¥24000.00		¥3120.00
价税合计（大写）	⊗ 人民币贰万柒仟壹佰贰拾元整				（小写）¥27120.00		

销售方　名称：上海光明乳业有限公司
纳税人识别号：210115777321663463
地址、电话：上海闵行区吴中路378号，021-60483388
开户行及账号：中国银行上海吴中路支行，2700600597934526278

收款人：（略）　复核：（略）　开票人：（略）　销售方：（章）

第三联：发票联 购买方记账凭证

图 2-3 【1 月 4 日业务】原始凭证 1

入 库 单

2019 年 01 月 04 日　　单号 4567

交来单位及部门	上海光明乳业有限公司	发票号码或生产单号码	（无）		验收仓库	乳制品库	入库日期	2019年01月04日
编号	名称及规格	单位	数量		单价	金额	备注	
			交库	实收				
1	光明200mL红枣酸奶	箱	500	500				
合计			500	500	—		—	

部门经理：（略）　会计：（略）　仓库：（略）　经办人：（略）

会计联

图 2-4 【1 月 4 日业务】原始凭证 2

【任务 2.4】 6 日，销售部张立与欧尚超市签订销售合同。取得相关凭证如图 2-5 所示。

购销合同

供货方：南京鑫元商贸有限公司　　合同号：XS002

购买方：南京欧尚超市有限公司　　签订日期：2019年01月06日

为保护买卖双方的合法权益，买卖双方根据《中华人民共和国合同法》的有关规定，经友好协商，一致同意签订本合同并共同遵守。

一、商品的名称、数量及金额

商品名称	规格型号	计量单位	数量	单价（不含税）	金额（不含税）	税率	税额
光明200mL红枣酸奶	1*24	箱	600	72.00	43200.00	13%	5616.00
合计			600	—	¥43200.00	—	¥5616.00
货款总计（大写）：人民币肆万捌仟捌佰壹拾陆元整					（小写）：¥48816.00		

二、质量验收标准：按国家行业标准执行。

三、交货日期：2019年01月09日。

四、交货地点：南京欧尚超市有限公司。

五、结算方式：转账支票，付款条件（2/10，1/10，n/30），现金折扣计算依据不含增值税

六、发运方式及费用承担：买方自提，相关费用由购买方承担。

七、其　他：存在商品质量及溢余等情况，经双方协商，另行解决。

八、违约条款：违约方须赔偿对方一切经济损失。但遇天灾人祸或其他人力不能控制之因素而导致延误交货，需方不能要求供方赔偿任何损失。

九、合同纠纷解决方式：经双方协商解决，如协商不成的，可向当地仲裁委员会提出申诉解决。

十、本合同一式两份，双方各执一份，自签订之日起生效。

供方（盖章）（印章：南京鑫元商贸有限公司 合同专用章）

税　号：253100098765760286

开户银行：交通银行南京上元路支行

银行账号：6220000526782987947

地　址：南京市江宁区上元路48号

法定代表：李金泽

联系电话：025-89820888

需方（盖章）（印章：南京欧尚超市有限公司 合同专用章）

税　号：250106874790757564

开户银行：中国银行南京五峰路支行

银行账号：6477620185600024346

地　址：南京市花园路20号

法定代表：赵文轩

联系电话：025-56774219

图 2-5 【1 月 6 日业务】原始凭证

【任务 2.5】 8 日，向沃尔玛超市发货。取得相关凭证如图 2－6、图 2－7 所示。

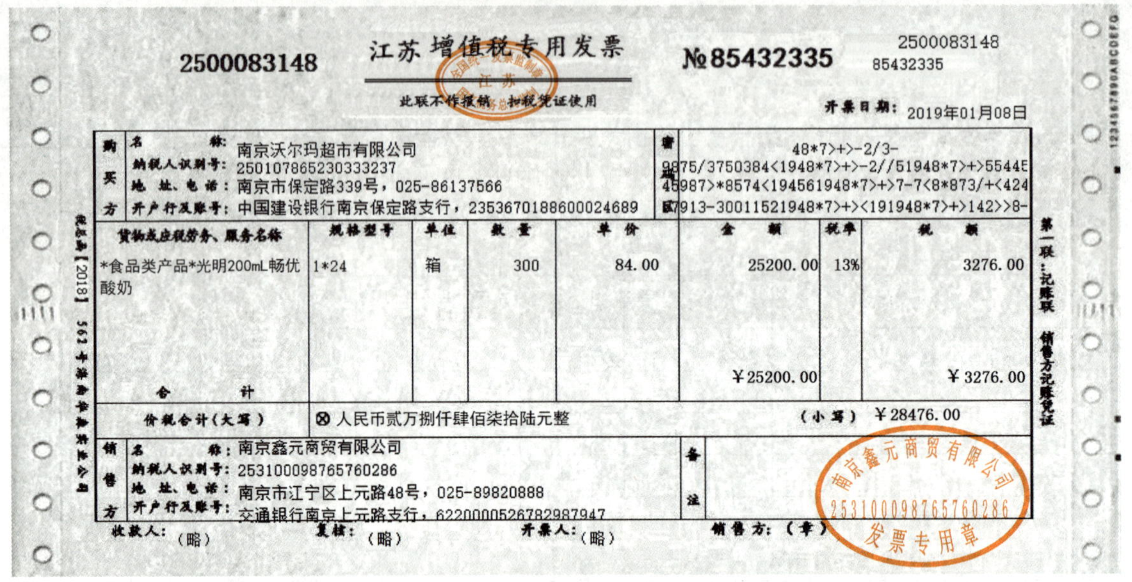

2500083148 **江苏增值税专用发票** №85432335

2500083148
85432335

此联不作报销、扣税凭证使用

开票日期：2019年01月08日

购买方	名称：南京沃尔玛超市有限公司 纳税人识别号：250107865230333237 地址、电话：南京市保定路339号，025-86137566 开户行及账号：中国建设银行南京保定路支行，2353670188600024689	密码区	48*7>+>-2/3- 9875/3750384<1948*7>+>-2//51948*7>+>5544E 45987>*8574<194561948*7>+>7-7<8*873/+<424 67913-30011521948*7>+><191948*7>+>142>>8-

货物或应税劳务、服务名称	规格型号	单位	数量	单价	金额	税率	税额
*食品类产品*光明200mL畅优酸奶	1*24	箱	300	84.00	25200.00	13%	3276.00
合计					￥25200.00		￥3276.00
价税合计（大写）	⊗人民币贰万捌仟肆佰柒拾陆元整				（小写）￥28476.00		

销售方	名称：南京鑫元商贸有限公司 纳税人识别号：253100098765760286 地址、电话：南京市江宁区上元路48号，025-89820888 开户行及账号：交通银行南京上元路支行，6222000526782987947	备注	

收款人：（略） 复核：（略） 开票人：（略） 销售方：（章）

第一联：记账联 销售方记账凭证

图 2－6 【1 月 8 日业务】原始凭证 1

出 库 单

出货单位：南京鑫元商贸有限公司 2019 年 01 月 08 日 单号：6456

提货单位或领货部门	南京沃尔玛超市有限公司	销售单号		发出仓库	乳制品库	出库日期	2019年01月08日

编号	名称及规格	单位	数量 应发	数量 实发	单价	金额
1	光明200mL畅优酸奶	箱	300	300		
合计			300	300	—	

会计联

部门经理：（略） 会计：（略） 仓库：（略） 经办人：（略）

图 2－7 【1 月 8 日业务】原始凭证 2

【任务 2.6】 9 日，向欧尚超市发货。取得相关凭证如图 2－8、图 2－9 所示。

2500083148　　江苏增值税专用发票　　№83562365　　2500083148 83562365

此联不作报销、扣税凭证使用

开票日期：2019年01月09日

购买方	名称：南京欧尚超市有限公司 纳税人识别号：250106874790757564 地址、电话：南京市花园路20号，025-56774219 开户行及账号：中国银行南京五峰路支行，6477620185600024346	密码区	48*7>+>-2/3- 9875/3750384<1948*7>+>-2//51948*7>+>55445 45987>*8574<194561948*7>+>7-7<8*873/+<424 67913-30011521948*7>+><191948*7>+>142>>8-

货物或应税劳务、服务名称	规格型号	单位	数量	单价	金额	税率	税额
*食品类产品*光明200mL红枣酸奶	1*24	箱	600	72.00	43200.00	13%	5616.00
合计					￥43200.00		￥5616.00
价税合计（大写）	⊗人民币肆万捌仟捌佰壹拾陆元整				（小写）￥48816.00		

销售方	名称：南京鑫元商贸有限公司 纳税人识别号：253100098765760286 地址、电话：南京市江宁区上元路48号，025-89820888 开户行及账号：交通银行南京上元路支行，6220000526782987947	备注	

收款人：（略）　复核：（略）　开票人：（略）　销售方：（章）

第一联：记账联　销售方记账凭证

南京鑫元商贸有限公司 253100098765760286 发票专用章

图 2－8 【1 月 9 日业务】原始凭证 1

出库单

出货单位：南京鑫元商贸有限公司　　2019 年 01 月 09 日　　单号：6457

提货单位或领货部门	南京欧尚超市有限公司	销售单号		发出仓库	乳制品库	出库日期	2019年01月09日

编号	名称及规格	单位	数量 应发	数量 实发	单价	金额
1	光明200mL红枣酸奶	箱	600	600		
合计			600	600	—	

会计联

部门经理：（略）　会计：（略）　仓库：（略）　经办人：（略）

图 2－9 【1 月 9 日业务】原始凭证 2

【任务 2.7】 10 日，采购部叶敏与伊利乳业签订采购合同。取得相关凭证如图 2－10～图 2－12 所示。

购销合同

供货方：内蒙古伊利乳业有限公司　　　　合同号：CG002

购买方：南京鑫元商贸有限公司　　　　签订日期：2019年01月10日

为保护买卖双方的合法权益，买卖双方根据《中华人民共和国合同法》的有关规定，经友好协商，一致同意签订本合同并共同遵守。

一、商品的名称、数量及金额

2

商品名称	规格型号	计量单位	数量	单价（不含税）	金额（不含税）	税率	税额
伊利200mL安慕希酸奶	1*24	箱	400	84.00	33600.00	13%	4368.00
合计			400	—	¥33600.00	—	¥4368.00
货款总计（大写）：人民币叁万柒仟玖佰陆拾捌元整					（小写）：¥37968.00		

二、质量验收标准：按国家行业标准执行。

三、交货日期：2019年01月10日。

四、交货地点：南京鑫元商贸有限公司。

五、结算方式：电汇，付款时间：2019年02月10日。

六、发运方式及费用承担：公路运输，相关费用由供货方承担。

七、其　他：存在商品质量及溢余等情况，经双方协商，另行解决。

八、违约条款：违约方须赔偿对方一切经济损失。但遇天灾人祸或其他人力不能控制之因素而导致延误交货，需方不能要求供方赔偿任何损失。

九、合同纠纷解决方式：经双方协商解决，如协商不成的，可向当地仲裁委员会提出申诉解决。

十、本合同一式两份，双方各执一份，自签订之日起生效。

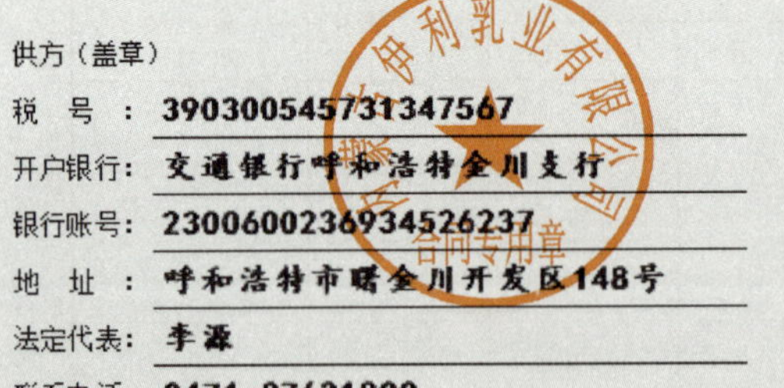

供方（盖章）
税　号：390300545731347567
开户银行：交通银行呼和浩特金川支行
银行账号：230060023693452623
地　址：呼和浩特市昭金川开发区148号
法定代表：李源
联系电话：0471-87631800

需方（盖章）
税　号：253100098765760286
开户银行：交通银行南京上元路支行
银行账号：622000052678298794
地　址：南京市江宁区上元路48号
法定代表：李金泽
联系电话：025-89820888

图 2－10 【1 月 10 日业务】原始凭证 1

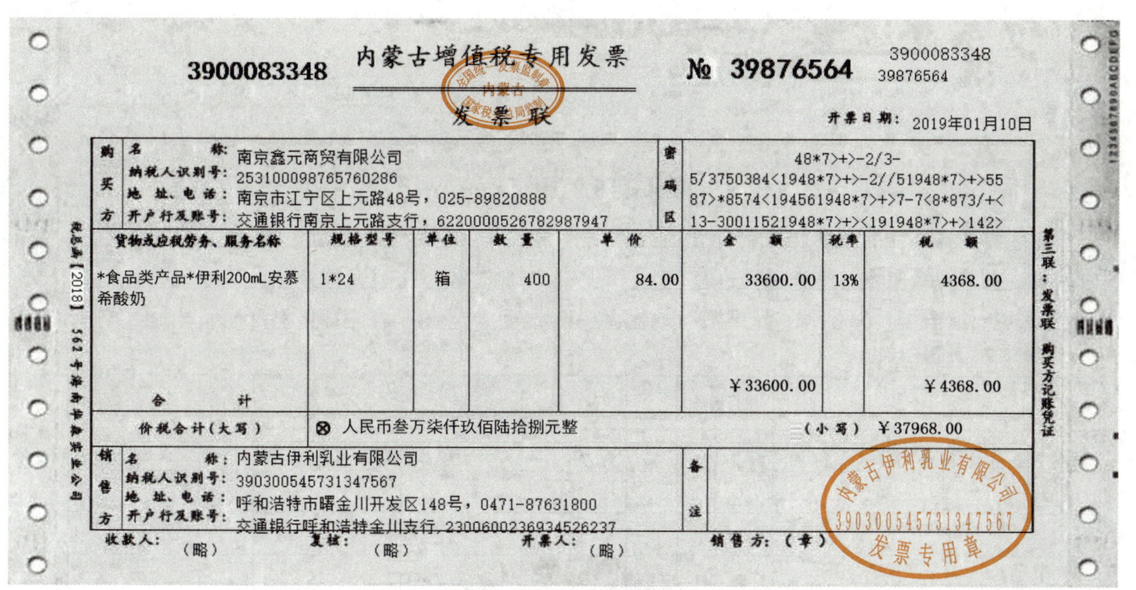

3900083348 内蒙古增值税专用发票 № 39876564

3900083348
39876564

发票联

开票日期：2019年01月10日

购买方	名称：南京鑫元商贸有限公司 纳税人识别号：253100098765760286 地址、电话：南京市江宁区上元路48号，025-89820888 开户行及账号：交通银行南京上元路支行，6220000526782987947	密码区	48*7>+>-2/3- 5/3750384<1948*7>+>-2//51948*7>+>55 87>*8574<194561948*7>+>7-7<8*873/+< 13-30011521948*7>+><191948*7>+>142>

货物或应税劳务、服务名称	规格型号	单位	数量	单价	金额	税率	税额
*食品类产品*伊利200mL安慕希酸奶	1*24	箱	400	84.00	33600.00	13%	4368.00
合计					￥33600.00		￥4368.00
价税合计（大写）	⊗人民币叁万柒仟玖佰陆拾捌元整				（小写）￥37968.00		

销售方	名称：内蒙古伊利乳业有限公司 纳税人识别号：390300545731347567 地址、电话：呼和浩特市暗金川开发区148号，0471-87631800 开户行及账号：交通银行呼和浩特金川支行，2300600236934526237	备注	

收款人：（略） 复核：（略） 开票人：（略） 销售方：（章）

第三联：发票联 购买方记账凭证

图 2-11 【1 月 10 日业务】原始凭证 2

入 库 单

2019 年 01 月 10 日 单号 4568

交来单位及部门	内蒙古伊利乳业有限公司	发票号码或生产单号码	（无）	验收仓库	乳制品库	入库日期	2019年01月10日

编号	名称及规格	单位	数量 交库	数量 实收	单价	金额	备注
1	伊利200mL安慕希酸奶	箱	400	400			
合计			400	400	—		—

会计联

部门经理：（略） 会计：（略） 仓库：（略） 经办人：（略）

图 2-12 【1 月 10 日业务】原始凭证 3

【任务 2.8】 12 日，销售部张立与华联超市签订销售合同。取得相关凭证如图 2-13 所示。

购销合同

供货方：南京鑫元商贸有限公司　　合同号：XS003

购买方：南京华联超市有限公司　　签订日期：2019年01月12日

为保护买卖双方的合法权益，买卖双方根据《中华人民共和国合同法》的有关规定，经友好协商，一致同意签订本合同并共同遵守。

一、商品的名称、数量及金额

商品名称	规格型号	计量单位	数量	单价（不含税）	金额（不含税）	税率	税额
伊利200mL安慕希酸奶	1*24	箱	500	108.00	54000.00	13%	7020.00
合计			500	—	¥54000.00	—	¥7020.00
货款总计（大写）：人民币陆万壹仟零贰拾元整					（小写）：¥61020.00		

二、质量验收标准：按国家行业标准执行。

三、交货日期：2019年01月14日。

四、交货地点：南京华联超市有限公司。

五、结算方式：转账支票，付款时间：2019年02月12日。

六、发运方式及费用承担：买方自提，相关费用由购买方承担。

七、其　　他：存在商品质量及溢余等情况，经双方协商，另行解决。

八、违约条款：违约方须赔偿对方一切经济损失。但遇天灾人祸或其他人力不能控制之因素而导致延误交货，需方不能要求供方赔偿任何损失。

九、合同纠纷解决方式：经双方协商解决，如协商不成的，可向当地仲裁委员会提出申诉解决。

十、本合同一式两份，双方各执一份，自签订之日起生效。

供方（盖章）

税　号：253100098765760286

开户银行：交通银行南京上元路支行

银行账号：6220000526782987947

地　址：南京市江宁区上元路48号

法定代表：李金泽

联系电话：025-89820888

（印章：南京鑫元商贸有限公司 合同专用章）

需方（盖章）

税　号：250104735760887342

开户银行：交通银行南京中山路支行

银行账号：7372310182600024932

地　址：南京秦淮区中山路46号

法定代表：章伟

联系电话：025-67617288

（印章：南京华联超市有限公司 合同专用章）

图 2-13 【1 月 12 日业务】原始凭证

【任务 2.9】 13 日，伊利 200 mL 安慕希酸奶 10 箱有质量问题，办理退货。取得相关凭证如图 2－14、图 2－15 所示。

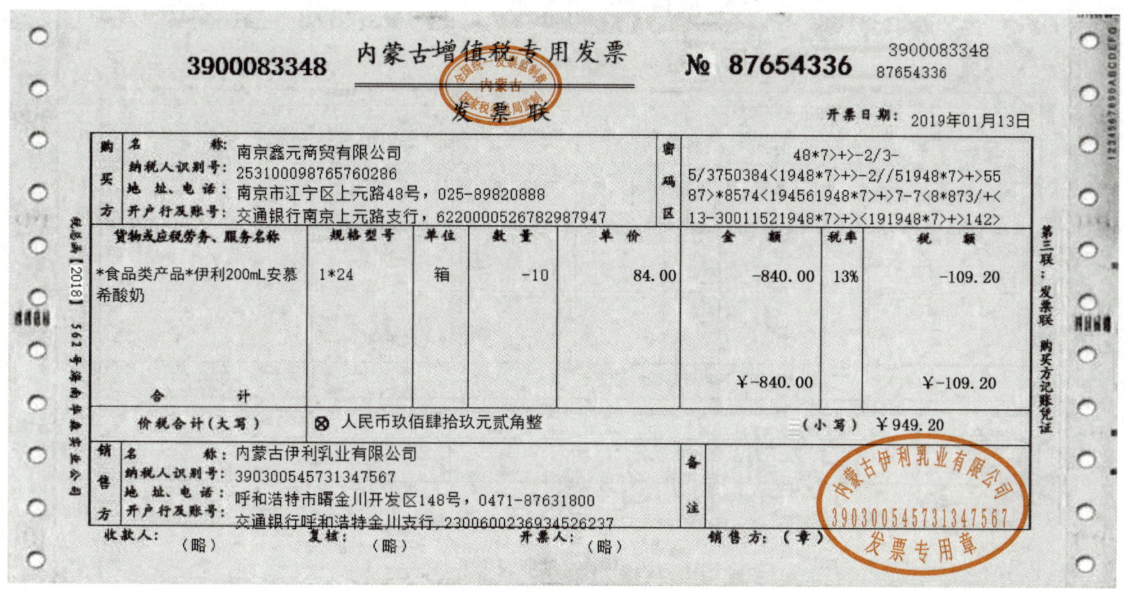

3900083348　　内蒙古增值税专用发票　　№ 87654336　　3900083348 87654336

发票联　　　　开票日期：2019年01月13日

购买方	名称：南京鑫元商贸有限公司 纳税人识别号：253100098765760286 地址、电话：南京市江宁区上元路48号，025-89820888 开户行及账号：交通银行南京上元路支行，6220000526782987947	密码区	48*7>+>-2/3- 5/3750384<1948*7>+>-2//51948*7>+>55 87>*8574<194561948*7>+>7-7<8*873/+< 13-30011521948*7>+><191948*7>+>142>

货物或应税劳务、服务名称	规格型号	单位	数量	单价	金额	税率	税额
*食品类产品*伊利200mL安慕希酸奶	1*24	箱	-10	84.00	-840.00	13%	-109.20
合计					¥-840.00		¥-109.20
价税合计（大写）	⊗ 人民币玖佰肆拾玖元贰角整				（小写） ¥949.20		

销售方	名称：内蒙古伊利乳业有限公司 纳税人识别号：390300545731347567 地址、电话：呼和浩特市曙金川开发区148号，0471-87631800 开户行及账号：交通银行呼和浩特金川支行，2300600236934526237	备注	

收款人：（略）　复核：（略）　开票人：（略）　销售方：（章）

图 2－14 【1 月 13 日业务】原始凭证 1

入 库 单

2019 年 01 月 13 日　　　　单号 4569

交来单位及部门	内蒙古伊利乳业有限公司	发票号码或生产单号码	（无）	验收仓库	乳制品库	入库日期	2019年01月13日

编号	名称及规格	单位	数量		单价	金额	备注
			交库	实收			
1	伊利200mL安慕希酸奶	箱	-10	-10			
合计			-10	-10	—	0	—

会计联

部门经理：（略）　会计：（略）　仓库：（略）　经办人：（略）

图 2－15 【1 月 13 日业务】原始凭证 2

【任务 2.10】 14 日，向华联超市发货。取得相关凭证如图 2－16、图 2－17 所示。

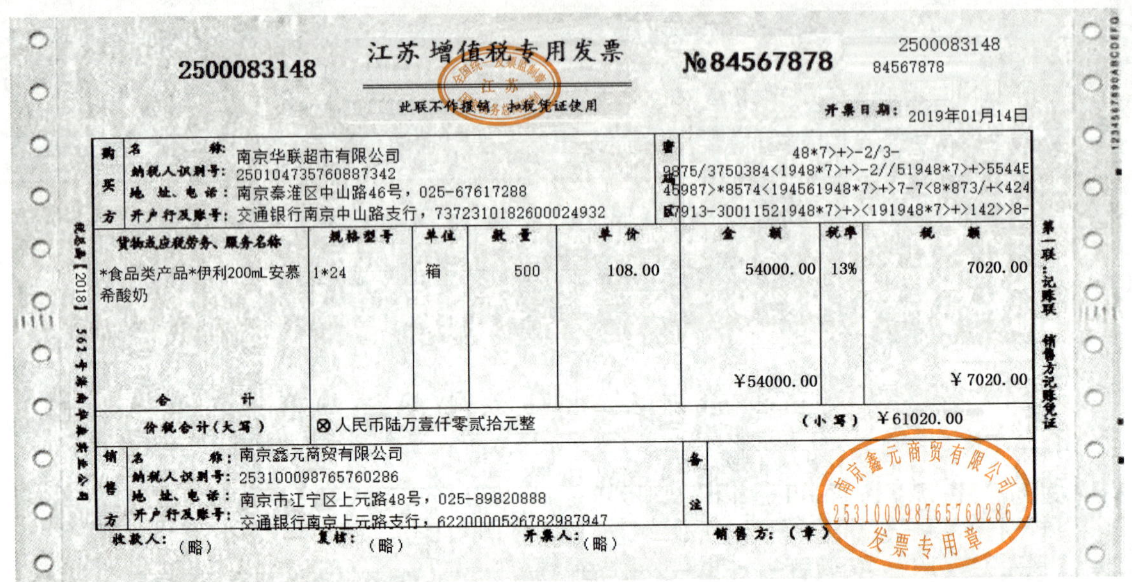

2500083148　　江苏增值税专用发票　　№84567878　　2500083148　84567878

此联不作报销、扣税凭证使用　　　　开票日期：2019年01月14日

购买方	名称：南京华联超市有限公司 纳税人识别号：250104735760887342 地址、电话：南京秦淮区中山路46号，025-67617288 开户行及账号：交通银行南京中山路支行，7372310182600024932					密码区	48*7>+>-2/3-9875/3750384<1948*7>+>-2//51948*7>+>5544E45987>*8574<194561948*7>+>7-7<8*873/+<4247913-30011521948*7>+><191948*7>+>142>>8-	
货物或应税劳务、服务名称	规格型号	单位	数量	单价	金额	税率	税额	
*食品类产品*伊利200mL安慕希酸奶	1*24	箱	500	108.00	54000.00	13%	7020.00	
合计					¥54000.00		¥7020.00	
价税合计（大写）	⊗人民币陆万壹仟零贰拾元整				（小写）¥61020.00			
销售方	名称：南京鑫元商贸有限公司 纳税人识别号：253100098765760286 地址、电话：南京市江宁区上元路48号，025-89820888 开户行及账号：交通银行南京上元路支行，6220000526782987947					备注		

收款人：（略）　复核：（略）　开票人：（略）　销售方：（章）

第一联：记账联　销售方记账凭证

南京鑫元商贸有限公司 253100098765760286 发票专用章

图 2－16 【1 月 14 日业务】原始凭证 1

出 库 单

出货单位：南京鑫元商贸有限公司　　2019 年 01 月 14 日　　单号：6458

提货单位或领货部门	南京华联超市有限公司	销售单号		发出仓库	乳制品库	出库日期	2019年01月14日
编号	名称及规格	单位	数量 应发	数量 实发	单价	金额	
1	伊利200mL安慕希酸奶	箱	500	500			
合计			500	500	—		

会计联

部门经理：（略）　会计：（略）　仓库：（略）　经办人：（略）

图 2－17 【1 月 14 日业务】原始凭证 2

【任务 2.11】 15 日,收到欧尚超市货款(收款单与核销合并制单)。取得相关凭证如图 2-18 所示。

交通银行 进账单 (收账通知) 3

2019 年 01 月 15 日

出票人	全称	南京欧尚超市有限公司	收款人	全称	南京鑫元商贸有限公司
	账号	6477620185600024346		账号	6220000526782987947
	开户银行	中国银行南京五峰路支行		开户银行	交通银行南京上元路支行
金额	人民币(大写)	肆万柒仟玖佰捌拾贰元整		亿千百十万千百十元角分	¥ 4 7 9 8 2 0 0
票据种类	转账支票	票据张数	1		
票据号码	34567456				
复核 (略) 记账 (略)					收款人开户银行签章

交通银行南京上元路支行 2019.01.15 转讫

此联是收款人开户银行交给收款人的收账通知

图 2-18 【1 月 15 日业务】原始凭证

【任务 2.12】 17 日,收到 2018 年 12 月 18 日入库的君乐宝 200 mL 香蕉牛奶的发票。取得相关凭证如图 2-19 所示。

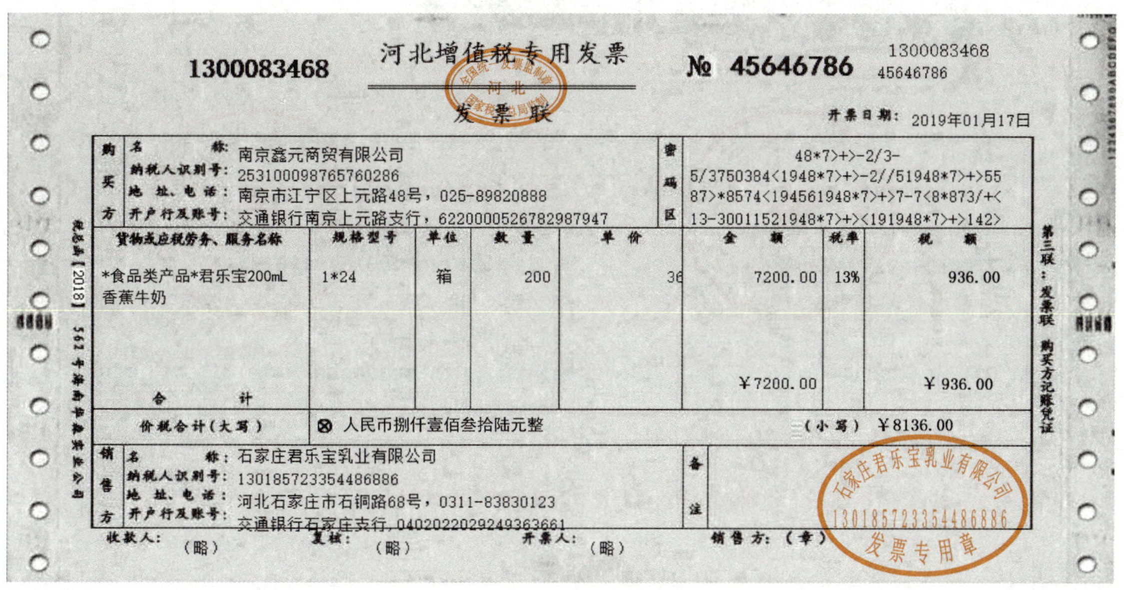

1300083468 河北增值税专用发票 № 45646786 1300083468 45646786

发票联

开票日期: 2019年01月17日

购买方	名称: 南京鑫元商贸有限公司 纳税人识别号: 253100098765760286 地址、电话: 南京市江宁区上元路48号, 025-89820888 开户行及账号: 交通银行南京上元路支行, 6220000526782987947	密码区	48*7>+>-2/3- 5/3750384<1948*7>+>-2//51948*7>+>55 87>*8574<194561948*7>+>7-7<8*873/+< 13-30011521948*7>+><191948*7>+>142>

货物或应税劳务、服务名称	规格型号	单位	数量	单价	金额	税率	税额
*食品类产品*君乐宝200mL香蕉牛奶	1*24	箱	200	36	7200.00	13%	936.00
合计					¥7200.00		¥936.00
价税合计(大写)	⊗ 人民币捌仟壹佰叁拾陆元整				(小写) ¥8136.00		

销售方	名称: 石家庄君乐宝乳业有限公司 纳税人识别号: 130185723354486886 地址、电话: 河北石家庄市石铜路68号, 0311-83830123 开户行及账号: 交通银行石家庄支行, 0402022029249363661	备注	

收款人: (略) 复核: (略) 开票人: (略) 销售方: (章)

第三联: 发票联 购买方记账凭证

石家庄君乐宝乳业有限公司 130185723354486886 发票专用章

图 2-19 【1 月 17 日业务】原始凭证

【任务 2.13】 22 日，采购部叶敏与光明乳业签订采购合同。取得相关凭证如图 2－20 所示。

购销合同

供货方：上海光明乳业有限公司　　　　合同号：CG003

购买方：南京鑫元商贸有限公司　　　　签订日期：2019年01月22日

为保护买卖双方的合法权益，买卖双方根据《中华人民共和国合同法》的有关规定，经友好协商，一致同意签订本合同并共同遵守。

一、商品的名称、数量及金额

商品名称	规格型号	计量单位	数量	单价（不含税）	金额（不含税）	税率	税额
光明200mL优倍牛奶	1*24	箱	200	84.00	16800.00	13%	2184.00
合计			200	—	￥16800.00	—	￥2184.00
货款总计（大写）：人民币壹万捌仟玖佰捌拾肆元整					（小写）：￥18984.00		

二、质量验收标准：按国家行业标准执行。

三、交货日期：2019年01月28日。

四、交货地点：南京鑫元商贸有限公司。

五、结算方式：电汇，付款时间：2019年02月28日。

六、发运方式及费用承担：公路运输，相关费用由供货方承担。

七、其　他：存在商品质量及溢余等情况，经双方协商，另行解决。

八、违约条款：违约方须赔偿对方一切经济损失。但遇天灾人祸或其他人力不能控制之因素而导致延误交货，需方不能要求供方赔偿任何损失。

九、合同纠纷解决方式：经双方协商解决，如协商不成的，可向当地仲裁委员会提出申诉解决。

十、本合同一式两份，双方各执一份，自签订之日起生效。

供方（盖章）
税　号：210115777321663463
开户银行：中国银行上海吴中路支行
银行账号：2700600597934526278
地　址：上海闵行区吴中路378号
法定代表：王宏
联系电话：021-60483388

（印章：上海光明乳业有限公司 合同专用章）

需方（盖章）
税　号：253100098765760286
开户银行：交通银行南京上元路支行
银行账号：6220000526782987947
地　址：南京市江宁区上元路48号
法定代表：李金泽
联系电话：025-89820888

（印章：南京鑫元商贸有限公司 合同专用章）

图 2－20 【1 月 22 日业务】原始凭证

【任务 2.14】 25 日，采购部叶敏与君乐宝乳业签订采购合同。取得相关凭证如图 2-21、图 2-22 所示。

购销合同

供货方：石家庄君乐宝乳业有限公司　　合同号：CG004

购买方：南京鑫元商贸有限公司　　签订日期：2019年01月25日

为保护买卖双方的合法权益，买卖双方根据《中华人民共和国合同法》的有关规定，经友好协商，一致同意签订本合同并共同遵守。

一、商品的名称、数量及金额

商品名称	规格型号	计量单位	数量	单价（不含税）	金额（不含税）	税率	税额
君乐宝200mL优致牧场纯牛奶	1*24	箱	200	48.00	9600.00	13%	1248.00
合计			200	—	￥9600.00	—	￥1248.00
货款总计（大写）：人民币壹万零捌佰肆拾捌元整					（小写）：￥10848.00		

二、质量验收标准：按国家行业标准执行。

三、交货日期：2019年01月25日。

四、交货地点：南京鑫元商贸有限公司。

五、结算方式：电汇，付款时间：2019年02月25日。

六、发运方式及费用承担：公路运输，相关费用由供货方承担。

七、其　他：存在商品质量及溢余等情况，经双方协商，另行解决。

八、违约条款：违约方须赔偿对方一切经济损失。但遇天灾人祸或其他人力不能控制之因素而导致延误交货，需方不能要求供方赔偿任何损失。

九、合同纠纷解决方式：经双方协商解决，如协商不成的，可向当地仲裁委员会提出申诉解决。

十、本合同一式两份，双方各执一份，自签订之日起生效。

供方（盖章）
税　号：130185723354486886
开户银行：交通银行石家庄支行
银行账号：0402022029249363661
地　址：河北石家庄市石铜路68号
法定代表：张群
联系电话：0311-83830123

需方（盖章）
税　号：253100098765760286
开户银行：交通银行南京上元路支行
银行账号：6220000526782987947
地　址：南京市江宁区上元路48号
法定代表：李金泽
联系电话：025-89820888

（印章：石家庄君乐宝乳业有限公司 合同专用章；南京鑫元商贸有限公司 合同专用章）

图 2-21 【1 月 25 日业务】原始凭证 1

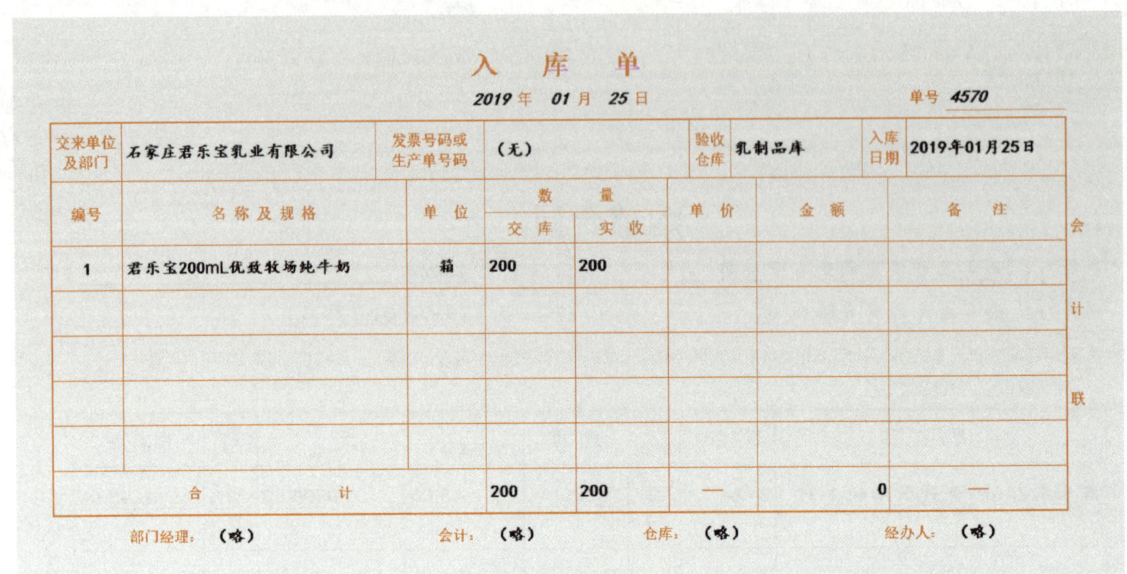

入 库 单

2019年 01月 25日　　　　单号 4570

交来单位及部门	石家庄君乐宝乳业有限公司	发票号码或生产单号码	（无）		验收仓库	乳制品库	入库日期	2019年01月25日
编号	名称及规格	单位	数量		单价	金额	备注	
			交库	实收				
1	君乐宝200mL优致牧场纯牛奶	箱	200	200				
合计			200	200	—	0	—	

会计联

部门经理：（略）　会计：（略）　仓库：（略）　经办人：（略）

图 2-22 【1月25日业务】原始凭证2

【任务 2.15】 28日，收到从光明乳业采购的商品，经验收损坏1箱，属于合理损耗。取得相关凭证如图 2-23、图 2-24 所示。

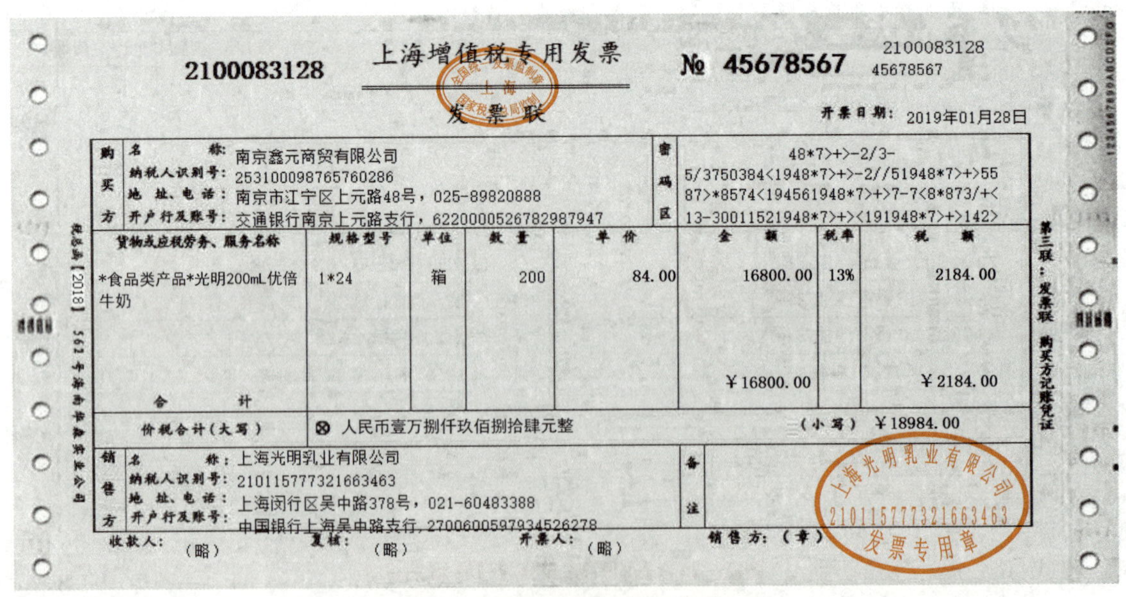

2100083128　　**上海增值税专用发票**　　№ 45678567　　2100083128 45678567

发票联　　开票日期：2019年01月28日

购买方	名称：南京鑫元商贸有限公司 纳税人识别号：253100098765760286 地址、电话：南京市江宁区上元路48号，025-89820888 开户行及账号：交通银行南京上元路支行，6220000526782987947				密码区	48*7>+>-2/3- 5/3750384<1948*7>+>-2//51948*7>+>55 87>*8574<194561948*7>+>7-7<8*873/+< 13-30011521948*7>+><191948*7>+>142>		
货物或应税劳务、服务名称	规格型号	单位	数量	单价		金额	税率	税额
*食品类产品*光明200mL优倍牛奶	1*24	箱	200	84.00		16800.00	13%	2184.00
合计						￥16800.00		￥2184.00
价税合计（大写）	⊗ 人民币壹万捌仟玖佰捌拾肆元整					（小写）￥18984.00		
销售方	名称：上海光明乳业有限公司 纳税人识别号：210115777321663463 地址、电话：上海闵行区吴中路378号，021-60483388 开户行及账号：中国银行上海吴中路支行，270060059793452627 8				备注			

收款人：（略）　复核：（略）　开票人：（略）　销售方：（章）

税总函[2018] 561号海南华森实业公司

第三联：发票联 购买方记账凭证

图 2-23 【1月28日业务】原始凭证1

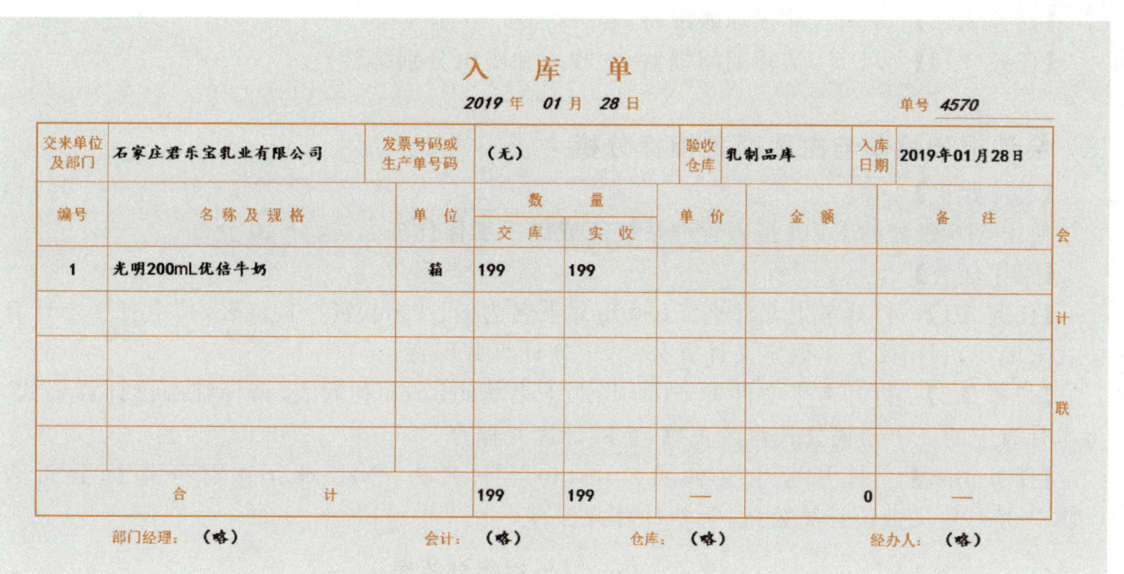

入 库 单

2019年 01月 28日　　单号 4570

交来单位及部门	石家庄君乐宝乳业有限公司	发票号码或生产单号码	(无)		验收仓库	乳制品库	入库日期 2019年01月28日
编号	名称及规格	单位	数量 交库	数量 实收	单价	金额	备注
1	光明200mL优倍牛奶	箱	199	199			
合计			199	199	—	0	—

部门经理：(略)　会计：(略)　仓库：(略)　经办人：(略)

会计联

图 2-24 【1月28日业务】原始凭证 2

【任务 2.16】 31 日，支付货款。取得相关凭证如图 2-25 所示。

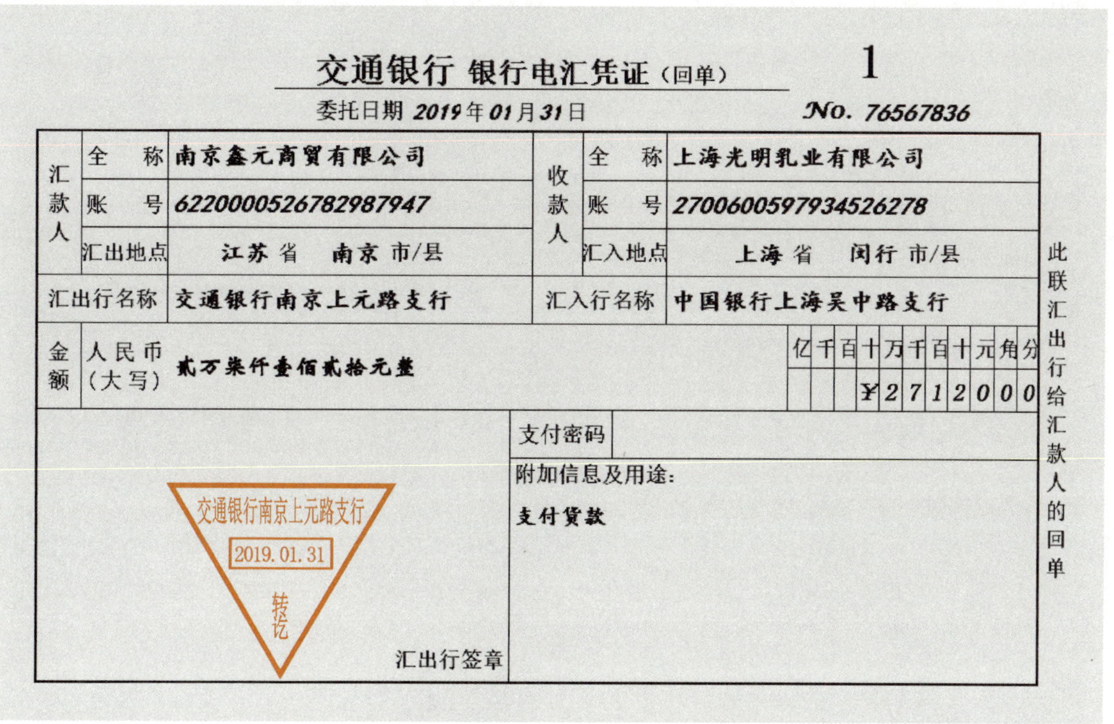

交通银行 银行电汇凭证（回单） 1

委托日期 2019年01月31日　　No. 76567836

汇款人	全称	南京鑫元商贸有限公司	收款人	全称	上海光明乳业有限公司
	账号	6220000526782987947		账号	2700600597934526278
	汇出地点	江苏 省 南京 市/县		汇入地点	上海 省 闵行 市/县
汇出行名称		交通银行南京上元路支行	汇入行名称		中国银行上海吴中路支行
金额	人民币（大写）	贰万柒仟壹佰贰拾元整	亿千百十万千百十元角分		￥2712000
汇出行签章			支付密码		
			附加信息及用途：支付货款		

此联汇出行给汇款人的回单

图 2-25 【1月31日业务】原始凭证

【任务 2.17】 31 日,处理本月暂估业务。

【任务 2.18】 31 日,计提坏账准备。

【任务 2.19】 31 日,结转期间损益。(收入和支出分别结转)

三、会计报表编制与主要财务指标分析

【总体要求】

使用 616 账套的 UFO 报表管理系统完成以下工作任务。(满分 10 分)

【工作任务】

【任务 3.1】 打开考生文件夹%testdir%下名为 zcfzb.rep 资产负债表,其中有 4 个计算公式未填写,利用账务函数定义计算公式,重新计算并保存。

【任务 3.2】 打开考生文件夹%testdir%下名为 lrb.rep 利润表,请仔细阅读计算公式,将本月数中的 2 个错误公式修改正确,重新计算并保存。

2

【任务 3.3】 打开考生文件夹%testdir%下名为 cwzbfxb.rep 财务指标分析表(表 2-35),定义数值计算公式,重新计算并保存。

表 2-35 财务指标分析表

2019 年 1 月

指　　标	要　　求	指标数值/%
销售净利率	利用 lrb.rep 定义表间取数公式	
净资产收益率	利用 zcfzb.rep 和 lrb.rep 定义表间取数公式	

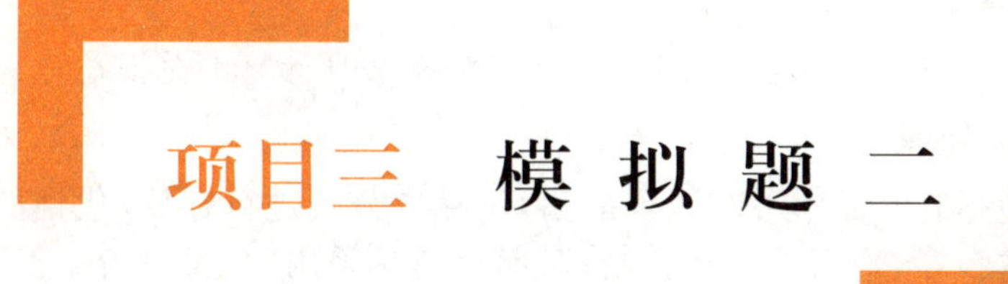

项目三　模拟题二

第一部分　初始账套信息

一、企业背景资料介绍

（一）企业概况

山东洪福商贸有限公司（简称洪福商贸），是专门从事乳制品、果汁等饮料批发的商贸企业，公司法人代表李金泽。

公司开户银行及账号：

人民币：中国工商银行济南天桥支行，账号：6220000526782987947；

美　元：中国工商银行济南天桥支行，账号：6220000526782987616。

纳税人识别号：153100098765760688。

公司地址：济南市天桥区堤口路47号，电话：0531－89820888，邮箱：hfsm@126.com。

（二）科目设置及辅助核算要求

日记账：库存现金、银行存款。

银行账：银行存款/工行存款（人民币）、银行存款/工行存款（美元）。

客户往来：应收票据/银行承兑汇票、应收票据/商业承兑汇票、应收账款/人民币、应收账款/美元、预收账款/人民币、预收账款/美元。

供应商往来：在途物资、应付票据/商业承兑汇票、应付票据/银行承兑汇票、应付账款/一般应付款、应付账款/暂估应付款（其中，一般应付款设置为受控于应付系统，暂估应付款设置为不受控于应付系统）、预付账款、其他应付款/其他单位往来、受托代销商品款。

（三）会计凭证的基本规定

录入或生成“记账凭证”均由指定的会计人员操作，含有库存现金和银行存款科目的记账凭证均需出纳签字。采用单一格式的复式记账凭证。对已记账凭证的修改，只采用红字冲销法。为保证财务与业务数据的一致性，能在业务系统生成的记账凭证不得在总账系统直接录入。根据原始单据生成记账凭证时，除特殊规定外不采用合并制单。出库单与入库单原始凭证以软件系统生成的为准；除指定业务外，收到发票同时支付款项的业务使用现付功能处理，开出发票同时收到款项的业务使用现结功能处理。

（四）结算方式

公司采用的结算方式包括现金、支票、托收承付、委托收款、银行汇票、商业汇票、电汇等。收、付款业务由财务部门根据有关凭证进行处理，在系统中没有对应结算方式时，其结算方式为“其他”。

（五）外币业务的处理

公司按业务发生当日的即期汇率记账，按期末汇率按月计算汇兑损益。

（六）存货业务的处理

公司存货主要包括乳制品、果蔬汁、乳酸菌，按存货分类进行存放（代销商品除外）。各类存货按照实际成本核算，采用永续盘存制；对库存商品采用“数量进价金额核算”法，发出存货成本计价采用“先进先出法”，采购入库存货对方科目全部使用“在途物资”科目，委托代销商品成本使用“发出商品”科目核算，受托代销商品使用“受托代销商品”科目核算；存货按业务发生日期逐笔记账并制单，暂估业务除外。同一批出入库业务合并生成一张记账凭证；采购、销售业务必有订单（订单号与合同编号一致），出入库业务必有发货单和到货单。

存货核算制单时不允许勾选“已结算采购入库单自动选择全部结算单上单据（包括入库单、发票、付款单），非本月采购入库单按蓝字报销单制单”选项。

新增客户或供应商编码采用连续编号方式。

（七）财产清查的处理

公司期末对存货及固定资产进行清查，根据盘点结果编制“盘点表”，并与账面数据进行比较，由库存管理员审核后进行处理。

（八）坏账损失的处理

除应收账款外，其他的应收款项不计提坏账准备。期末，按应收账款余额百分比法计提坏账准备，提取比例为0.5%。

（九）损益类科目的结转

3

每月末将各损益类科目余额转入“本年利润”科目，结转时按收入和支出分别生成记账凭证。

二、账套用户及权限（表3－1）

表3－1 操作员及权限分工

操作员编号	操作员姓名	隶属部门	职　务	操　作　分　工
A01	李金泽	总经办	总经理	账套主管
W01	宋　清	财务部	财务经理	凭证审核，总账结账
W02	黄小明	财务部	会计	总账（填制、查询凭证、账表、期末处理、记账）、应收应付系统权限，存货核算、UFO报表权限
W03	李　卉	财务部	出纳	总账（出纳签字），应收应付系统的票据管理，收、付款单填制权限（卡片编辑、卡片删除、卡片查询、列表查询）
G01	叶　敏	采购部	采购部	采购管理的全部权限
X01	张　立	销售部	销售部	销售管理的全部权限
C01	李　红	仓储部	库管员	库存管理的全部权限 公用目录和公共单据权限

备注：取消【仓库】【科目】【工资权限】及【用户】的记录级数据权限控制。

三、建账资料

账套号：600。

账套名称：山东洪福商贸有限公司。

启用日期：2019 年 01 月 01 日。

企业类型：商业企业。

行业性质：2007 年新会计制度科目。

基础信息：存货、客户、供应商是否分类(是)，是否有外币核算(是)。

编码方案：科目编码级次 4-2-2-2，收发类别编码级次 1-2，其他采用系统默认。

数据精度：采用系统默认。

启用系统：总账、应收、应付、采购、销售、库存、存货系统。

四、基础档案设置

(一) 机构人员

1. 设置部门档案(表 3-2)

表 3-2 部门档案

部门编码	部门名称
1	总经办
2	财务部
3	采购部
4	销售部
5	仓储部

2. 设置人员类别(表 3-3)

表 3-3 人员类别资料

分类编码	分类名称
10101	管理人员
10102	采购人员
10103	销售人员

3. 设置人员档案(表 3-4)

表 3-4 人员档案

人员编码	人员名称	所属部门	人员类别	性别	是否业务员	业务或费用部门
101	李金泽	总经办	管理人员	男	是	总经办
201	宋　清	财务部	管理人员	男	是	财务部
202	黄小明	财务部	管理人员	男	是	财务部

3

续 表

人员编码	人员名称	所属部门	人员类别	性别	是否业务员	业务或费用部门
203	李 卉	财务部	管理人员	女	是	财务部
301	叶 敏	采购部	采购人员	女	是	采购部
302	王宏伟	采购部	采购人员	男	是	采购部
401	张 立	销售部	销售人员	男	是	销售部
402	李丽珊	销售部	销售人员	女	是	销售部
501	李 红	仓储部	管理人员	女	是	仓储部

(二) 客商信息

1. 设置地区分类(表 3－5)

表 3－5 地区分类资料

地区分类编码	地区分类
01	山东
02	河北
03	北京
04	浙江
05	广东
06	安徽
09	境外

2. 设置客户分类(表 3－6)

表 3－6 客户分类资料

客户分类编码	客户分类
01	超市类
02	商贸类
03	零售商店

3. 设置客户档案(表 3－7)

表 3－7 客 户 档 案

客户编码	客户名称	客户简称	所属分类	所属地区	纳税人识别号	地址电话	开户银行	账 号
0001	济南华联超市有限公司	华联超市	超市	山东	370104735760887542	济南槐荫区张庄路46号，0531－67617288	中国工商银行济南槐荫支行	7372310182600024932

续 表

客户编码	客户名称	客户简称	所属分类	所属地区	纳税人识别号	地址电话	开户银行	账 号
0002	济南欧尚超市有限公司	欧尚超市	超市	山东	370106874790757342	济南市花园路20号,0531-56774219	中国银行济南五峰路支行	6477620185600024346
0003	济南沃尔玛超市有限公司	沃尔玛超市	超市	山东	370107865230333342	济南市泉城路339号,0531-86137566	中国建设银行济南药山支行	2353670188600024689
0004	济南大润发超市有限公司	大润发超市	超市	山东	370108321260348342	济南2七新村南路9号,0531-82766169	中国农业银行济南泉城路支行	5893680183600024178
0005	济南兴旺商贸公司	兴旺商贸	商贸	山东	370108321260354856	济南市泉城路308号,0531-86137562	中国工商银行济南药山支行	6372310182600025688
0006	济南日新商贸公司	日新商贸	商贸	山东	370108321260368745	济南市花园路28号,0531-56774238	中国建设银行济南五峰路支行	6277620185600022986
0007	济南聚鑫商贸公司	聚鑫商贸	商贸	山东	370108321260376786	济南市天桥区堤口路8号，0531-45663275	中国农业银行济南天桥支行	2453670188600023688
0008	济南同福进出口有限公司	同福进出口	商贸	山东	370108321260488557	济南槐荫区张庄路18号，0531-67617399	中国银行济南槐荫支行	6223680183600022768
0009	佳和便利店	佳和便利	零售商店	山东				

3

4. 设置供应商分类(表3-8)

表3-8 供应商分类资料

供应商分类编码	供应商分类
01	商品
01001	乳制品
01002	果蔬汁
01003	乳酸菌
09	其他

5. 设置供应商档案(表3-9)

表3-9 供应商档案

客户编码	供应商名称	供应商简称	所属分类	所属地区	纳税人识别号	地址电话	开户银行	账 号
0001	石家庄君乐宝乳业有限公司	君乐宝乳业	01001	河北	130185723354486453	河北石家庄市石铜路68号，0311-83830123	中国工商银行石家庄支行	0402022029249363661

续 表

客户编码	供应商名称	供应商简称	所属分类	所属地区	纳税人识别号	地址电话	开户银行	账 号
0002	北京汇源果汁有限公司	汇源果汁	01002	北京	120115777321663435	北京顺义区北小营16号,010-60483388	中国银行顺义东兴支行	2700600597934526278
0003	农夫山泉有限公司	农夫山泉	01002	浙江	340300545731347789	杭州市曙光路148号,0571-87631800	招商银行西溪支行	2300600236934526237
0004	广州喜乐食品有限公司	喜乐食品	01003	广东	440300588731555786	广州金华一街3号,020-82821822	中国工商银行广州经济技术开发区支行	3602005090026669884
0005	济南华联超市有限公司	华联超市	01002	山东	370104735760887542	济南槐荫区张庄路46号,0531-67617288	中国工商银行济南槐荫支行	7372310182600024932
0006	富光实业有限公司	富光实业	09	安徽	340123713922232453	安徽省合肥市肥西县三河镇北街169号,0551-68759028	中国农业银行安徽省肥西县三河分理处	1228320104000012987

(三)存货信息

1. 设置存货分类(表3-10)

表3-10 存货分类资料

分类编码	分类名称
01	商品
0101	乳制品
0102	果蔬汁
0103	乳酸菌
09	其他

2. 设置计量单位组(表3-11)

表3-11 计量单位组资料

计量单位组编码	计量单位组名称	计量单位组类别	计量单位编码	计量单位
01	自然单位	无换算	01	箱
01	自然单位	无换算	02	公里
01	自然单位	无换算	03	个

3. 设置存货档案(表 3-12)

表 3-12 存货档案

分类编码	所属类别	存货编码	存货名称	计量单位	税率	规格	存货属性
0101	乳制品	0001	君乐宝 200 mL 原味开啡尔酸奶	箱	13%	1×24	外购、内销
		0002	君乐宝 200 mL 优致牧场纯牛奶	箱	13%	1×24	外购、内销
		0003	君乐宝 200 mL 香蕉牛奶	箱	13%	1×24	外购、内销
0102	果蔬汁	0004	汇源 2.5 L 30%山楂汁	箱	13%	1×6	外购、内销
		0005	汇源 2 L 100%橙汁	箱	13%	1×6	外购、内销
		0006	汇源 1 L 100%苹果汁	箱	13%	1×12	外购、内销
		0007	汇源 1 L 100%葡萄汁	箱	13%	1×12	外购、内销
		0008	汇源 1 L 100%橙+苹果礼盒装	箱	13%	1×6×6	外购、内销
		0009	汇源 1 L 100%桃+葡萄礼盒装	箱	13%	1×6×6	外购、内销
		0010	汇源 450 mL 冰糖葫芦汁	箱	13%	1×15	外购、内销
		0011	农夫果园 380 mL 100%番茄果蔬汁	箱	13%	1×24	外购、内销、受托代销
		0012	农夫果园 380 mL 100%橙汁	箱	13%	1×24	外购、内销、受托代销
		0013	农夫果园 380 mL 30%混合果蔬汁	箱	13%	1×24	外购、内销、受托代销
0103	乳酸菌	0014	喜乐 368 mL 蓝莓味	箱	13%	1×24	外购、内销
		0015	喜乐 368 mL 香橙味	箱	13%	1×24	外购、内销
		0016	喜乐 368 mL 原味	箱	13%	1×24	外购、内销
09	其他	0017	运输费	公里	9%		外购、内销、应税劳务
		0018	富光 500 mL 太空杯	个	13%		外购、内销

(四) 财务信息

1. 需要增加和修改的会计科目(表 3-13)

表 3-13 需要增加和修改的会计科目资料

科目编码	科目名称	外币币种	辅助账类型	账页格式	余额方向	受控系统	银行账	日记账
1001	库存现金			金额式	借			Y
1002	银行存款			金额式	借		Y	Y
100201	工行存款(人民币)			金额式	借		Y	Y
100202	工行存款(美元)	美元		外币金额式	借		Y	Y
1012	其他货币资金			金额式	借			
101201	存出投资款			金额式	借			
1121	应收票据		客户往来	金额式	借	应收系统		

3

续 表

科目编码	科目名称	外币币种	辅助账类型	账页格式	余额方向	受控系统	银行账	日记账
112101	银行承兑汇票		客户往来	金额式	借	应收系统		
112102	商业承兑汇票		客户往来	金额式	借	应收系统		
1122	应收账款			金额式	借			
112201	人民币		客户往来	金额式	借	应收系统		
112202	美元	美元	客户往来	外币金额式	借	应收系统		
1123	预付账款			金额式	借			
112301	人民币		供应商往来	金额式	借	应付系统		
112302	美元	美元	供应商往来	外币金额式	借	应付系统		
1321	受托代销商品			金额式	借			
1481	合同资产		客户往来	金额式	借	应收系统		
2001	短期借款			金额式	贷			
200101	中国工商银行济南天桥支行			金额式	贷			
2201	应付票据		供应商往来	金额式	贷	应付系统		
220101	银行承兑汇票		供应商往来	金额式	贷	应付系统		
220102	商业承兑汇票		供应商往来	金额式	贷	应付系统		
2202	应付账款			金额式	贷			
220201	一般应付款		供应商往来	金额式	贷	应付系统		
220202	暂估应付款		供应商往来	金额式	贷			
2203	预收账款			金额式	贷			
220301	人民币		客户往来	金额式	贷	应收系统		
220302	美元	美元	客户往来	外币金额式	贷	应收系统		
2204	合同负债		客户往来	金额式	贷	应收系统		
2211	应付职工薪酬			金额式	贷			
221101	工资			金额式	贷			
221102	社会保险			金额式	贷			
221103	职工福利			金额式	贷			
2221	应交税费			金额式	贷			
222101	应交增值税			金额式	贷			
22210101	进项税额			金额式	借			
22210102	已交税金			金额式	借			
22210103	减免税款			金额式	借			
22210104	转出未交增值税			金额式	借			
22210106	销项税额			金额式	贷			

续　表

科目编码	科目名称	外币币种	辅助账类型	账页格式	余额方向	受控系统	银行账	日记账
22210107	进项税额转出			金额式	贷			
22210108	转出多交增值税			金额式	贷			
2314	受托代销商品款		供应商往来	金额式	贷			
4104	利润分配			金额式	贷			
410415	未分配利润			金额式	贷			
6601	销售费用			金额式	借			
660101	职工薪酬			金额式	借			
660102	广告费			金额式	借			
660103	委托代销手续费			金额式	借			
660104	赠品费用			金额式	借			
660109	其他			金额式	借			
6602	管理费用			金额式	借			
660201	职工薪酬			金额式	借			
660202	办公费			金额式	借			
660209	其他			金额式	借			

2. 设置指定科目

指定现金科目为库存现金、银行科目为银行存款。

3. 设置凭证类别

设置凭证类别为“记账凭证”。

4. 设置外币

设置外币为USD美元，固定汇率。

(五) 收付结算

1. 设置结算方式(表3-14)

表3-14　结算方式资料

编　号	结算方式名称
1	现金
2	支票
201	现金支票
202	转账支票
3	汇票
301	商业承兑汇票

3

续 表

编 号	结算方式名称
302	银行承兑汇票
4	电汇
6	委托收款
9	其他

2. 设置本单位开户银行(表 3-15)

表 3-15 单位开户银行资料

项 目	内 容	
企业开户银行编码	01	02
开户银行名称	中国工商银行济南天桥支行	中国工商银行济南天桥支行
账号	6220000526782987947	6220000526782987616
账户名	山东洪福商贸有限公司	山东洪福商贸有限公司
币种	人民币	美元
所属银行	中国工商银行	中国工商银行

(六) 业务信息

1. 设置仓库档案(表 3-16)

表 3-16 仓 库 档 案

仓库编码	仓 库 名 称	计 价 方 式
01	乳制品库	先进先出法
02	果蔬汁库	先进先出法
03	乳酸菌库	先进先出法
04	受托代销库	先进先出法
05	赠品仓库	先进先出法

2. 设置收发类别(表 3-17)

表 3-17 收发类别资料

收发类别编码	收发类别名称	收发标志	收发类别编码	收发类别名称	收发标志
1	入库	收	2	出库	发
101	采购入库	收	201	销售出库	发
102	采购退货	收	202	销售退货	发
103	盘盈入库	收	203	盘亏出库	发
104	受托代销入库	收	204	委托代销出库	发
109	其他入库	收	205	赠品出库	发
			209	其他出库	发

3. 设置采购和销售类型(表 3－18)

表 3－18　采购和销售类型资料

	名　称	出入库类别		名　称	出入库类别
采购类型	01 正常采购	采购入库	销售类型	01 正常销售	销售出库
	02 受托采购	受托代销入库		02 委托销售	委托代销出库
	03 采购退货	采购退货		03 销售退货	销售退货
				04 赠品销售	赠品出库

4. 设置费用项目(表 3－19)

表 3－19　费用项目资料

费用项目分类编码	费用项目分类名称	费用项目编码	费用项目名称
0	无分类	02	委托代销手续费

5. 设置非合理损耗类型(表 3－20)

表 3－20　非合理损耗类型资料

非合理损耗类型编码	非合理损耗类型名称
01	运输部门责任

五、单据设置

(一) 设置单击格式

修改销售订单、销售专用发票、发货单表头汇率。

(二) 单据编号设置

(1) 采购订单,采购(专用,普通)发票,完全手工编号。

(2) 销售订单,销售(专用,普通)发票,零售日报,完全手工编号。

六、采购管理与应付款管理初始设置

(一) 采购管理

(1) 设置采购选项:启用受托代销,允许超订单到货及入库,其他默认。

(2) 录入期初采购入库单。

2018 年 12 月 18 日,采购部叶敏采购君乐宝 200 mL 香蕉牛奶 200 箱,不含税单价 36 元/箱,已入乳制品库,正常采购,入库类别为采购入库,购自君乐宝乳业有限公司,采购发票未到,款未付。

(3) 采购期初记账。

(二) 应付款管理

1. 设置选项

单据审核日期依据单据日期,自动计算现金折扣,勾选核销生成凭证;其他参数为系统

3

默认。

2. 设置科目

(1) 基本科目设置：应付科目为 220201，预付科目为 112301，税金科目为 22210101；采购科目为 1402；现金折扣科目为 6603；银行承兑科目为 220101；商业承兑科目为 220102。

(2) 控制科目设置：应付科目为 220201；预付科目为 112301。

(3) 产品科目设置：采购科目为 1402，税金科目为 22210101。

(4) 结算科目设置：现金对应 1001；现金支票、转账支票、电汇、其他对应 100201。

3. 录入期初余额（表 3-21、表 3-22）

表 3-21 应付账款——一般应付款(220201)期初余额

日期	供应商简称	摘要	方向	金额/元
2018-12-08	君乐宝乳业	业务员王宏伟，购入君乐宝 200 mL 优致牧场纯牛奶 200 箱，不含税单价 52.8 元/箱，票号 55438098	贷	11 932.80
2018-12-21	汇源果汁	业务员王宏伟，购入汇源 2 L 100%橙汁 300 箱，不含税单价 108 元/箱，票号 11238744	贷	36 612.00

表 3-22 预付账款(112301)期初余额

日期	供应商简称	摘要	方向	金额/元	结算方式
2018-12-17	喜乐食品	预付喜乐食品货款，票号 19782436	借	2 000.00	电汇

3

七、销售管理与应收款管理初始设置

(一) 销售管理

设置销售选项：有零售日报业务，有委托代销业务，有销售调拨业务；取消销售生成出库单；新增退货单参照发货单，新增发票参照订单。

(二) 应收款管理

1. 设置参数

单据审核日期依据单据日期，自动计算现金折扣；坏账处理方式为应收账款余额百分比；勾选核销生成凭证；其他参数为系统默认。

2. 设置科目

(1) 基本科目设置：应收科目为 112201，预收科目为 220301，税金科目为 22210106；销售收入科目为 6001；销售退回科目为 6001；坏账入账科目为 1231；银行承兑科目为 112101；商业承兑科目 112102。

(2) 控制科目设置：济南同福进出口有限公司应收科目为 112202，预收科目为 220302；其余客户的应收科目为 112201，预收科目为 220301。

(3) 产品科目设置：乳制品、果蔬汁、乳酸菌的销售收入科目均为 6001，应交增值税科目为 22210106，销售退回科目为 6001。

(4) 结算科目设置：现金对应 1001；现金支票、转账支票、电汇、其他均对应 100201。

(5) 坏账准备设置：提取比例为 0.5%，坏账准备期初余额为 520.00，坏账准备科目为 1231，对方科目为 6701。

3. 录入期初余额(表 3-23～表 3-25)

表 3-23 应收账款(112201)期初余额

日期	客户简称	摘要	方向	金额/元
2018-12-18	沃尔玛超市	销售君乐宝 200 mL 原味开啡尔酸奶 300 箱，不含税单价 96 元/箱，票号 32567787	借	32 544.00
2018-12-30	兴旺商贸	销售汇源 1 L 100%橙＋苹果礼盒装 200 箱，不含税单价 468 元/箱，票号 21075648	借	105 768.00

表 3-24 预收账款(220301)期初余额

日期	客户简称	摘要	方向	金额/元	结算方式
2018-12-31	华联超市	收到华联超市预付的货款，票号 51894748	贷	5 000.00	转账支票

表 3-25 应收票据(112101)期初余额

日期	客户简称	摘要	方向	金额/元	结算方式
2018-11-08	欧尚超市	收到欧尚超市签发的中国银行承兑汇票，签发日期 2018-11-08，到期日 2019-02-08，票号 35678332	借	8 424.00	银行承兑汇票

八、库存管理与存货核算初始设置

(一) 库存管理

1. 设置参数

有受托代销业务，有委托代销业务。修改现存量时点为采购入库审核、销售出库审核、其他出入库审核时。

2. 录入库存期初数据(表 3-26)

表 3-26 库存期初资料

分类编码	所属类别	存货编码	存货名称	计量单位	税率	规格	数量		单价		金额
							件数	主数量	件价格	主价格	
101	乳制品	0001	君乐宝 200 mL 原味开啡尔酸奶(入 01 库)	箱	13%	1×24	120	2 880	60.00	2.50	7 200.00
		0002	君乐宝 200 mL 优致牧场纯牛奶(入 01 库)	箱	13%	1×24	100	2 400	52.80	2.20	5 280.00
		0003	君乐宝 200 mL 香蕉牛奶(入 01 库)	箱	13%	1×24	280	6 720	36.00	1.50	10 080.00

3

续 表

分类编码	所属类别	存货编码	存货名称	计量单位	税率	规格	数量		单价		金额
							件数	主数量	件价格	主价格	
102	果蔬汁	0004	汇源 2.5 L 30%山楂汁(入 02 库)	箱	13%	1×6	300	1 800	60.00	10.00	18 000.00
		0005	汇源 2 L 100%橙汁(入 02 库)	箱	13%	1×6	100	800	108.00	18.00	10 800.00
		0006	汇源 1 L 100%苹果汁(入 02 库)	箱	13%	1×12	200	2 400	120.00	10.00	24 000.00
		0007	汇源 1 L 100%葡萄汁(入 02 库)	箱	13%	1×12	240	2 880	120.00	10.00	28 800.00
		0008	汇源 1 L 100%橙＋苹果礼盒装(入 02 库)	箱	13%	1×6×6	160	5 760	360.00	10.00	57 600.00
		0009	汇源 1 L 100%桃＋葡萄礼盒装(入 02 库)	箱	13%	1×6×6	180	6 480	360.00	10.00	64 800.00
		0010	汇源 450 mL 冰糖葫芦汁(入 02 库)	箱	13%	1×15	140	2 100	42.00	2.80	5 880.00
		0011	农夫果园 380 mL 100%番茄果蔬汁(入 04 库)	箱	13%	1×24	150	3 600	108.00	4.50	16 200.00
		0012	农夫果园 380 mL 100%橙汁(入 04 库)	箱	13%	1×24	200	4 800	108.00	4.50	21 600.00
		0013	农夫果园 380 mL 30%混合果蔬汁(入 04 库)	箱	13%	1×24	150	3 600	84.00	3.50	12 600.00
103	乳酸菌饮料	0014	喜乐 368 mL 蓝莓味(入 03 库)	箱	13%	1×24	200	4 800	117.60	4.90	23 520.00
		0015	喜乐 368 mL 香橙味(入 03 库)	箱	13%	1×24	300	7 200	117.60	4.90	35 280.00
		0016	喜乐 368 mL 原味(入 03 库)	箱	13%	1×24	150	3 600	110.40	4.60	16 560.00
			合 计				2 970	61 820			358 200.00

(二) 存货核算

1. 设置参数

暂估方式为单到回冲，销售成本核算方式为销售发票，其余默认。

2. 录入期初数据

同库存管理期初数据。

3. 设置科目

(1) 设置存货科目。

乳制品库、果蔬汁库、乳酸菌库、赠品仓库的存货科目为“1405 库存商品”。

3

乳制品库、果蔬汁库、乳酸菌库的发出商品科目为“1406 发出商品”。

乳制品库、果蔬汁库、乳酸菌库的直运科目为“1402 在途物资”。

受托代销库的存货科目为“1321 受托代销商品”。

(2) 设置存货对方科目。

采购退货的对方科目为“1402 在途物资”。

盘盈入库的对方科目为“1901 待处理财产损溢”。

受托代销入库的对方科目、暂估科目均为“2314 受托代销商品款”。

销售出库、销售退货、委托代销出库的对方科目均为“6401 主营业务成本”。

盘亏出库的对方科目为“1901 待处理财产损溢”。

赠品出库的对方科目为“660104 赠品费用”。

(3) 设置税金科目。

乳制品、果蔬汁、乳酸菌、其他的税金科目为“22210101 进项税额”。

4. 存货期初记账

完成存货期初记账。

九、总账管理系统初始设置

(一) 设置参数

取消制单序时控制，取消允许修改、作废他人填制的凭证。

(二) 录入期初余额

1. 总账账户期初余额(表 3-27)

表 3-27　期初余额表

科 目 名 称	方向	期初余额/元
库存现金(1001)	借	10 000.00
银行存款(1002)	借	
工行存款(人民币)(100201)	借	456 654.40
其他货币资金(1012)	借	
存出投资款(101201)	借	50 000.00
应收票据(1121)	借	8 424.00
银行承兑汇票(112101)	借	
应收账款(1122)	借	
人民币(112201)	借	138 312.00
美元(112202)	借	
坏账准备(1131)	贷	520.00
预付账款(1123)	借	2 000.00
库存商品(1405)	借	358 200.00
受托代销商品(1321)	借	50 400.00

3

续 表

科 目 名 称	方向	期初余额/元
发出商品	借	
固定资产(1601)	借	847 000.00
累计折旧(1602)	贷	156 503.40
短期借款(2001)	贷	
中国工商银行济南天桥支行(200101)	贷	
应付账款(2202)	贷	
一般应付款(220201)	贷	48 544.80
暂估应付款(220202)	贷	7 200.00
预收账款(2203)	贷	
人民币(220301)	贷	5 000.00
美元(220302)	贷	
受托代销商品款(2314)	贷	50 400.00
实收资本(4001)	贷	1 600 000.00
资本公积(4002)	贷	
利润分配(4104)	贷	
未分配利润(410415)	贷	52 822.20

3

2. 辅助核算账户期初余额(表 3-28～表 3-34)

表 3-28 应收账款(112201)期初余额

日 期	客户简称	摘 要	方向	金额/元
2018-12-18	沃尔玛超市	销售君乐宝 200 mL 原味开啡尔酸奶 300 箱，不含税单价 96 元/箱，票号 32567787	借	32 544.00
2018-11-30	欧尚超市	销售汇源 1 L 100%橙+苹果礼盒装 200 箱，不含税单价 468 元/箱，票号 21075648	借	105 768.00

表 3-29 预收账款(220301)期初余额

日 期	客户简称	摘 要	方向	金额/元	结算方式
2018-12-31	华联超市	收到华联超市预付的货款，票号 518947	贷	5 000.00	转账支票

表 3－30 应收票据(112101)期初余额

日 期	客户简称	摘 要	方向	金额/元	结算方式
2018－11－08	欧尚超市	收到欧尚超市签发的银行承兑汇票，签发日期 2018－11－08，到期日 2019－02－08，票号 35678332	借	8 424.00	银行承兑汇票

表 3－31 应付账款——一般应付款(220201)期初余额

日 期	供应商简称	摘 要	方向	金额/元
2018－12－08	君乐宝乳业	业务员王宏伟，购入君乐宝 200 mL 优致牧场纯牛奶 200 箱，不含税单价 52.8 元/箱，票号 55438098	贷	11 932.80
2018－12－21	汇源果汁	业务员王宏伟，购入汇源 2 L 100%橙汁 300 箱，108 元/箱，票号 11238744	贷	36 612.00

表 3－32 应付账款——暂估应付款(220202)期初余额

日 期	供应商简称	摘 要	方向	金额/元
2018－12－18	君乐宝乳业	购入君乐宝 200 mL 香蕉牛奶	贷	7 200.00

表 3－33 预付账款(112301)期初余额

日 期	供应商简称	摘 要	方向	金额/元	结算方式
2018－12－17	喜乐食品	预付喜乐食品货款，票号 19782436	借	2 000.00	电汇

表 3－34 受托代销商品款(2314)期初余额

日 期	供应商简称	摘 要	方向	金额/元
2018－12－31	农夫山泉	受托代销农夫山泉系列果蔬汁	贷	50 400.00

(三) 设置期间损益转账定义

定义“期间损益结转”凭证，本年利润科目设置为“4103 本年利润”。

第二部分 试 题 题 面

一、系统初始化

【总体要求】

使用 600 账套的总账、采购管理、销售管理、库存管理、存货核算、应收款管理、应付款管

3

理系统完成以下初始化任务。(满分 20 分)

【工作任务】

【任务 1.1】 设置付款条件(表 3 - 35)。

表 3 - 35 付 款 条 件

付款条件编码	信用天数	优惠天数 1	优惠率 1	优惠天数 2	优惠率 2
01	30	10	2	20	1

【任务 1.2】 增加结算方式(表 3 - 36)

表 3 - 36 结 算 方 式

结算方式编码	结算方式名称
5	托收承付

【任务 1.3】 将销售管理中的商品取价方式调整为按"价格政策",并且"使用批量打折"。

【任务 1.4】 将销售选项中设置为"有直运销售业务"。

【任务 1.5】 设置收发类别为"采购入库"的存货对方科目和暂估科目。

【任务 1.6】 在应收款管理系统中设置:现金折扣科目。

【任务 1.7】 在应付款管理系统中设置:汇兑损益科目。

【任务 1.8】 设置库存管理"按仓库控制盘点参数",并将乳制品类存货期末盘点设置为"每月 28 号盘点一次"。

【任务 1.9】 设置委托代销成本核算方式为"按发出商品核算"。

3 【任务 1.10】 增加费用项目(表 3 - 37)。

表 3 - 37 费 用 项 目

费用项目编码	费用项目名称	费用项目分类名称
01	运输费	无分类

二、业务处理与会计核算

【总体要求】

使用 600 账套的总账、采购管理、销售管理、库存管理、存货核算、应收款管理、应付款管理系统完成以下工作任务。(满分 70 分)

【工作任务】

对山东洪福商贸有限公司 2019 年 1 月份业务进行处理。

【任务 2.1】 2 日,采购部主管叶敏与汇源果汁签订合同,于当日收到增值税发票和代垫运输费专用发票(合并制单),款项以电汇方式支付(不使用现付功能处理)。取得相关凭证如图 3 - 1～图 3 - 5 所示。

【任务 2.2】 5 日,销售部主管张立与华联超市签订销售合同。取得相关凭证如图 3 - 6～图 3 - 9 所示。

购销合同

供货方：北京汇源果汁有限公司　　合同号：CG0001

购买方：山东洪福商贸有限公司　　签订日期：2019年01月02日

为保护买卖双方的合法权益，买卖双方根据《中华人民共和国合同法》的有关规定，经友好协商，一致同意签订本合同并共同遵守。

一、商品的名称、数量及金额

商品名称	规格型号	计量单位	数量	单价（不含税）	金额（不含税）	税率	税额
汇源2L100%橙汁	1*6	箱	1000	145.00	145000.00	13%	18850.00
汇源1L100%苹果汁	1*12	箱	1000	121.00	121000.00	13%	15730.00
汇源1L100%葡萄汁	1*12	箱	1000	121.00	121000.00	13%	15730.00
合计			3000	—	¥387000.00	—	¥50310.00
货款总计（大写）：人民币肆拾叁万柒仟叁佰壹拾元整					（小写）：¥437310.00		

二、质量验收标准：按国家行业标准执行。

三、交货日期：2019年01月02日。

四、交货地点：北京汇源果汁有限公司。

五、结算方式：电汇，合同签订当天支付全部货款。

六、发运方式及费用承担：公路运输，相关费用由供货方承担。

七、其　他：存在商品质量及溢余等情况，经双方协商，另行解决。

八、违约条款：违约方须赔偿对方一切经济损失。但遇天灾人祸或其他人力不能控制之因素而导致延误交货，需方不能要求供方赔偿任何损失。

九、合同纠纷解决方式：经双方协商解决，如协商不成的，可向当地仲裁委员会提出申诉解决。

十、本合同一式两份，双方各执一份，自签订之日起生效。

供方（盖章）

税　号：120115777321663435

开户银行：中国银行顺义东兴支行

银行账号：2700600597934526278

地　址：北京顺义区北小营16号

法定代表：朱礼进

联系电话：010-60483388

（印章：北京汇源果汁有限公司 合同专用章）

需方（盖章）

税　号：153100098765760688

开户银行：中国工商银行济南天桥支行

银行账号：6220000526782987947

地　址：济南市天桥区堤口路47号

法定代表：李金泽

联系电话：0531-89820888

（印章：山东洪福商贸有限公司 合同专用章）

图3-1 【1月2日业务】原始凭证1

3

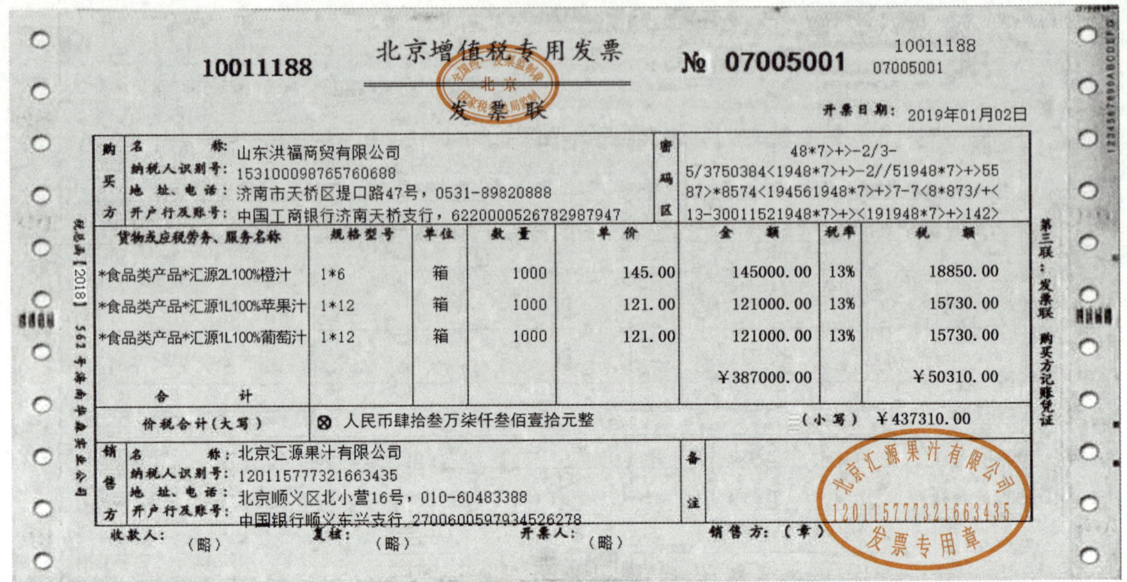

10011188 北京增值税专用发票 № 07005001 10011188 07005001

发票联

开票日期：2019年01月02日

购买方	名称：山东洪福商贸有限公司 纳税人识别号：153100098765760688 地址、电话：济南市天桥区堤口路47号，0531-89820888 开户行及账号：中国工商银行济南天桥支行，6220000526782987947	密码区	48*7>+>-2/3- 5/3750384<1948*7>+>-2//51948*7>+>55 87>*8574<194561948*7>+>7-7<8*873/+< 13-30011521948*7>+><191948*7>+>142>

货物或应税劳务、服务名称	规格型号	单位	数量	单价	金额	税率	税额
*食品类产品*汇源2L100%橙汁	1*6	箱	1000	145.00	145000.00	13%	18850.00
*食品类产品*汇源1L100%苹果汁	1*12	箱	1000	121.00	121000.00	13%	15730.00
*食品类产品*汇源1L100%葡萄汁	1*12	箱	1000	121.00	121000.00	13%	15730.00
合计					¥387000.00		¥50310.00
价税合计（大写）	⊗ 人民币肆拾叁万柒仟叁佰壹拾元整				（小写）¥437310.00		

销售方	名称：北京汇源果汁有限公司 纳税人识别号：120115777321663435 地址、电话：北京顺义区北小营16号，010-60483388 开户行及账号：中国银行顺义东兴支行，2700600597934526278	备注	

收款人：（略） 复核：（略） 开票人：（略） 销售方：（章）

第三联：发票联 购买方记账凭证

图 3－2 【1月2日业务】原始凭证 2

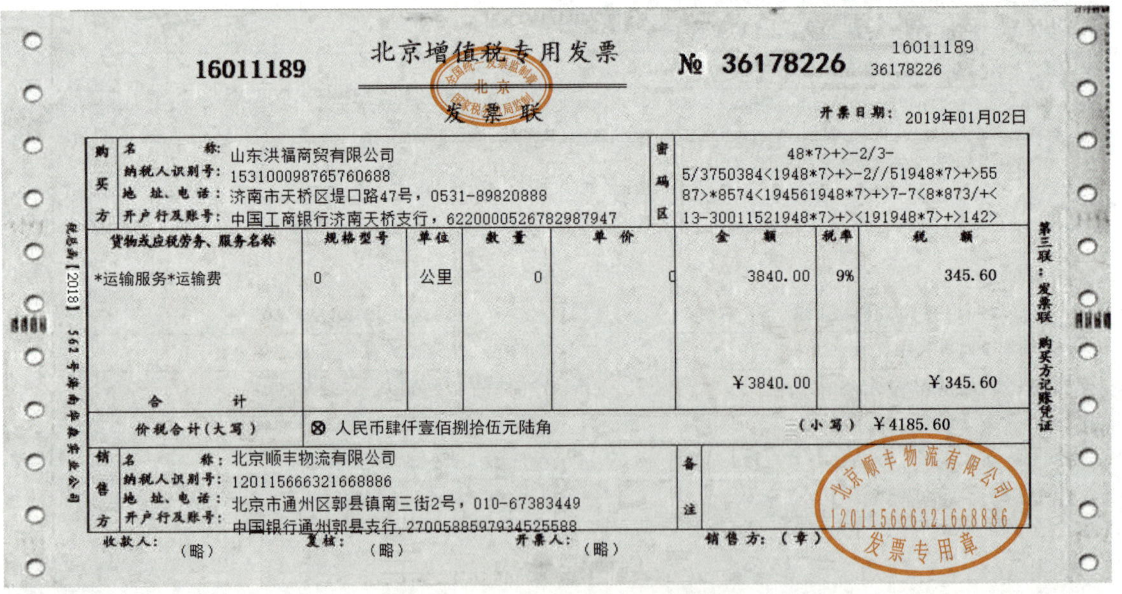

16011189 北京增值税专用发票 № 36178226 16011189 36178226

发票联

开票日期：2019年01月02日

购买方	名称：山东洪福商贸有限公司 纳税人识别号：153100098765760688 地址、电话：济南市天桥区堤口路47号，0531-89820888 开户行及账号：中国工商银行济南天桥支行，6220000526782987947	密码区	48*7>+>-2/3- 5/3750384<1948*7>+>-2//51948*7>+>55 87>*8574<194561948*7>+>7-7<8*873/+< 13-30011521948*7>+><191948*7>+>142>

货物或应税劳务、服务名称	规格型号	单位	数量	单价	金额	税率	税额
*运输服务*运输费	0	公里	0	0	3840.00	9%	345.60
合计					¥3840.00		¥345.60
价税合计（大写）	⊗ 人民币肆仟壹佰捌拾伍元陆角				（小写）¥4185.60		

销售方	名称：北京顺丰物流有限公司 纳税人识别号：120115666321668886 地址、电话：北京市通州区郭县镇南三街2号，010-67383449 开户行及账号：中国银行通州郭县支行，2700588597934525588	备注	

收款人：（略） 复核：（略） 开票人：（略） 销售方：（章）

第三联：发票联 购买方记账凭证

图 3－3 【1月2日业务】原始凭证 3

入　库　单

2019 年　01 月　02 日　　　　单号 6601

交来单位及部门	北京汇源果汁有限公司	发票号码或生产单号	（无）	验收仓库	果蔬汁库	入库日期	2019年01月02日

编号	名称及规格	单位	数量		单价	金额	备注
			交库	实收			
0005	汇源2L100%橙汁	箱	1000	1000			
0006	汇源1L100%苹果汁	箱	1000	1000			
0007	汇源1L100%葡萄汁	箱	1000	1000			
合计			3000	3000	—		—

会计联

部门经理：（略）　会计：（略）　仓库：（略）　经办人：（略）

图 3－4　【1 月 2 日业务】原始凭证 4

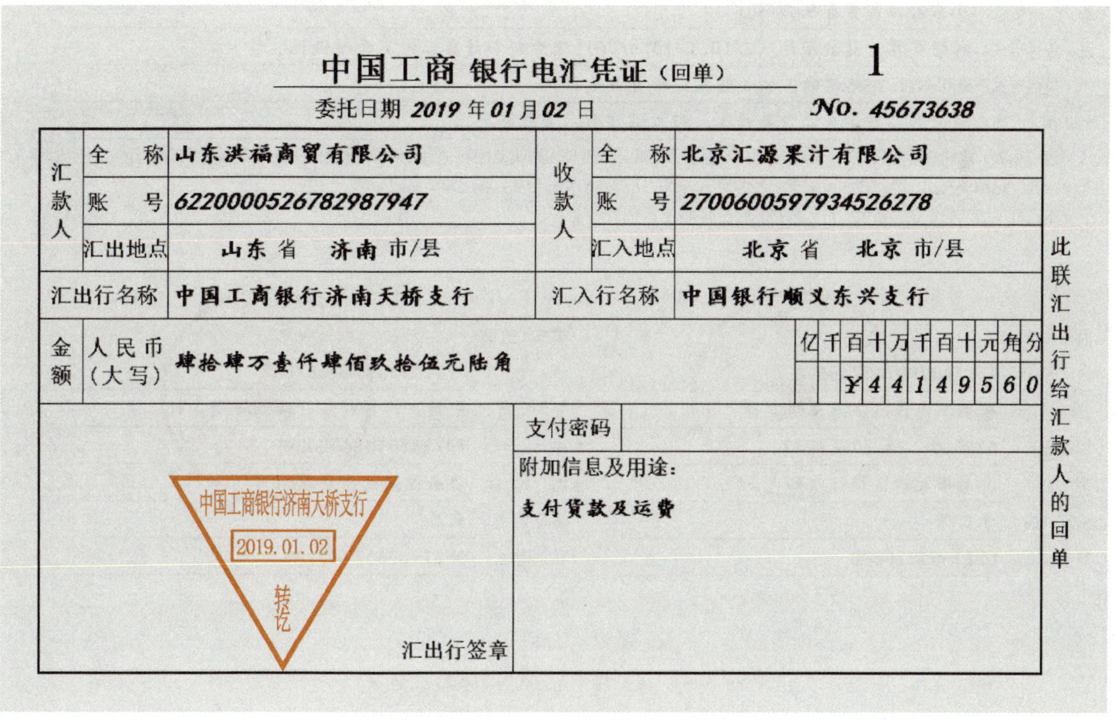

中国工商银行电汇凭证（回单）　　1

委托日期 2019 年 01 月 02 日　　No. 45673638

汇款人	全称	山东洪福商贸有限公司	收款人	全称	北京汇源果汁有限公司
	账号	6220000526782987947		账号	2700600597934526278
	汇出地点	山东 省 济南 市/县		汇入地点	北京 省 北京 市/县
汇出行名称		中国工商银行济南天桥支行	汇入行名称		中国银行顺义东兴支行
金额	人民币（大写）	肆拾肆万壹仟肆佰玖拾伍元陆角			￥441495.60

亿	千	百	十	万	千	百	十	元	角	分
		￥	4	4	1	4	9	5	6	0

支付密码

附加信息及用途：

支付货款及运费

中国工商银行济南天桥支行　2019.01.02　转讫

汇出行签章

此联汇出行给汇款人的回单

图 3－5　【1 月 2 日业务】原始凭证 5

购销合同

供货方：山东洪福商贸有限公司　　　　合同号：XS0001

购买方：济南华联超市有限公司　　　　签订日期：2019年01月05日

为保护买卖双方的合法权益，买卖双方根据《中华人民共和国合同法》的有关规定，经友好协商，一致同意签订本合同并共同遵守。

一、商品的名称、数量及金额

商品名称	规格型号	计量单位	数量	单价（不含税）	金额（不含税）	税率	税额
汇源2L100%橙汁	1*6	箱	1000	240.00	240000.00	13%	31200.00
汇源1L100%苹果汁	1*12	箱	1000	200.00	200000.00	13%	26000.00
君乐宝200mL原味开啡尔酸奶	1*24	箱	100	80.00	8000.00	13%	1040.00
合计			2100	—	￥448000.00	—	￥58240.00
货款总计（大写）：人民币伍拾万陆仟贰佰肆拾元整					（小写）：￥506240.00		

二、质量验收标准：按国家行业标准执行。

三、交货日期：2019年01月05日。

四、交货地点：山东洪福商贸有限公司。

五、结算方式：转账支票，付款条件（2/10,1/10,n/30），现金折扣计算依据不含增值税。

六、发运方式及费用承担：公路运输，相关费用由供货方承担。

七、其　　他：存在商品质量及溢余等情况，经双方协商，另行解决。

八、违约条款：违约方须赔偿对方一切经济损失。但遇天灾人祸或其他人力不能控制之因素而导致延误交货，需方不能要求供方赔偿任何损失。

九、合同纠纷解决方式：经双方协商解决，如协商不成的，可向当地仲裁委员会提出申诉解决。

十、本合同一式两份，双方各执一份，自签订之日起生效。

供方（盖章）

税　号：153100098765760688

开户银行：中国工商银行济南天桥支行

银行账号：6220000526782987947

地　址：济南市天桥区堤口路47号

法定代表：李金泽

联系电话：0531-89820888

需方（盖章）

税　号：370104735760887542

开户银行：中国工商银行银行济南槐荫支行

银行账号：7372310182600024932

地　址：济南槐荫区张庄路46号

法定代表：朱辰

联系电话：0531-67617288

图3-6 【1月5日业务】原始凭证1

出 库 单

出货单位：山东洪福商贸有限公司 2019 年 01 月 05 日 单号：7701

提货单位或领货部	济南华联超市有限公司	销售单号		发出仓库	果蔬汁库	出库日期	2019年01月05日

编号	名称及规格	单位	数量		单价	金额
			应发	实发		
0005	汇源2L100%橙汁	箱	1000	1000		
0006	汇源1L100%苹果汁	箱	1000	1000		
合计			2000	2000	—	

会计联

部门经理：（略） 会计：（略） 仓库：（略） 经办人：（略）

图 3－7 【1 月 5 日业务】原始凭证 2

出 库 单

出货单位：山东洪福商贸有限公司 2019 年 01 月 05 日 单号：7702

提货单位或领货部	济南华联超市有限公司	销售单号		发出仓库	乳制品库	出库日期	2019年01月05日

编号	名称及规格	单位	数量		单价	金额
			应发	实发		
0001	君乐宝200mL原味开啡尔酸奶	箱	100	100		
合计			100	100	—	

会计联

部门经理：（略） 会计：（略） 仓库：（略） 经办人：（略）

图 3－8 【1 月 5 日业务】原始凭证 3

3

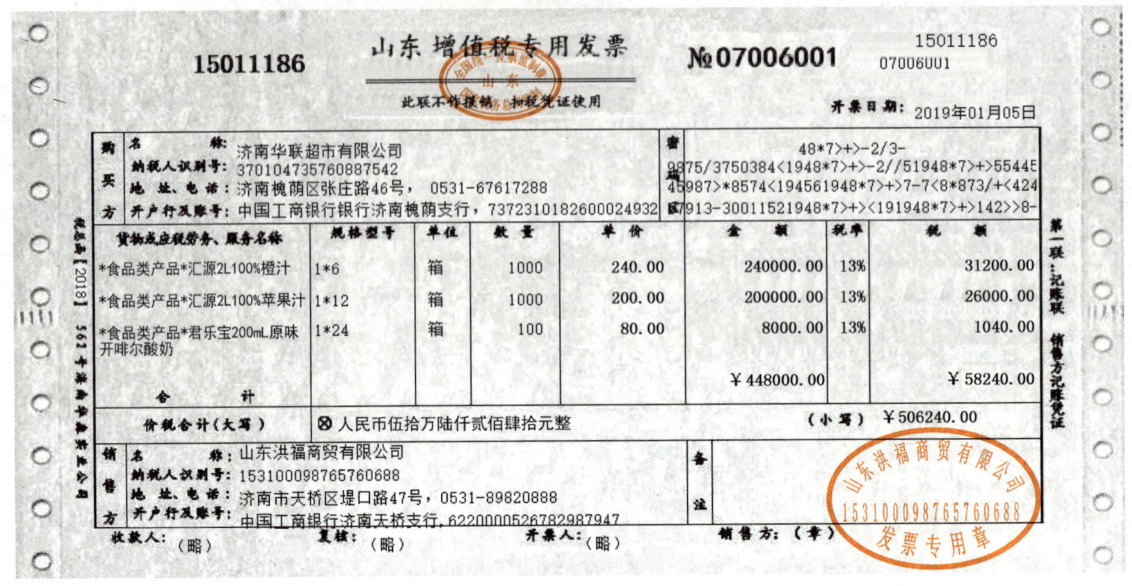

山东增值税专用发票

15011186 №07006001 15011186 07006001

此联不作报销、扣税凭证使用

开票日期：2019年01月05日

购买方 名称：济南华联超市有限公司
纳税人识别号：370104735760887542
地址、电话：济南槐荫区张庄路46号，0531-67617288
开户行及账号：中国工商银行银行济南槐荫支行，7372310182600024932

密码区：48*7>+>-2/3-9875/3750384<1948*7>+>-2//51948*7>+>55445987>*8574<194561948*7>+>7-7<8*873/+<4247913-30011521948*7>+><191948*7>+>142>>8-

货物或应税劳务、服务名称	规格型号	单位	数量	单价	金额	税率	税额
*食品类产品*汇源2L100%橙汁	1*6	箱	1000	240.00	240000.00	13%	31200.00
*食品类产品*汇源2L100%苹果汁	1*12	箱	1000	200.00	200000.00	13%	26000.00
*食品类产品*君乐宝200mL原味开啡尔酸奶	1*24	箱	100	80.00	8000.00	13%	1040.00
合计					¥448000.00		¥58240.00
价税合计（大写）	⊗人民币伍拾万陆仟贰佰肆拾元整				（小写）¥506240.00		

销售方 名称：山东洪福商贸有限公司
纳税人识别号：153100098765760688
地址、电话：济南市天桥区堤口路47号，0531-89820888
开户行及账号：中国工商银行济南天桥支行，6220000526782987947

备注：（印章）山东洪福商贸有限公司 153100098765760688 发票专用章

收款人：（略） 复核：（略） 开票人：（略） 销售方：（章）

第一联：记账联 销售方记账凭证

图 3-9 【1月5日业务】原始凭证 4

【任务 2.3】 7日，接银行收账通知，收到华联超市货款，根据合同结算（合并制单）。取得相关凭证如图 3-10 所示。

3

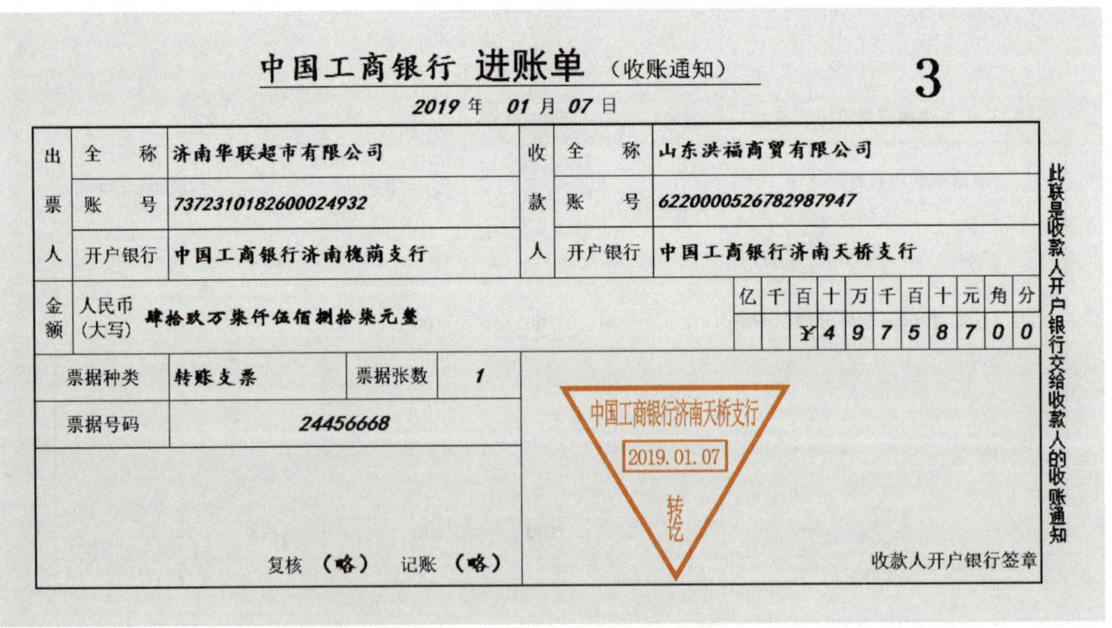

中国工商银行 进账单（收账通知） 3

2019年 01月 07日

出票人	全称	济南华联超市有限公司	收款人	全称	山东洪福商贸有限公司
	账号	7372310182600024932		账号	6220000526782987947
	开户银行	中国工商银行济南槐荫支行		开户银行	中国工商银行济南天桥支行
金额	人民币（大写）	肆拾玖万柒仟伍佰捌拾柒元整			¥497587.00
票据种类	转账支票	票据张数	1		
票据号码	24456668				

复核（略） 记账（略）

（印章）中国工商银行济南天桥支行 2019.01.07 转讫

收款人开户银行签章

此联是收款人开户银行交给收款人的收账通知

图 3-10 【1月7日业务】原始凭证

【任务 2.4】 8 日，采购部业务员王宏伟与君乐宝乳业签订采购合同。取得相关凭证如图 3－11～图 3－14 所示。

购销合同

供货方：石家庄君乐宝乳业有限公司　　合同号：CG0002

购买方：山东洪福商贸有限公司　　签订日期：2019年01月08日

为保护买卖双方的合法权益，买卖双方根据《中华人民共和国合同法》的有关规定，经友好协商，一致同意签订本合同并共同遵守。

一、商品的名称、数量及金额

商品名称	规格型号	计量单位	数量	单价（不含税）	金额（不含税）	税率	税额
君乐宝200mL原味开啡尔酸奶	1*24	箱	50	60.00	3000.00	13%	390.00
君乐宝200mL优致牧场纯牛奶	1*24	箱	40	50.00	2000.00	13%	260.00
合计			90	—	￥5000.00	—	￥650.00
货款总计（大写）：人民币伍仟陆佰伍拾元整					（小写）：￥5650.00		

二、质量验收标准：按国家行业标准执行。

三、交货日期：2019年01月08日。

四、交货地点：山东洪福商贸有限公司。

五、结算方式：电汇，合同签订当天支付全部货款。

六、发运方式及费用承担：公路运输，相关费用由供货方承担。

七、其　他：存在商品质量及溢余等情况，经双方协商，另行解决。

八、违约条款：违约方须赔偿对方一切经济损失。但遇天灾人祸或其他人力不能控制之因素而导致延误交货，需方不能要求供方赔偿任何损失。

九、合同纠纷解决方式：经双方协商解决，如协商不成的，可向当地仲裁委员会提出申诉解决。

十、本合同一式两份，双方各执一份，自签订之日起生效。

供方（盖章）

税　号：130185723354486453

开户银行：中国工商银行石家庄支行

银行账号：0402022029249363661

地　址：河北石家庄市石铜路68号

法定代表：王晨

联系电话：0311-83830123

需方（盖章）

税　号：153100098765760688

开户银行：中国工商银行济南天桥支行

银行账号：6220000526782987947

地　址：济南市天桥区堤口路47号

法定代表：李金泽

联系电话：0531-89820888

图 3－11 【1 月 8 日业务】原始凭证 1

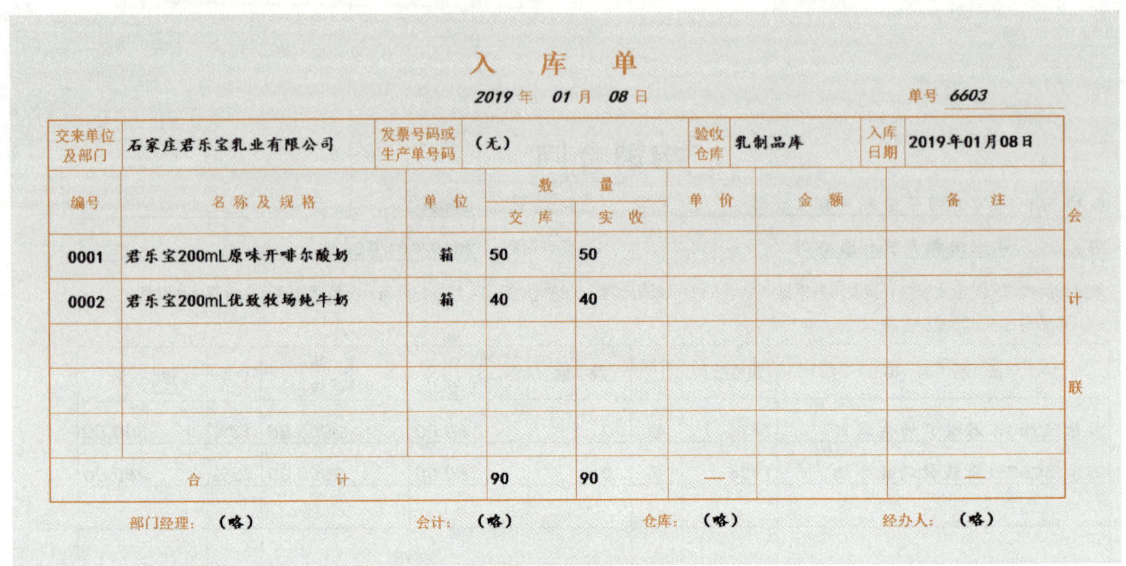

入 库 单

2019 年 01 月 08 日　　　　单号 6603

交来单位及部门	石家庄君乐宝乳业有限公司	发票号码或生产单号码	（无）		验收仓库	乳制品库	入库日期	2019年01月08日
编号	名称及规格	单位	数量		单价	金额	备注	
			交库	实收				
0001	君乐宝200mL原味开啡尔酸奶	箱	50	50				
0002	君乐宝200mL优致牧场纯牛奶	箱	40	40				
合计			90	90	—		—	

会计联

部门经理：（略）　会计：（略）　仓库：（略）　经办人：（略）

图 3-12 【1 月 8 日业务】原始凭证 2

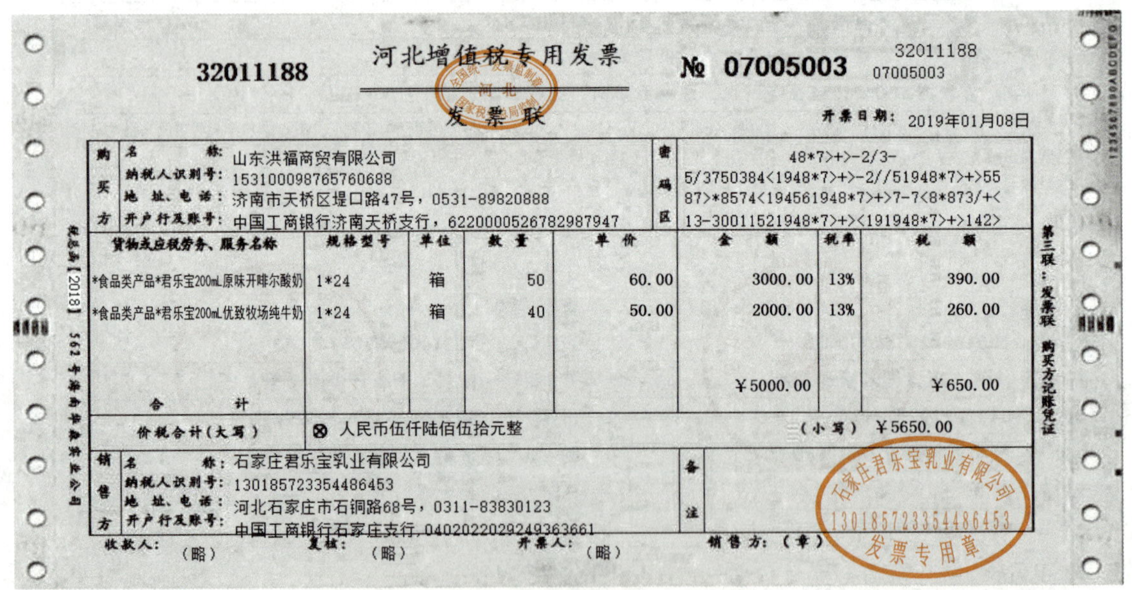

32011188　**河北增值税专用发票**　№ 07005003　32011188　07005003

发票联

开票日期：2019年01月08日

购买方	名称：山东洪福商贸有限公司 纳税人识别号：153100098765760688 地址、电话：济南市天桥区堤口路47号，0531-89820888 开户行及账号：中国工商银行济南天桥支行，6220000526782987947			密码区	48*7>+>-2/3- 5/3750384<1948*7>+>-2//51948*7>+>55 87>*8574<194561948*7>+>7-7<8*873/+< 13-30011521948*7>+><191948*7>+>142>		
货物或应税劳务、服务名称	规格型号	单位	数量	单价	金额	税率	税额
*食品类产品*君乐宝200mL原味开啡尔酸奶	1*24	箱	50	60.00	3000.00	13%	390.00
*食品类产品*君乐宝200mL优致牧场纯牛奶	1*24	箱	40	50.00	2000.00	13%	260.00
合计					¥5000.00		¥650.00
价税合计（大写）	⊗ 人民币伍仟陆佰伍拾元整				（小写）¥5650.00		
销售方	名称：石家庄君乐宝乳业有限公司 纳税人识别号：130185723354486453 地址、电话：河北石家庄市石铜路68号，0311-83830123 开户行及账号：中国工商银行石家庄支行，0402022029249363661			备注			

收款人：（略）　复核：（略）　开票人：（略）　销售方：（章）

税总函【2018】562号海南华森实业公司

第三联：发票联　购买方记账凭证

图 3-13 【1 月 8 日业务】原始凭证 3

【任务 2.5】 15 日，采购部主管叶敏与喜乐食品签订采购合同。取得凭证如图 3-15、图 3-16 所示。

中国工商 银行电汇凭证（回单） 1

委托日期 2019 年 01 月 08 日　　No. 57643366

汇款人			收款人		
汇款人	全称	山东洪福商贸有限公司	收款人	全称	石家庄君乐宝乳业有限公司
汇款人	账号	6220000526782987947	收款人	账号	0402022029249363661
汇款人	汇出地点	山东 省 济南 市/县	收款人	汇入地点	河北 省 石家庄 市/县
汇出行名称		中国工商银行济南天桥支行	汇入行名称		中国工商银行石家庄支行

金额	人民币（大写）	伍仟陆佰伍拾元整	亿	千	百	十	万	千	百	十	元	角	分
								¥	5	6	5	0	0

中国工商银行济南天桥支行 2019.01.08 转讫

汇出行签章

支付密码

附加信息及用途：

支付货款

此联汇出行给汇款人的回单

图 3-14 【1 月 8 日业务】原始凭证 4

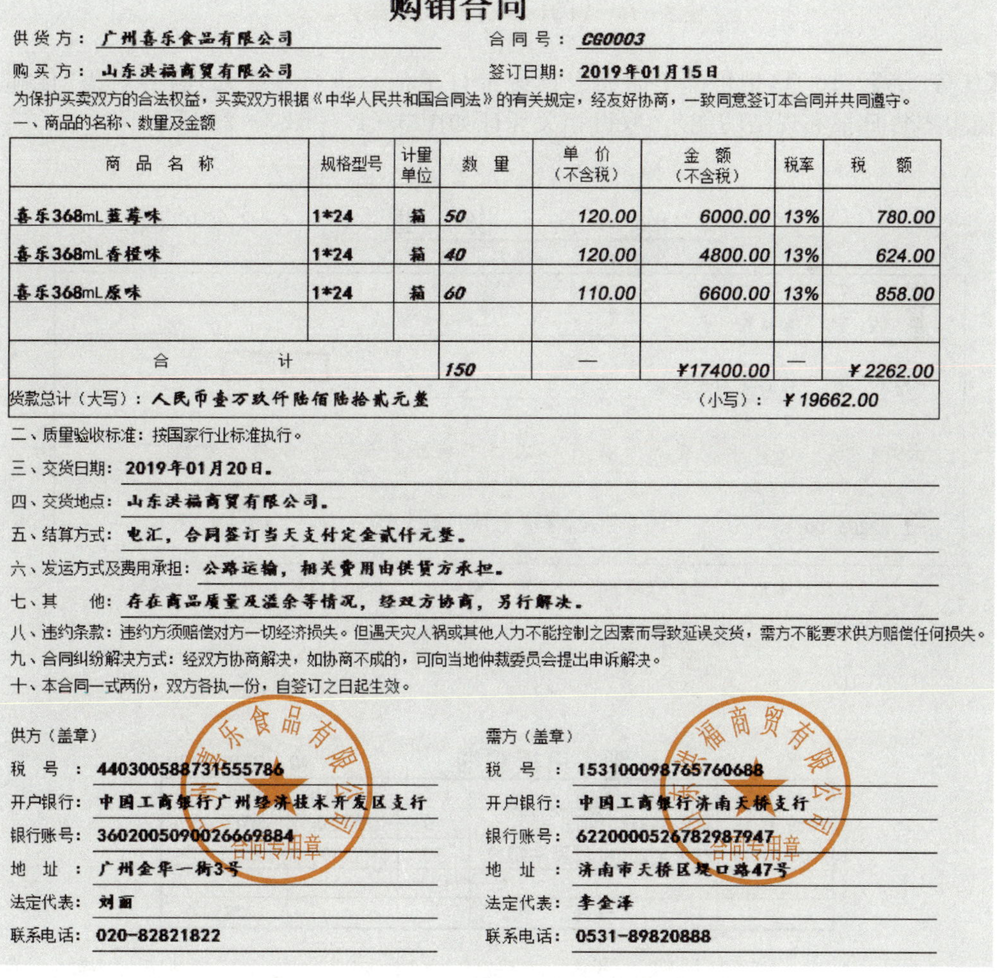

购销合同

供货方：广州喜乐食品有限公司　　合同号：CG0003

购买方：山东洪福商贸有限公司　　签订日期：2019年01月15日

为保护买卖双方的合法权益，买卖双方根据《中华人民共和国合同法》的有关规定，经友好协商，一致同意签订本合同并共同遵守。

一、商品的名称、数量及金额

商品名称	规格型号	计量单位	数量	单价（不含税）	金额（不含税）	税率	税额
喜乐368mL蓝莓味	1*24	箱	50	120.00	6000.00	13%	780.00
喜乐368mL香橙味	1*24	箱	40	120.00	4800.00	13%	624.00
喜乐368mL原味	1*24	箱	60	110.00	6600.00	13%	858.00
合计			150	—	¥17400.00	—	¥2262.00
货款总计（大写）：人民币壹万玖仟陆佰陆拾贰元整					（小写）：¥19662.00		

二、质量验收标准：按国家行业标准执行。

三、交货日期：2019年01月20日。

四、交货地点：山东洪福商贸有限公司。

五、结算方式：电汇，合同签订当天支付定金贰仟元整。

六、发运方式及费用承担：公路运输，相关费用由供货方承担。

七、其　他：存在商品质量及溢余等情况，经双方协商，另行解决。

八、违约条款：违约方须赔偿对方一切经济损失。但遇天灾人祸或其他人力不能控制之因素而导致延误交货，需方不能要求供方赔偿任何损失。

九、合同纠纷解决方式：经双方协商解决，如协商不成的，可向当地仲裁委员会提出申诉解决。

十、本合同一式两份，双方各执一份，自签订之日起生效。

供方（盖章）		需方（盖章）	
税号：	440300588731555786	税号：	153100098765760688
开户银行：	中国工商银行广州经济技术开发区支行	开户银行：	中国工商银行济南天桥支行
银行账号：	3602005090026669884	银行账号：	6220000526782987947
地址：	广州金华一街3号	地址：	济南市天桥区堤口路47号
法定代表：	刘丽	法定代表：	李金泽
联系电话：	020-82821822	联系电话：	0531-89820888

图 3-15 【1 月 15 日业务】原始凭证 1

中国工商银行电汇凭证（回单） 1

委托日期 2019 年 01 月 15 日 No. 32689098

汇款人	全称	山东洪福商贸有限公司	收款人	全称	广州喜乐食品有限公司
	账号	6220000526782987947		账号	3602005090026669884
	汇出地点	山东 省 济南 市/县		汇入地点	广东 省 广州 市/县
汇出行名称		中国工商银行济南天桥支行	汇入行名称		中国工商银行广州经济技术开发区支行
金额	人民币（大写）	贰仟元整		亿千百十万千百十元角分	¥200000

支付密码

附加信息及用途：支付定金

中国工商银行济南天桥支行 2019.01.15 转讫

汇出行签章

此联汇出行给汇款人的回单

图 3-16 【1 月 15 日业务】原始凭证 2

【任务 2.6】 18 日，销售部李丽珊根据淘宝订单汇总进行零售处理，客户为“佳和便利店”（使用零售日报和现结功能）。取得相关凭证如图 3-17～图 3-21 所示。

收 款 收 据 NO. 00490028

2019 年 01 月 18 日

今收到：李丽珊

交来：佳和便利店货款

现金收讫

金额（大写） 零拾 壹万 贰仟 贰佰 捌拾 伍元 零角 零分

¥12285.00 ☑现金 □支票 □信用卡 □其他 收款单位（盖章）

核准（略） 会计（略） 记账（略） 出纳（略） 经手人（略）

第三联交财务

图 3-17 【1 月 18 日业务】原始凭证 1

零售日报明细 NO：35050409

订货日期	品名	数量	含税单价	价税合计
2019.01.18	喜乐368mL原味	50	187.20	9360.00
2019.01.18	君乐宝200mL香蕉牛奶	50	58.50	2925.00
	合计			12285.00

图 3-18 【1 月 18 日业务】原始凭证 2

出 库 单

出货单位：山东洪福商贸有限公司　　2019 年 01 月 18 日　　单号：7703

提货单位或领货部	佳和便利店	销售单号		发出仓库	乳制品库	出库日期	2019年01月18日

编号	名称及规格	单位	数量		单价	金额
			应发	实发		
0003	君乐宝200mL香蕉牛奶	箱	50	50		
合计			50	50	—	

会计联

部门经理：（略）　会计：（略）　仓库：（略）　经办人：（略）

图 3－19 【1 月 18 日业务】原始凭证 3

出 库 单

出货单位：山东洪福商贸有限公司　　2019 年 01 月 18 日　　单号：7704

提货单位或领货部	佳和便利店	销售单号		发出仓库	乳酸菌库	出库日期	2019年01月18日

编号	名称及规格	单位	数量		单价	金额
			应发	实发		
0016	喜乐368mL原味	箱	50	50		
合计			50	50	—	

会计联

部门经理：（略）　会计：（略）　仓库：（略）　经办人：（略）

图 3－20 【1 月 18 日业务】原始凭证 4

【任务 2.7】 20 日，编号为 CG0003 的采购合同到货并验收入库，于当日以电汇方式将剩余款项支付。取得相关凭证如图 3－22～图 3－24 所示。

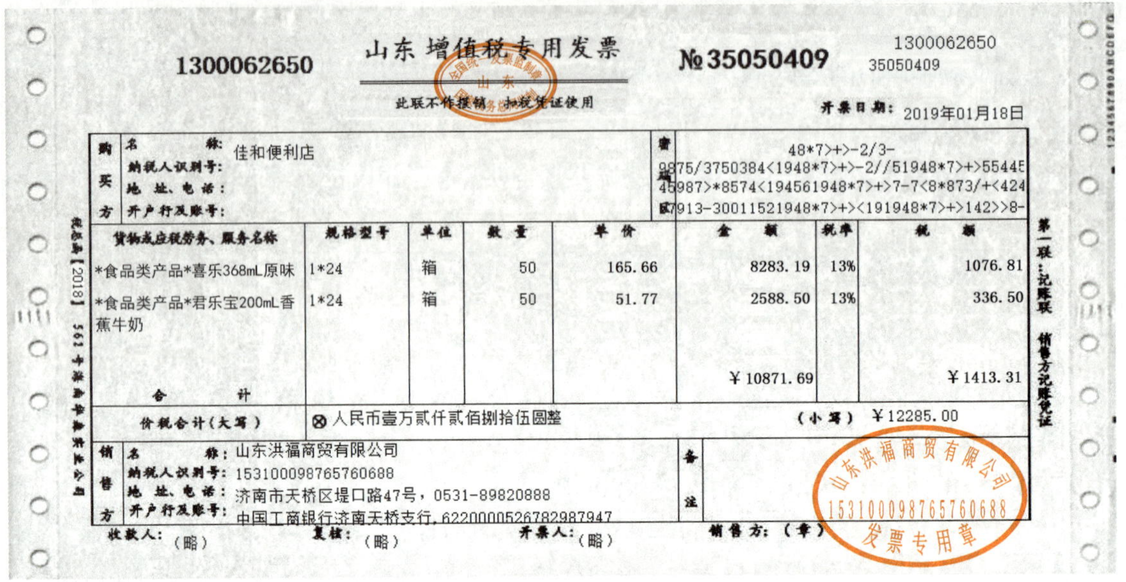

1300062650　　山东增值税专用发票　　№35050409　　1300062650 35050409

此联不作报销、扣税凭证使用　　　　开票日期：2019年01月18日

购买方	名称：佳和便利店 纳税人识别号： 地址、电话： 开户行及账号：	密码区	48*7>+>-2/3- 9875/3750384<1948*7>+>-2//51948*7>+>55445 45987>*8574<194561948*7>+>7-7<8*873/+<424 67913-30011521948*7>+><191948*7>+>142>>8-

货物或应税劳务、服务名称	规格型号	单位	数量	单价	金额	税率	税额
*食品类产品*喜乐368mL原味	1*24	箱	50	165.66	8283.19	13%	1076.81
*食品类产品*君乐宝200mL香蕉牛奶	1*24	箱	50	51.77	2588.50	13%	336.50
合计					¥10871.69		¥1413.31
价税合计（大写）	⊗人民币壹万贰仟贰佰捌拾伍圆整				（小写）¥12285.00		

销售方	名称：山东洪福商贸有限公司 纳税人识别号：153100098765760688 地址、电话：济南市天桥区堤口路47号，0531-89820888 开户行及账号：中国工商银行济南天桥支行，6220000526782987947	备注	

收款人：（略）　复核：（略）　开票人：（略）　销售方：（章）

第一联：记账联　销售方记账凭证

图 3－21 【1 月 18 日业务】原始凭证 5

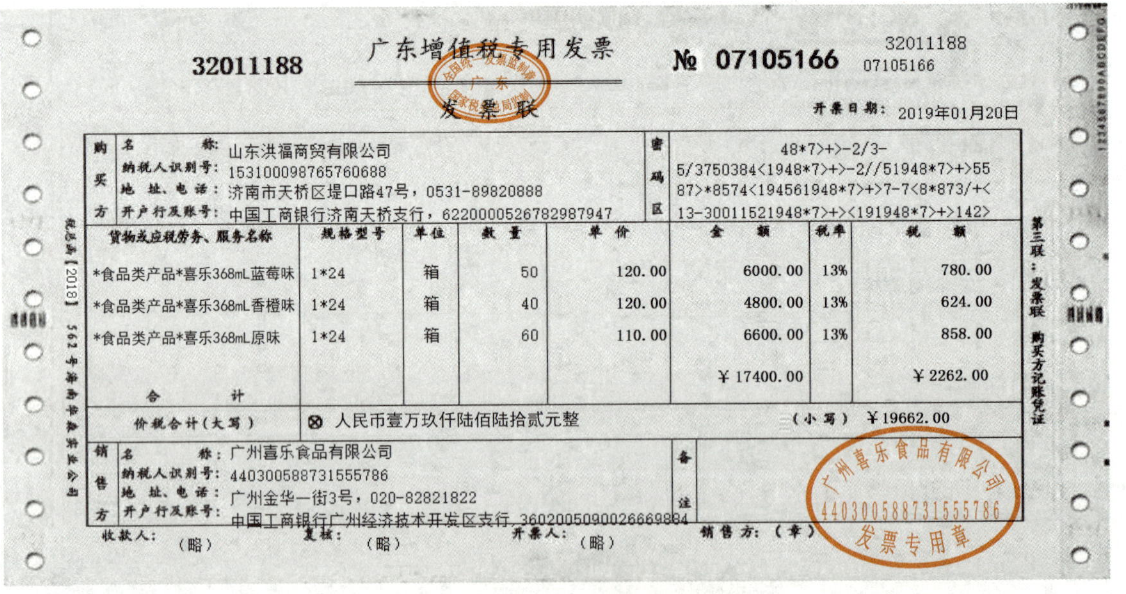

32011188　　广东增值税专用发票　　№ 07105166　　32011188 07105166

发票联　　　　开票日期：2019年01月20日

购买方	名称：山东洪福商贸有限公司 纳税人识别号：153100098765760688 地址、电话：济南市天桥区堤口路47号，0531-89820888 开户行及账号：中国工商银行济南天桥支行，6220000526782987947	密码区	48*7>+>-2/3- 5/3750384<1948*7>+>-2//51948*7>+>55 87>*8574<194561948*7>+>7-7<8*873/+< 13-30011521948*7>+><191948*7>+>142>

货物或应税劳务、服务名称	规格型号	单位	数量	单价	金额	税率	税额
*食品类产品*喜乐368mL蓝莓味	1*24	箱	50	120.00	6000.00	13%	780.00
*食品类产品*喜乐368mL香橙味	1*24	箱	40	120.00	4800.00	13%	624.00
*食品类产品*喜乐368mL原味	1*24	箱	60	110.00	6600.00	13%	858.00
合计					¥17400.00		¥2262.00
价税合计（大写）	⊗ 人民币壹万玖仟陆佰陆拾贰元整				（小写）¥19662.00		

销售方	名称：广州喜乐食品有限公司 纳税人识别号：440300588731555786 地址、电话：广州金华一街3号，020-82821822 开户行及账号：中国工商银行广州经济技术开发区支行，3602005090026669884	备注	

收款人：（略）　复核：（略）　开票人：（略）　销售方：（章）

第三联：发票联　购买方记账凭证

图 3－22 【1 月 20 日业务】原始凭证 1

入　库　单

2019 年　01 月　20 日　　　　　　　　　　　　　单号 6604

交来单位及部门	北京汇源果汁有限公司	发票号码或生产单号码	（无）		验收仓库	果蔬汁库	入库日期	2019年01月02日
编号	名称及规格	单位	数量		单价	金额	备注	
			交库	实收				
0014	喜乐368mL蓝莓味	箱	50	50				
0015	喜乐368mL香橙味	箱	40	40				
0016	喜乐368mL原味	箱	60	60				
合　计			150	150	—		—	

会计联

部门经理：（略）　　会计：（略）　　仓库：（略）　　经办人：（略）

图 3－23　【1 月 20 日业务】原始凭证 2

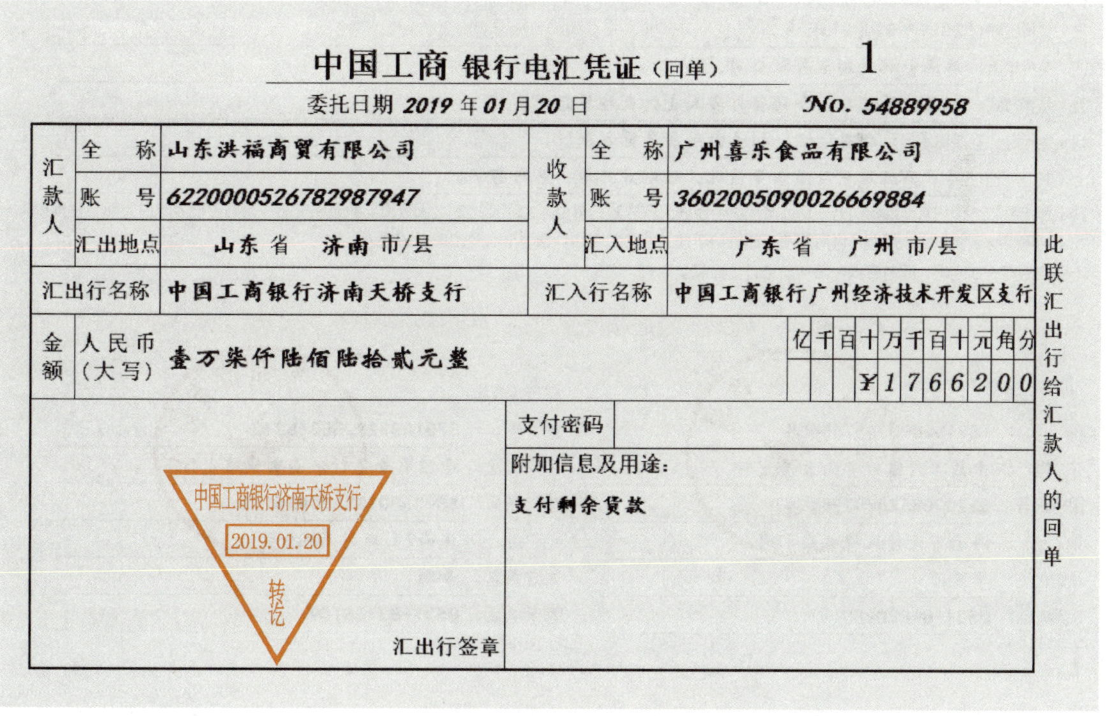

中国工商银行电汇凭证（回单）　　1

委托日期 2019 年 01 月 20 日　　　　No. 54889958

汇款人	全称	山东洪福商贸有限公司	收款人	全称	广州喜乐食品有限公司
	账号	6220000526782987947		账号	3602005090026669884
	汇出地点	山东 省　济南 市/县		汇入地点	广东 省　广州 市/县
汇出行名称		中国工商银行济南天桥支行	汇入行名称		中国工商银行广州经济技术开发区支行
金额	人民币（大写）	壹万柒仟陆佰陆拾贰元整	亿千百十万千百十元角分		¥1766200
			支付密码		
			附加信息及用途：支付剩余货款		
汇出行签章		中国工商银行济南天桥支行 2019.01.20 转讫			

此联汇出行给汇款人的回单

图 3－24　【1 月 20 日业务】原始凭证 3

【任务 2.8】 21 日，销售部经理张立与大润发超市签订销售合同（不使用现结功能）。取得相关凭证如图 3－25～图 3－28 所示。

购销合同

供货方：山东洪福商贸有限公司　　合同号：XS0002

购买方：济南大润发超市有限公司　　签订日期：2019年01月21日

为保护买卖双方的合法权益，买卖双方根据《中华人民共和国合同法》的有关规定，经友好协商，一致同意签订本合同并共同遵守。

一、商品的名称、数量及金额

商品名称	规格型号	计量单位	数量	单价（不含税）	金额（不含税）	税率	税额
汇源1L100%苹果汁	1*12	箱	200	180.00	36000.00	13%	4680.00
汇源1L100%葡萄汁	1*12	箱	1200	180.00	216000.00	13%	28080.00
汇源1L100%橙+苹果礼盒装	1*6*6	箱	100	605.00	60500.00	13%	7865.00
汇源1L100%桃+葡萄礼盒装	1*6*6	箱	100	605.00	60500.00	13%	7865.00
合计			1600	—	373000.00	—	48490.00
货款总计（大写）：人民币肆拾贰万壹仟肆佰玖拾元整					（小写）：￥421490.00		

二、质量验收标准：按国家行业标准执行。

三、交货日期：2019年01月21日。

四、交货地点：济南大润发超市有限公司。

五、结算方式：银行承兑汇票，合同签订当天支付全部货款。

六、发运方式及费用承担：公路运输，相关费用由供货方承担。

七、其　　他：存在商品质量及温余等情况，经双方协商，另行解决。

八、违约条款：违约方须赔偿对方一切经济损失。但遇天灾人祸或其他人力不能控制之因素而导致延误交货，需方不能要求供方赔偿任何损失。

九、合同纠纷解决方式：经双方协商解决，如协商不成的，可向当地仲裁委员会提出申诉解决。

十、本合同一式两份，双方各执一份，自签订之日起生效。

供方（盖章）
税　号：153100098765760688
开户银行：中国工商银行济南天桥支行
银行账号：6220000526782987947
地　址：济南市天桥区堤口路47号
法定代表：李金泽
联系电话：0531-89820888

需方（盖章）
税　号：370108321260348342
开户银行：中国农业银行济南泉城路支行
银行账号：589368018360024178
地　址：济南2七新村南路9号
法定代表：李明
联系电话：0531-82766169

（印章：山东洪福商贸有限公司 合同专用章；济南大润发超市有限公司 合同专用章）

图 3－25 【1 月 21 日业务】原始凭证 1

出 库 单

出货单位：山东洪福商贸有限公司　　2019 年 01 月 21 日　　单号：7705

提货单位或领货部	济南大润发超市有限公司	销售单号		发出仓库	果蔬汁库	出库日期	2019年01月21日

编 号	名称及规格	单 位	数量 应发	数量 实发	单 价	金 额
0006	汇源1L100%苹果汁	箱	200	200		
0007	汇源1L100%葡萄汁	箱	1200	1200		
0008	汇源1L100%橙+苹果礼盒装	箱	100	100		
0009	汇源1L100%桃+葡萄礼盒装	箱	100	100		
合计			1600	1600	—	

会计联

部门经理：（略）　会计：（略）　仓库：（略）　经办人：（略）

图 3－26 【1 月 21 日业务】原始凭证 2

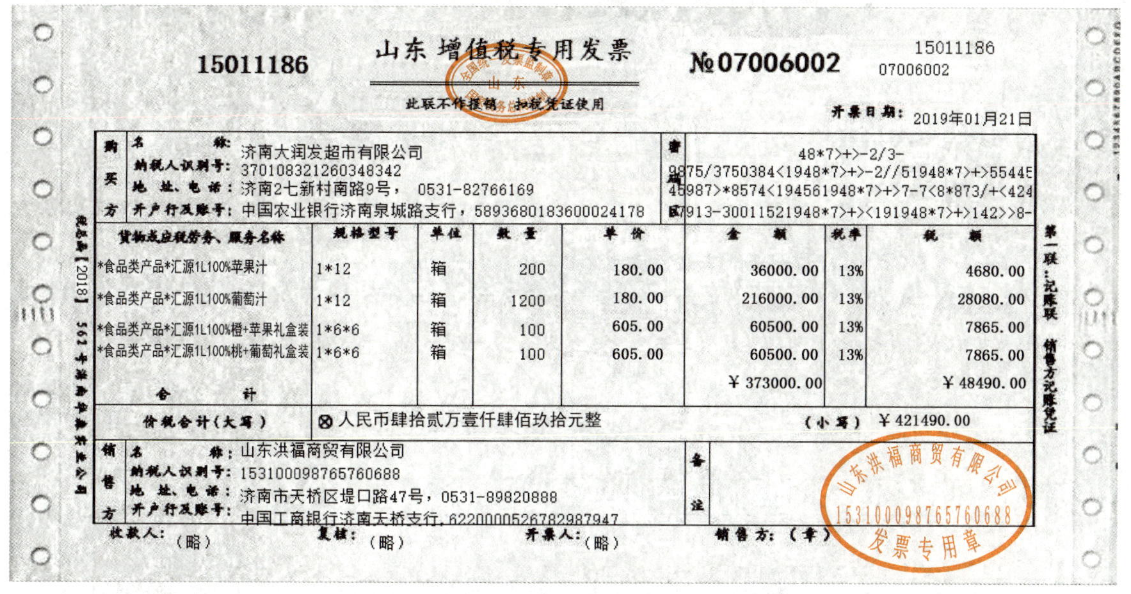

15011186　　**山东增值税专用发票**　　№07006002　　15011186　07006002

此联不作报销、扣税凭证使用

开票日期：2019年01月21日

购买方	
名　称	济南大润发超市有限公司
纳税人识别号	370108321260348342
地址、电话	济南2七新村南路9号， 0531-82766169
开户行及账号	中国农业银行济南泉城路支行，589368018360024178

密码区：
48*7>+>-2/3-
9875/3750384<1948*7>+>-2//51948*7>+>55445
45987>*8574<194561948*7>+>7-7<8*873/+<424
67913-30011521948*7>+><191948*7>+>142>>8-

货物或应税劳务、服务名称	规格型号	单位	数量	单价	金额	税率	税额
*食品类产品*汇源1L100%苹果汁	1*12	箱	200	180.00	36000.00	13%	4680.00
*食品类产品*汇源1L100%葡萄汁	1*12	箱	1200	180.00	216000.00	13%	28080.00
*食品类产品*汇源1L100%橙+苹果礼盒装	1*6*6	箱	100	605.00	60500.00	13%	7865.00
*食品类产品*汇源1L100%桃+葡萄礼盒装	1*6*6	箱	100	605.00	60500.00	13%	7865.00
合　计					¥373000.00		¥48490.00
价税合计（大写）	⊗人民币肆拾贰万壹仟肆佰玖拾元整				（小写）	¥421490.00	

销售方	
名　称	山东洪福商贸有限公司
纳税人识别号	153100098765760688
地址、电话	济南市天桥区堤口路47号，0531-89820888
开户行及账号	中国工商银行济南天桥支行，6220000526782987947

备注：山东洪福商贸有限公司 153100098765760688 发票专用章

收款人：（略）　复核：（略）　开票人：（略）　销售方：（章）

第一联：记账联　销售方记账凭证

图 3－27 【1 月 21 日业务】原始凭证 3

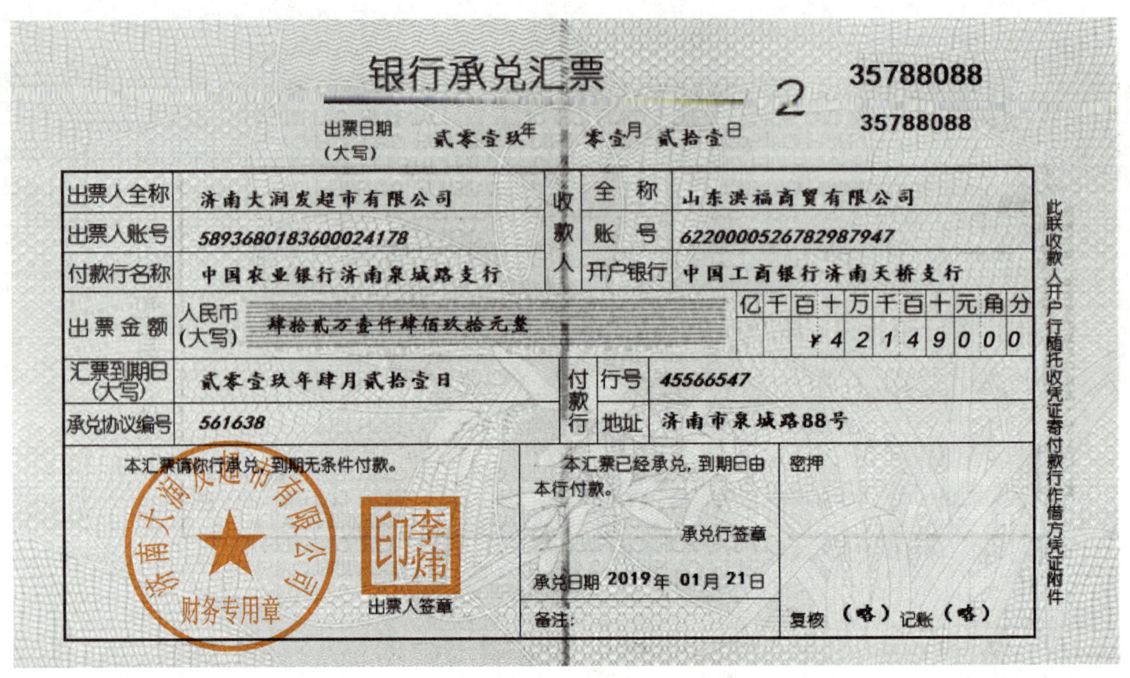

银行承兑汇票 2

35788088

35788088

出票日期（大写） 贰零壹玖年 零壹月 贰拾壹日

出票人全称	济南大润发超市有限公司	收款人	全称	山东洪福商贸有限公司
出票人账号	5893680183600024178		账号	6220000526782987947
付款行名称	中国农业银行济南泉城路支行		开户银行	中国工商银行济南天桥支行
出票金额	人民币（大写） 肆拾贰万壹仟肆佰玖拾元整		亿千百十万千百十元角分	¥42149000
汇票到期日（大写）	贰零壹玖年肆月贰拾壹日	付款行	行号	45566547
承兑协议编号	561638		地址	济南市泉城路88号

本汇票请你行承兑，到期无条件付款。

济南大润发超市有限公司 财务专用章　李炜印

出票人签章

本汇票已经承兑，到期日由本行付款。

承兑行签章

承兑日期 2019年01月21日

备注：

密押

复核（略） 记账（略）

此联收款人开户行随托收凭证寄付款行作借方凭证附件

图 3-28 【1月21日业务】原始凭证4

【任务 2.9】 22日，收到上月18号从君乐宝乳业购买君乐宝香蕉牛奶的增值税专用发票，当日以电汇方式支付全部货款（进行存货结算成本处理，并生成凭证）。取得相关凭证如图 3-29、图 3-30 所示。

3

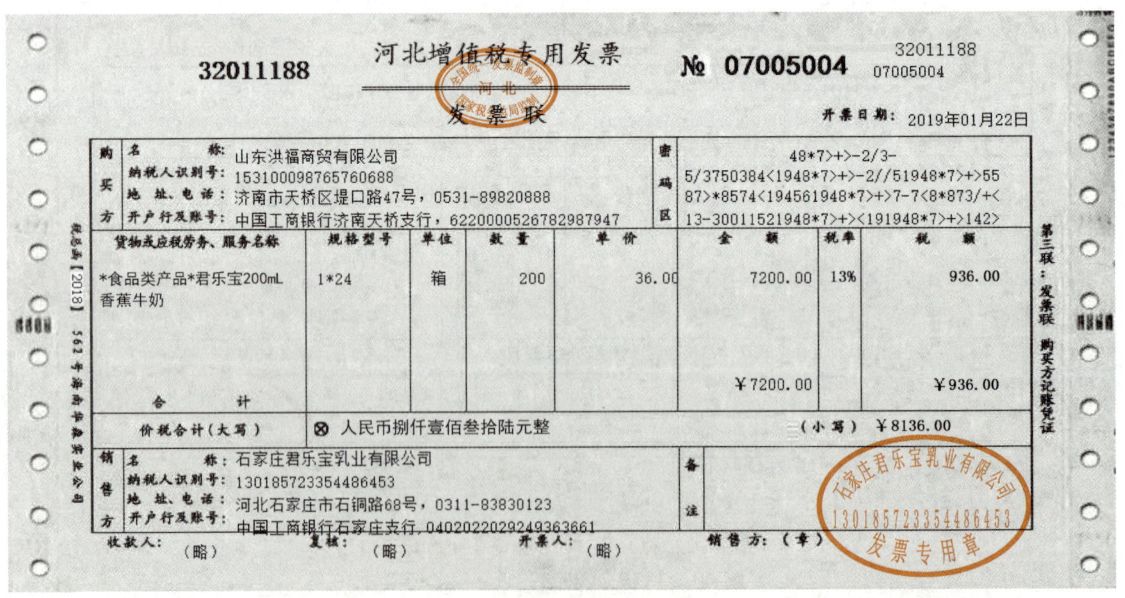

32011188　河北增值税专用发票　№ 07005004　32011188 07005004

发票联

开票日期：2019年01月22日

购买方	名称：山东洪福商贸有限公司 纳税人识别号：153100098765760688 地址、电话：济南市天桥区提口路47号，0531-89820888 开户行及账号：中国工商银行济南天桥支行，6220000526782987947				密码区	48*7>+>-2/3- 5/3750384<1948*7>+>-2//51948*7>+>55 87>*8574<194561948*7>+>7-7<8*873/+< 13-30011521948*7>+><191948*7>+>142>	
货物或应税劳务、服务名称	规格型号	单位	数量	单价	金额	税率	税额
*食品类产品*君乐宝200mL香蕉牛奶	1*24	箱	200	36.00	7200.00	13%	936.00
合计					¥7200.00		¥936.00
价税合计（大写）	⊗ 人民币捌仟壹佰叁拾陆元整				（小写） ¥8136.00		
销售方	名称：石家庄君乐宝乳业有限公司 纳税人识别号：130185723354486453 地址、电话：河北石家庄市石铜路68号，0311-83830123 开户行及账号：中国工商银行石家庄支行，0402022029249363661				备注	石家庄君乐宝乳业有限公司 130185723354486453 发票专用章	

收款人：（略）　复核：（略）　开票人：（略）　销售方：（章）

第三联：发票联 购买方记账凭证

图 3-29 【1月22日业务】原始凭证1

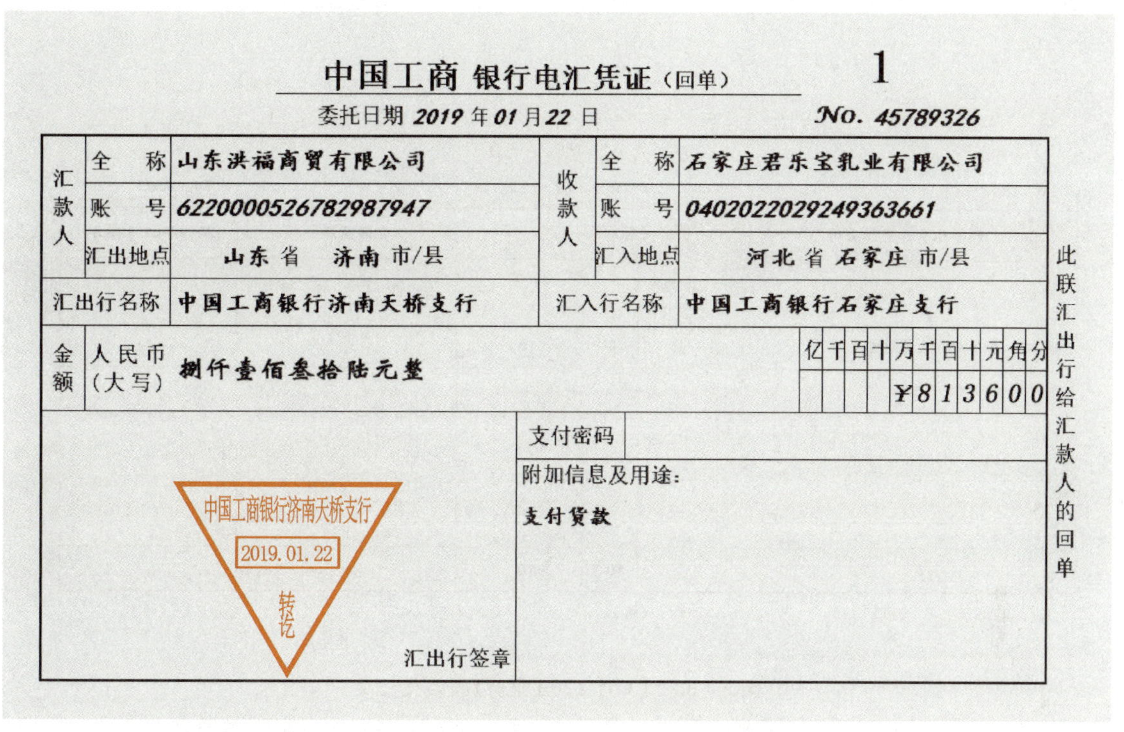

中国工商银行电汇凭证（回单）　1

委托日期 2019 年 01 月 22 日　　No. 45789326

汇款人			收款人		
汇款人	全　称	山东洪福商贸有限公司	收款人	全　称	石家庄君乐宝乳业有限公司
	账　号	6220000526782987947		账　号	0402022029249363661
	汇出地点	山东 省 济南 市/县		汇入地点	河北 省 石家庄 市/县
汇出行名称		中国工商银行济南天桥支行	汇入行名称		中国工商银行石家庄支行
金额	人民币（大写）	捌仟壹佰叁拾陆元整		亿千百十万千百十元角分	¥813600
汇出行签章			支付密码		
			附加信息及用途：支付货款		

此联汇出行给汇款人的回单

图 3－30　【1 月 22 日业务】原始凭证 2

【任务 2.10】　22 日，对 20 日入库的采购合同编号为 CG0003 的货物进行检验，发现有 10 箱喜乐 368 mL 蓝莓味存在不同程度非正常残损。经与对方协商后即日办理退货，并于当日收到退还的价税款。取得相关凭证如图 3－31～图 3－33 所示。

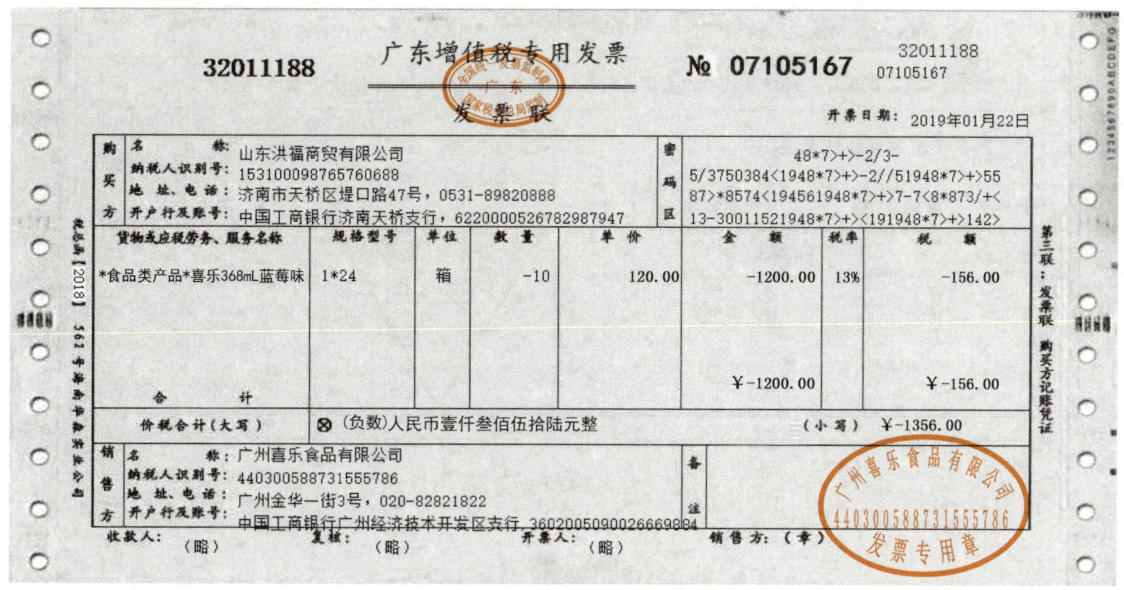

32011188　广东增值税专用发票　№ 07105167　32011188　07105167

发票联

开票日期：2019年01月22日

购买方	名称：山东洪福商贸有限公司 纳税人识别号：153100098765760688 地址、电话：济南市天桥区堤口路47号，0531-89820888 开户行及账号：中国工商银行济南天桥支行，6220000526782987947	密码区	48*7>+>-2/3- 5/3750384<1948*7>+>-2//51948*7>+>55 87>*8574<194561948*7>+>7-7<8*873/+< 13-30011521948*7>+><191948*7>+>142>

货物或应税劳务、服务名称	规格型号	单位	数量	单价	金额	税率	税额
*食品类产品*喜乐368mL蓝莓味	1*24	箱	-10	120.00	-1200.00	13%	-156.00
合计					¥-1200.00		¥-156.00
价税合计（大写）	⊗（负数）人民币壹仟叁佰伍拾陆元整				（小写）¥-1356.00		

销售方	名称：广州喜乐食品有限公司 纳税人识别号：440300588731555786 地址、电话：广州金华一街3号，020-82821822 开户行及账号：中国工商银行广州经济技术开发区支行，3602005090026669884	备注	

收款人：（略）　复核：（略）　开票人：（略）　销售方：（章）

第三联：发票联　购买方记账凭证

图 3－31　【1 月 22 日业务】原始凭证 1

3

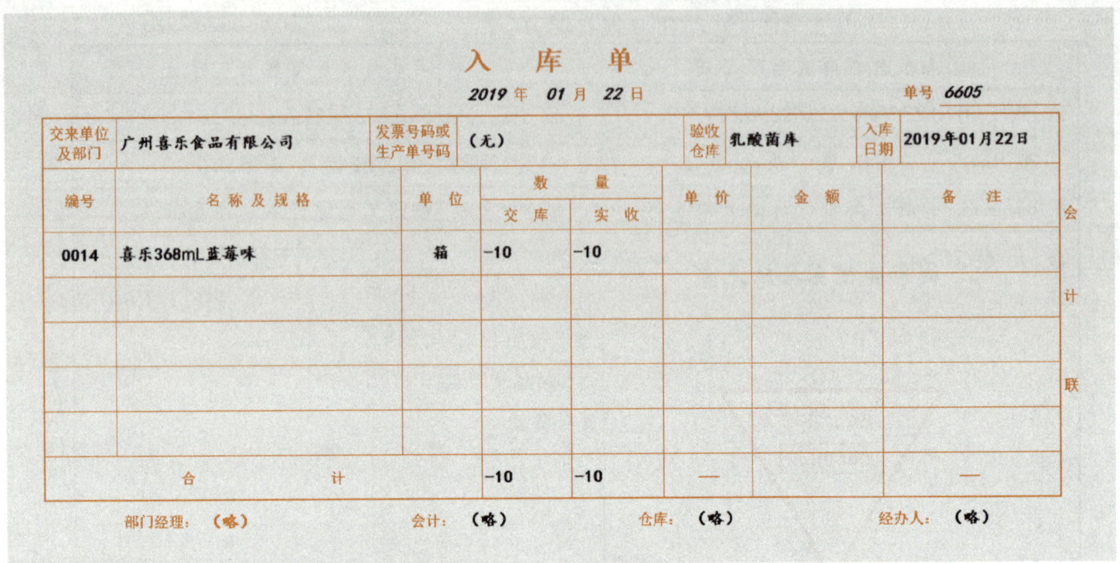

入 库 单

2019 年 01 月 22 日 单号 6605

交来单位及部门	广州喜乐食品有限公司	发票号码或生产单号码	（无）	验收仓库	乳酸菌库	入库日期	2019年01月22日

编号	名称及规格	单位	数量 交库	数量 实收	单价	金额	备注
0014	喜乐368mL蓝莓味	箱	-10	-10			
合计			-10	-10	—		—

会计联

部门经理：（略） 会计：（略） 仓库：（略） 经办人：（略）

图 3-32 【1 月 22 日业务】原始凭证 2

3

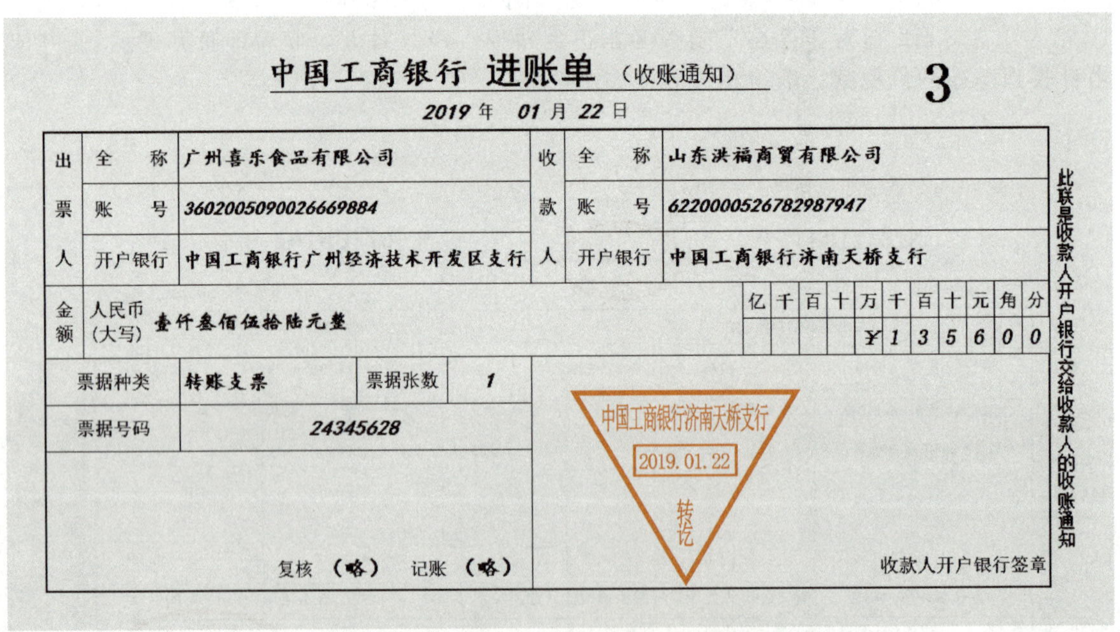

中国工商银行 进账单 （收账通知） 3

2019 年 01 月 22 日

出票人			收款人		
	全称	广州喜乐食品有限公司		全称	山东洪福商贸有限公司
	账号	3602005090026669884		账号	6220000526782987947
	开户银行	中国工商银行广州经济技术开发区支行		开户银行	中国工商银行济南天桥支行

金额	人民币（大写） 壹仟叁佰伍拾陆元整	亿	千	百	十	万	千	百	十	元	角	分
						¥	1	3	5	6	0	0

票据种类	转账支票	票据张数	1
票据号码	24345628		

复核（略） 记账（略） 收款人开户银行签章

此联是收款人开户银行交给收款人的收账通知

图 3-33 【1 月 22 日业务】原始凭证 3

【任务 2.11】 26 日，采购部叶敏与汇源果汁签订合同，货款以票号为 35788088 银行承兑汇票背书支付，余款一个月后转账支付（不使用现付功能）。取得相关凭证如图 3-34～图 3-38 所示。

购销合同

供货方：北京汇源果汁有限公司　　合同号：CG0004

购买方：山东洪福商贸有限公司　　签订日期：2019年01月26日

为保护买卖双方的合法权益，买卖双方根据《中华人民共和国合同法》的有关规定，经友好协商，一致同意签订本合同并共同遵守。

一、商品的名称、数量及金额

商品名称	规格型号	计量单位	数量	单价（不含税）	金额（不含税）	税率	税额
汇源1L100%橙+苹果礼盒装	1*6*6	箱	600	360.00	216000.00	13%	28080.00
汇源1L100%桃+葡萄礼盒装	1*6*6	箱	600	360.00	216000.00	13%	28080.00
合计			1200	—	¥432000.00	—	¥56160.00
货款总计（大写）：人民币肆拾捌万捌仟壹佰陆拾元整					（小写）：¥488160.00		

二、质量验收标准：按国家行业标准执行。

三、交货日期：2019年01月26日。

四、交货地点：山东洪福商贸有限公司。

五、结算方式：签订合同当日以银行承兑汇票背书支付肆拾叁万伍仟贰佰肆拾元整，余款下月支付。

六、发运方式及费用承担：公路运输，相关费用由供货方承担。

七、其　他：存在商品质量及溢余等情况，经双方协商，另行解决。

八、违约条款：违约方须赔偿对方一切经济损失。但遇天灾人祸或其他人力不能控制之因素而导致延误交货，需方不能要求供方赔偿任何损失。

九、合同纠纷解决方式：经双方协商解决，如协商不成的，可向当地仲裁委员会提出申诉解决。

十、本合同一式两份，双方各执一份，自签订之日起生效。

供方（盖章）（印章：北京汇源果汁有限公司 合同专用章）

税　号：120115777321663435

开户银行：中国银行顺义东兴支行

银行账号：270060059793452627

地　址：北京顺义区北小营16号

法定代表：朱礼进

联系电话：010-60483388

需方（盖章）（印章：山东洪福商贸有限公司 合同专用章）

税　号：153100098765760688

开户银行：中国工商银行济南天桥支行

银行账号：622000052678298794

地　址：济南市天桥区堤口路47号

法定代表：李金泽

联系电话：0531-89820888

图 3-34 【1 月 26 日业务】原始凭证 1

入 库 单

2019 年 01 月 26 日　　　　单号 6606

交来单位及部门	北京汇源果汁有限公司	发票号码或生产单号	（无）	验收仓库	果蔬汁库	入库日期	2019年01月26日

编号	名称及规格	单位	数量		单价	金额	备注
			交库	实收			
0008	汇源1L100%橙+苹果礼盒装	箱	600	600			
0009	汇源1L100%桃+葡萄礼盒装	箱	600	600			
合计			1200	1200	—		—

会计联

部门经理：（略）　　会计：（略）　　仓库：（略）　　经办人：（略）

图 3－35 【1 月 26 日业务】原始凭证 2

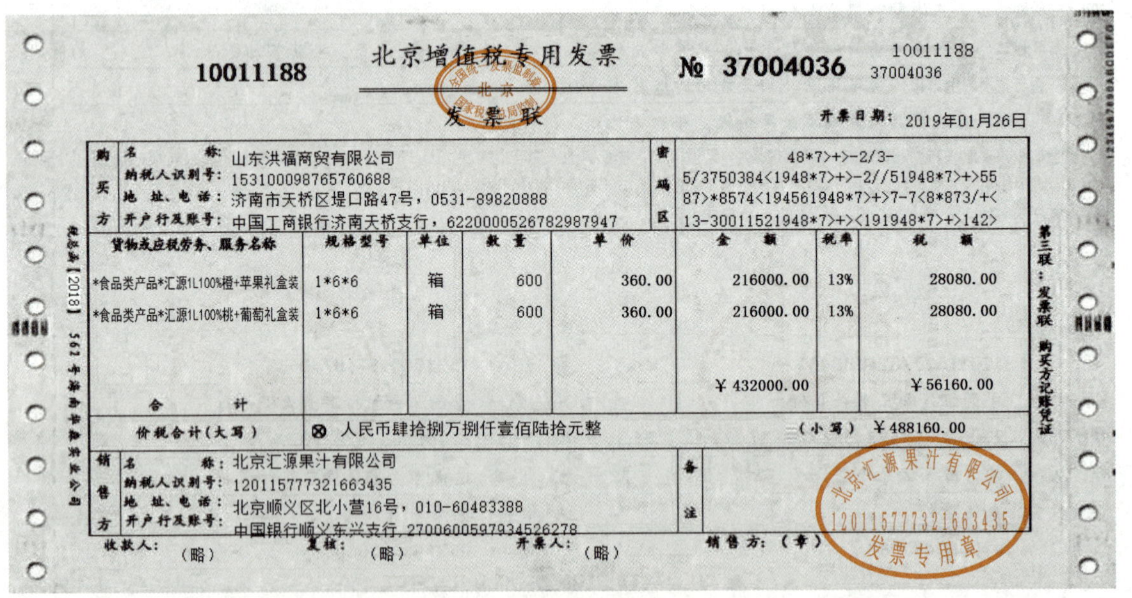

北京增值税专用发票

10011188　　№ 37004036　　10011188 37004036

发票联

开票日期：2019年01月26日

购买方	名称：山东洪福商贸有限公司 纳税人识别号：153100098765760688 地址、电话：济南市天桥区堤口路47号，0531-89820888 开户行及账号：中国工商银行济南天桥支行，6220000526782987947	密码区	48*7>+>-2/3- 5/3750384<1948*7>+>-2//51948*7>+>55 87>*8574<194561948*7>+>7-7<8*873/+< 13-30011521948*7>+><191948*7>+>142>

货物或应税劳务、服务名称	规格型号	单位	数量	单价	金额	税率	税额
*食品类产品*汇源1L100%橙+苹果礼盒装	1*6*6	箱	600	360.00	216000.00	13%	28080.00
*食品类产品*汇源1L100%桃+葡萄礼盒装	1*6*6	箱	600	360.00	216000.00	13%	28080.00
合计					￥432000.00		￥56160.00
价税合计（大写）	⊗ 人民币肆拾捌万捌仟壹佰陆拾元整				（小写）￥488160.00		

销售方	名称：北京汇源果汁有限公司 纳税人识别号：120115777321663435 地址、电话：北京顺义区北小营16号，010-60483388 开户行及账号：中国银行顺义东兴支行，2700600597934526278	备注	

收款人：（略）　　复核：（略）　　开票人：（略）　　销售方：（章）

北京汇源果汁有限公司 120115777321663435 发票专用章

税总函[2018] 561号海南华森实业公司

第三联：发票联 购买方记账凭证

图 3－36 【1 月 26 日业务】原始凭证 3

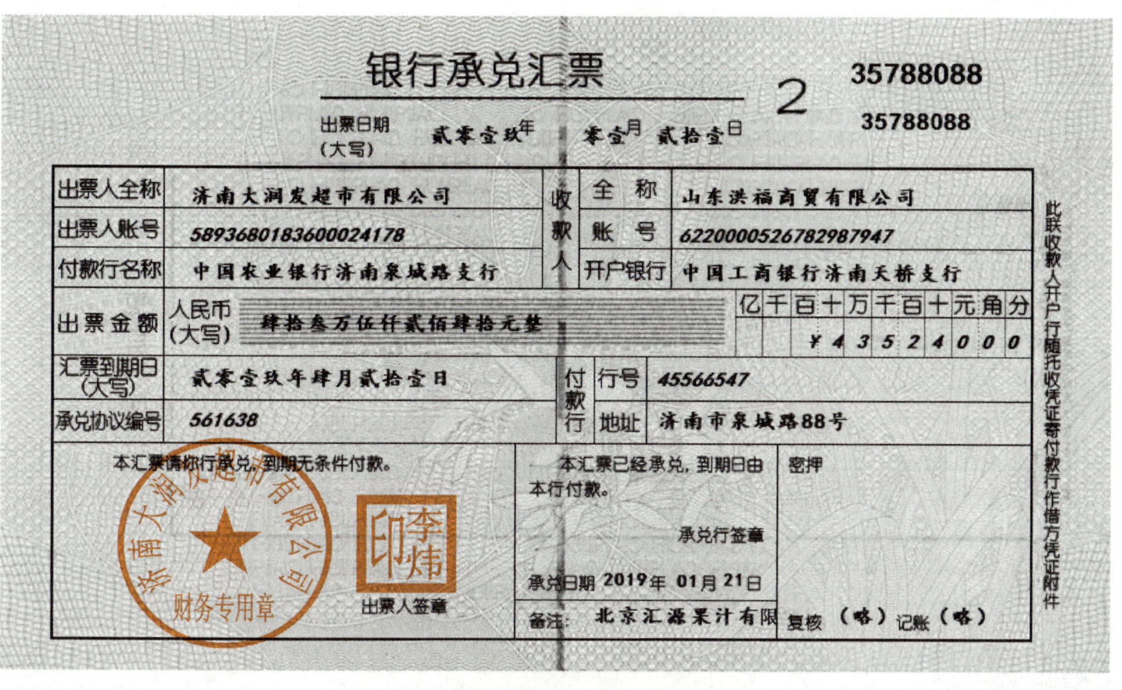

银行承兑汇票 2 35788088

35788088

出票日期（大写） 贰零壹玖年 零壹月 贰拾壹日

出票人全称	济南大润发超市有限公司	收款人	全称	山东洪福商贸有限公司
出票人账号	5893680183600024178		账号	6220000526782987947
付款行名称	中国农业银行济南泉城路支行		开户银行	中国工商银行济南天桥支行
出票金额	人民币（大写） 肆拾叁万伍仟贰佰肆拾元整		亿千百十万千百十元角分	¥43524000
汇票到期日（大写）	贰零壹玖年肆月贰拾壹日	付款行	行号	45566547
承兑协议编号	561638		地址	济南市泉城路88号
本汇票请你行承兑，到期无条件付款。 济南大润发超市有限公司 财务专用章 李炜印 出票人签章		本汇票已经承兑，到期日由本行付款。 承兑行签章 承兑日期 2019年01月21日 备注： 北京汇源果汁有限		密押 复核（略） 记账（略）

此联收款人开户行随托收凭证寄付款行作借方凭证附件

图 3－37 【1 月 26 日业务】原始凭证 4

被背书人 北京汇源果汁有限公司	被背书人	被背书人
山东洪福商贸有限公司 财务专用章 背书人签章 2019 年 01 月 26 日	背书人签章 年 月 日	背书人签章 年 月 日

（贴粘单处）

图 3－38 【1 月 26 日业务】原始凭证 5

【任务 2.12】 31 日，公司对存货进行清查，原因待查。取得相关凭证如图 3-39 所示。

存货盘点表

盘点日期：2019.01.31　　　　盘点人：李红

序号	商品名称	规格型号	账面		盘盈	盘亏	实盘	
			数量	金额	数量	数量	数量	金额
0001	君乐宝200mL原味开啡尔酸奶	1*24	70				70	
0002	君乐宝200mL优致牧场纯牛奶	1*24	140			2	138	
0003	君乐宝200mL香蕉牛奶	1*24	230				230	
合		计	—		—	—	—	

以上“金额”均为原值

图 3-39 【1 月 31 日业务】原始凭证

3

【任务 2.13】 31 日，经查，盘亏的商品系仓库被盗所致。取得相关凭证如图 3-40 所示。

存货盘盈/亏处理报告表

企业名称：山东洪福商贸有限公司　　2019 年 01 月 31 日　　单位：元

名称和规格	计量单位	单价	数量		盘盈		盘亏		差异原因
			账存	实存	数量	金额	数量	金额	
君乐宝200mL优致牧场纯牛奶			140	138			2		仓库被盗
财务部门建议处理意见：	损失计入营业外支出								
单位主管部门批复处理意见：	损失计入营业外支出								

批准人：　　审批人：　　部门负责人：　　制单：

图 3-40 【1 月 31 日业务】原始凭证

【任务 2.14】 31 日，对应收账款计提坏账准备。

【任务 2.15】 31 日，进行期末损益类科目结转(使用系统自定义转账功能处理)，收入支出分开结转。

【任务 2.16】 31 日，对月末各系统进行对账、结账处理。

三、会计报表编制与主要财务指标分析

【总体要求】

使用 600 账套的 UFO 报表管理系统完成以下工作任务。(满分 10 分)

【工作任务】

【任务 3.1】 打开考生文件夹%testdir%下名为 zcfzb.rep 的资产负债表，其中有 6 个计算公式未填写，利用账务函数定义计算公式，重新计算并保存。

【任务 3.2】 打开考生文件夹%testdir%下名为 lrb.rep 的利润表，请仔细阅读计算公式，将本月数中的 2 个错误公式修改正确，重新计算并保存。

项目四 模拟题三

第一部分 初始账套信息

一、企业背景资料

（一）企业概况

江苏西域良品电子商贸有限公司（简称西域良品），是一家专门从事电子产品批发、零售的商业企业，公司法人代表张晓明。

公司开户银行：中国工商银行南京市上元大街支行。

银行账号：6220987022300068。

纳税人识别号：189002789201014680。

公司地址：南京市江宁区上元大街18号。

电话：025－52168868。

（二）科目设置及辅助核算要求

日记账：库存现金、银行存款。

银行账：银行存款。

客户往来：应收票据/银行承兑汇票、应收票据/商业承兑汇票、应收账款、预收账款。

供应商往来：应付票据/商业承兑汇票、应付票据/银行承兑汇票、应付账款/一般应付款、应付账款/暂估应付款（其中，一般应付款设置为受控于应付款系统、暂估应付款科目设置为不受控于应付款系统）、预付账款。

（三）会计凭证的基本规定

录入或生成"记账凭证"均由指定的会计人员操作，含有库存现金和银行存款科目的记账凭证均需出纳签字。采用复式记账凭证，采用单一凭证格式。对已记账凭证的修改，只采用红字冲销法。为保证财务与业务数据的一致性，能在业务系统生成的记账凭证不得在总账系统直接录入，在总账中填制的凭证参照常用摘要。根据原始单据生成记账凭证时，除特殊规定外不采用合并制单。出库单与入库单原始凭证以软件系统生成的为准；除指定业务外，在业务发生当日，收到发票并支付款项的业务使用现付功能处理，开出发票并收到款项的业务使用现结功能处理。

（四）结算方式

公司采用的结算方式包括现金、支票、汇票、电汇、同城特约委托收款等。收、付款业务由财务部门根据有关凭证进行处理。

（五）存货业务的处理

公司存货主要为库存商品，按存货分类进行存放。按照实际成本核算，采用永续盘存制；发出存货成本采用“先进先出法”按仓库进行核算，采购入库存货对方科目全部使用“在途物资”科目；期末，存货根据可变现净值计提跌价准备。购销合同中的单价均为含税价。采购、销售必有订单，订单号为合同号；发票号、零售日报号为必填项；到货必有到货单，发货必有发货单，存货按业务发生日期逐笔记账并制单，暂估业务除外。

存货核算制单时不允许勾选“已结算采购入库单自动选择全部结算单上单据，包括入库单、发票、付款单，非本月采购入库按蓝字报销单制单”选项。

（六）财产清查的处理

公司期末对存货进行清查，根据盘点结果编制“盘点表”，并与账面数据进行比较，由库存管理员审核后进行处理。

（七）损益类科目的结转

每月末将各损益类科目余额转入“本年利润”科目，结转时按收入和支出分别生成记账凭证。

二、建账资料

账套号：101。

账套名称：江苏西域良品电子商贸有限公司。

单位简称：西域良品。

启用日期：2019 年 01 月 01 日。

地址：南京市江宁区上元大街 18 号。

法人代表：张晓明。

电话：025－5216888。

纳税人识别号：189002789201014680。

企业类型：商业企业。

行业性质：2007 年新会计制度科目。

基础信息：存货、客户、供应商是否分类（是），是否有外币核算（是）。

编码方案：科目：4－2－2－2；存货：1－2；客户：1－2；供应商：1－2；部门：1－2；收发类别：1－2。

数据精度：采用系统默认。

启用系统：总账、应收款理系统、应付款管理系统、采购管理系统、销售管理系统、库存管理系统、存货核算系统。

三、账套用户及权限（表 4－1）

4

表 4－1　操作员及权限分工

操作员编号	姓　名	隶属部门	职　务	操　作　分　工
A01	张晓明	总经办	总经理	账套初始化设置权限
W01	陈丽丽	财务部	财务经理	记账凭证的审核、查询、对账、总账结账、编制 UFO 报表

续 表

操作员编号	姓 名	隶属部门	职 务	操 作 分 工
W02	查丽云	财务部	会计	总账(填制、查询凭证、账表、期末处理、记账)、应收应付系统权限,存货核算、UFO 报表权限
W03	李 敏	财务部	出纳	总账(出纳签字),票据管理,收、付款单填制权限(卡片编辑、卡片删除、卡片查询、列表查询)
X01	范晓军	销售部	销售员	销售管理的所有权限
G01	邵云飞	采购部	采购员	采购管理的所有权限
C01	马芳芳	仓管部	库管员	库存管理的所有权限、公用目录和公共单据权限

备注:取消【仓库】【科目】【工资权限】及【用户】的记录级数据权限控制。

四、基础档案设置

(一) 机构人员

1. 设置部门档案(表 4-2)

表 4-2 部 门 档 案

部门编码	部门名称
1	总经办
2	财务部
3	采购部
4	销售部
5	仓储部

2. 设置人员类别(表 4-3)

表 4-3 人员类别资料

分类编码	分类名称
10101	管理人员
10102	采购人员
10103	销售人员

4

3. 设置人员档案(表 4-4)

表 4-4 人 员 档 案

人员编码	人员名称	所属部门	人员类别	性别	是否业务员	业务或费用部门
101	张晓明	总经办	管理人员	男	是	总经办
201	陈丽丽	财务部	管理人员	女	是	财务部

续　表

人员编码	人员名称	所属部门	人员类别	性别	是否业务员	业务或费用部门
202	查丽云	财务部	管理人员	女	是	财务部
203	李　敏	财务部	管理人员	女	是	财务部
301	邵云飞	采购部	采购人员	男	是	采购部
302	刘　明	采购部	采购人员	男	是	采购部
401	范晓军	销售部	销售人员	男	是	销售部
402	王丽丽	销售部	销售人员	女	是	销售部
501	马芳芳	仓储部	管理人员	女	是	仓储部

（二）客商信息

1. 设置地区分类（表 4－5）

表 4－5　地区分类资料

地区分类编码	地区分类
01	江苏省
02	广东省
03	山东省
04	安徽省
05	浙江省
09	其他

2. 设置客户分类（表 4－6）

表 4－6　客户分类资料

客户分类编码	客户分类
1	超市
2	商贸公司
3	零售商店

3. 设置客户档案（表 4－7）

表 4－7　客户档案

客户编码	客户名称	客户简称	所属分类	所属地区	纳税人识别号	地址电话	开户银行	账　号
0001	南京家乐福超市有限公司	家乐福超市	超市	江苏	321098739102864216	江苏省南京市白下区洪武路88号，025－84782888	中国工商银行白下区洪武路支行	3222000065322106

4

续 表

客户编码	客户名称	客户简称	所属分类	所属地区	纳税人识别号	地址电话	开户银行	账 号
0002	南京金润发超市有限公司	金润发超市	超市	江苏	321067731209086435	江苏省南京市玄武区丹凤街39号,025-84586688	中国银行玄武区丹凤街支行	6222021000255321
0003	南京华润苏果有限公司	华润苏果	超市	江苏	321067317608753609	江苏省南京市建邺区南湖路58号,025-86424632	中国建设银行建邺区南湖路支行	3410000121100023
0004	南京沃尔玛超市有限公司	沃尔玛超市	超市	江苏	321066315618753890	江苏省南京市白下区龙蟠中路260号,025-84585656	中国农业银行白下区龙蟠中路支行	4180903457821082
0005	南京金联强商贸有限公司	金联强商贸	商贸	江苏	321066314568843279	南京市鼓楼区中央北路120号,025-84227728	中国工商银行鼓楼区中央北路支行	6209860912456418
0006	合肥恒鑫商贸有限公司	恒鑫商贸	商贸	安徽	321056436126975435	安徽合肥市双七路中兴西湖花园22号,0551-64267412	中国建设银行双七路中兴西湖花园支行	6277620185600022
0007	杭州日新商贸有限公司	日新商贸	商贸	浙江	321067218126734568	杭州市上城区开元路19号,0571-87014880	中国农业银行上城区开元路支行	6210890611200268
0008	南京大学便利店	南大便利店	零售商店					

4. 设置供应商分类(表4-8)

表4-8 供应商分类资料

供应商分类编码	供应商分类
1	鼠标
2	键盘
3	摄像头
4	耳机
9	其他

5. 设置供应商档案(表4-9)

表4-9 供应商档案

客户编码	供应商名称	供应商简称	所属分类	所属地区	纳税人识别号	地址电话	开户银行	账 号
0001	东莞至上制品厂	至上制品	1	广东省	1301857233544816864215	东莞万江区莫屋村第二工业区,0769-23294071	中国工商银行东莞万江区支行	6222000025532490

续 表

客户编码	供应商名称	供应商简称	所属分类	所属地区	纳税人识别号	地址电话	开户银行	账号
0002	广州紫战电子科技有限公司	紫战公司	3	广东省	32411577732 12572734567	广州市天河区石牌西路36号,020-85556888	中国银行天河区支行	62100600 59793452
0003	山东日月新电子科技有限公司	日月新公司	2	山东省	14030054223 11388734890	山东聊城嘉明开发区西区1号,0635-8723236	中国建设银行嘉明开发区支行	23006002 36934526
0004	杭州高登商业电子有限公司	高登商业	4	浙江省	64030058873 13218734356	上海市长宁区江苏北路88号,021-82821822	中国工商银行长宁区江苏北路支行	62020050 90026669

(三)存货信息

1. 设置存货分类(表4-10)

表4-10 存货分类资料

分类编码	分类名称
1	鼠标
2	键盘
3	摄像头
4	耳机
9	其他

2. 设置计量单位组(表4-11)

表4-11 计量单位组资料

计量单位组编码	计量单位组名称	计量单位组类别	计量单位编码	计量单位
01	自然单位	无换算	01	只
01	自然单位	无换算	02	个
01	自然单位	无换算	03	公里

3. 设置存货档案(表4-12)

表4-12 存货档案

分类编码	所属类别	存货编码	存货名称	计量单位	税率	存货属性
1	鼠标	101	MS-201OR 2.4G无线鼠标	只	13%	外购、内销
		102	N107有线鼠标	只	13%	外购、内销
		103	N500游戏大鼠标	只	13%	外购、内销

4

续 表

分类编码	所属类别	存货编码	存 货 名 称	计量单位	税率	存货属性
2	键盘	201	HY-MA75 双 USB 接口键盘	只	13%	外购、内销
		202	HY-KA7 USB 无边框键盘	只	13%	外购、内销
		203	K50 有线游戏键盘	只	13%	外购、内销
3	摄像头	301	PKS-820G 超清摄像头	个	13%	外购、内销
		302	第一眼 L8 摄像头	个	13%	外购、内销
		303	网魔 V6 摄像头	个	13%	外购、内销
4	耳机	401	CJC-818MV 头戴式耳机	个	13%	外购、内销
		402	月光宝盒 EP2526 耳机	个	13%	外购、内销
		403	DX-129 入耳式耳机	个	13%	外购、内销
9	其他	901	运输费	公里	9%	外购、内销、应税劳务

(四) 财务信息

1. 需要增加和修改的会计科目(表 4-13)

表 4-13 需要增加和修改的会计科目资料

科目编码	科目名称	外币币种	辅助账类型	账页格式	余额方向	受控系统	银行账	日记账
1001	库存现金			金额式	借			Y
1002	银行存款			金额式	借		Y	Y
100201	工行存款			金额式	借		Y	Y
1012	其他货币资金			金额式	借			
101201	存出投资款			金额式	借			
1121	应收票据		客户往来	金额式	借	应收系统		
112101	银行承兑汇票		客户往来	金额式	借	应收系统		
112102	商业承兑汇票		客户往来	金额式	借	应收系统		
1122	应收账款		客户往来	金额式	借	应收系统		
1123	预付账款		供应商往来	金额式	借	应付系统		
1481	合同资产		客户往来	金额式	借	应收系统		
2001	短期借款			金额式	贷			
200101	中国工商银行济南天桥支行			金额式	贷			
2201	应付票据		供应商往来	金额式	贷	应付系统		
220101	银行承兑汇票		供应商往来	金额式	贷	应付系统		

4

续 表

科目编码	科目名称	外币币种	辅助账类型	账页格式	余额方向	受控系统	银行账	日记账
220102	商业承兑汇票		供应商往来	金额式	贷	应付系统		
2202	应付账款			金额式	贷			
220201	一般应付款		供应商往来	金额式	贷	应付系统		
220202	暂估应付款		供应商往来	金额式	贷			
2203	预收账款		客户往来	金额式	贷	应收系统		
2204	合同负债		客户往来	金额式	贷	应收系统		
2221	应交税费			金额式	贷			
222101	应交增值税			金额式	贷			
22210101	进项税额			金额式	借			
22210102	已交税金			金额式	借			
22210103	减免税款			金额式	借			
22210104	转出未交增值税			金额式	借			
22210106	销项税额			金额式	贷			
22210107	进项税额转出			金额式	贷			
22210108	转出多交增值税			金额式	贷			
410415	未分配利润			金额式	贷			
6601	销售费用			金额式	借			
660101	职工薪酬			金额式	借			
660102	折旧费			金额式	借			
660103	广告费			金额式	借			
660104	委托代销手续费			金额式	借			
660105	赠品费用			金额式	借			
660109	其他			金额式	借			
6602	管理费用			金额式	借			
660201	职工薪酬			金额式	借			
660202	折旧费			金额式	借			
660203	办公费			金额式	借			
660209	其他			金额式	借			

4

2. 设置凭证类别

设置凭证类别为“记账凭证”。

(五) 收付结算

1. 设置结算方式(表 4-14)

表 4-14 结算方式资料

编号	结算方式名称
1	现金
2	支票
201	现金支票
202	转账支票
3	汇票
301	银行承兑汇票
4	电汇
5	托收承付
9	其他

2. 设置本单位开户银行

修改银行档案：01 工商银行，取消“企业规则账户”。

企业开户银行编码：01。

开户银行名称：中国工商银行南京市上元大街支行。

账号：6220987022300068。

账户名：江苏西域良品电子商贸有限公司。

币种：人民币。

所属银行：中国工商银行。

(六) 业务信息

1. 设置仓库档案(表 4-15)

表 4-15 仓库档案

仓库编码	仓库名称	计价方式
01	鼠标	全月平均法
02	键盘	全月平均法
03	摄像头	先进先出法
04	耳机	先进先出法
05	其他	先进先出法

2. 设置收发类别(表 4－16)

表 4－16　收发类别资料

收发类别编码	收发类别名称	收发标志	收发类别编码	收发类别名称	收发标志
1	入　库	收	2	出　库	发
101	采购入库	收	201	销售出库	发
102	采购退货	收	202	销售退货	发
103	盘盈入库	收	203	盘亏出库	发
109	其他入库	收	209	其他出库	发

3. 设置采购和销售类型(表 4－17)

表 4－17　采购和销售类型资料

	名　称	出入库类别		名　称	出入库类别
采购类型	01 普通采购	采购入库	销售类型	01 普通销售	销售出库
	02 采购退货	采购退货		02 销售退货	销售退货

4. 设置费用项目(表 4－18)

表 4－18　费用项目资料

费用项目分类编码	费用项目分类名称	费用项目编码	费用项目名称
0	无分类	01	运输费

5. 设置非合理损耗的类型(表 4－19)

表 4－19　非合理损耗的类型资料

非合理损耗类型编码	非合理损耗类型名称
01	运输部门责任

五、单据设置

将销售订单、销售专用发票、销售普通发票、零售日报、采购订单、采购专用发票的订单号修改位，完全手工编号。

六、采购管理与应付款管理初始设置

1. 设置采购选项

允许超订单到货及入库，其他默认。

2. 设置应付款管理参数

单据审核日期依据单据日期，自动计算现金折扣，勾选核销生成凭证，其他默认。

3. 设置应付款管理系统科目

(1) 基本科目设置：应付科目为220201，预付科目为1123，税金科目为22210101，采购科目为1402，现金折扣科目为6603，银行承兑科目为220101，商业承兑科目为220102。

(2) 控制科目设置：应付科目为220201，预付科目为1123。

(3) 产品科目设置：采购科目为1402，税金科目为22210101。

(4) 结算方式科目设置：现金对应1001，现金支票、转账支票、电汇、其他对应100201。

4. 录入应付款管理系统期初余额(表4-20～表4-22)

表4-20 应付账款——一般应付款(220201)期初余额

日期	供应商简称	摘要	方向	金额/元
2018-12-25	至上制品	2018年12月25日，采购MS-201OR 2.4G无线鼠标600只，不含税单价50元。票号68730091	贷	33 900.00
2018-12-21	高登商业	2018年12月21日，采购月光宝盒EP2526耳机500个，不含税单价19元，票号68910082	贷	10 735.00

表4-21 预付账款(1123)期初余额

日期	供应商简称	摘要	方向	金额/元	结算方式
2018-12-09	日月新公司	预付日月新公司货款，票号68412561	借	5 000.00	电汇

表4-22 应付票据——商业承兑汇票(220102)期初余额

日期	供应商简称	摘要	方向	金额/元	结算方式
2018-12-15	高登商业	向高登商业签发的商业承兑汇票，签发日期2018年12月15日，到期日2019年3月15日，票面利率3%，票号88680123	贷	3 000.00	商业承兑汇票

七、销售管理与应收款管理初始设置

1. 设置销售选项

有零售日报业务，取消销售生成出库单，新增退货单参照发货单，新增发票参照订单。

2. 设置应收款管理系统参数

4

单据审核日期依据单据日期，自动计算现金折扣，坏账处理方式：应收账款余额百分比法，勾选核销生成凭证；其他参数为系统默认。

3. 设置应收款管理系统科目

(1) 基本科目设置：销售收入科目为6001，销售退回科目为6001，坏账入账科目为1231，银行承兑科目为112101，商业承兑汇票科目112102。

(2) 控制科目设置：应收科目为1122，预收科目为2203。

(3) 产品科目：鼠标、键盘、摄像头、耳机的销售收入科目均为6001，应交增值税科目为

22210106，销售退回科目为6001。

(4) 结算方式科目设置：现金对应1001，现金支票、转账支票、电汇、其他对应100201。

(5) 坏账准备设置：提取比例为0.5%，坏账准备期初余额为1 200.00，坏账准备科目为1231，对方科目为6701。

4. 录入应收款管理系统期初余额（表4-23～表4-25）

表4-23 应收账款(1122)期初余额

日 期	客户简称	摘 要	方向	金额/元
2018-12-09	金润发超市	销售N500游戏大鼠标500只，无税单价78元/只，票号68754320	借	44 070.00
2018-12-03	恒鑫商贸	销售HY-MA75双USB接口键盘1000只，无税单价50元/只，DX-129入耳式耳机800只，无税单价40元/只，票号68754598	借	92 660.00

表4-24 预收账款(2203)期初余额

日 期	客户简称	摘 要	方向	金额/元	结算方式
2018-12-15	华润苏果	收到华润苏果超市预付的货款，票号32918324	贷	4 000.00	转账支票

表4-25 应收票据——银行承兑汇票(220101)期初余额

日 期	客户简称	摘 要	方向	金额/元	结算方式
2018-12-19	金联强商贸	收到金联强商贸签发的银行承兑汇票，签发日期2018-12-19，到期日2019-05-19，票号88754321，承兑银行：工商银行	借	8 000.00	银行承兑汇票

八、库存管理与存货核算管理初始设置

1. 设置库存管理系统参数

修改现存量时点为采购入库审核、销售出库审核、其他出入库审核时。

2. 录入库存期初数据（表4-26）

表4-26 库存期初资料

存货类别	仓库类别	存货编码	存货名称	单位	数量	单价	金额/元
鼠标	01 鼠标	101	MS-201OR 2.4G无线鼠标	只	800	50.00	40 000.00
		102	N107有线鼠标	只	1 000	30.00	30 000.00
		103	N500游戏大鼠标	只	600	52.00	31 200.00
键盘	02 键盘	201	HY-MA75双USB接口键盘	只	800	30.00	24 000.00
		202	HY-KA7 USB无边框键盘	只	1 000	35.00	35 000.00
		203	K50有线游戏键盘	只	800	36.00	28 800.00

续 表

存货类别	仓库类别	存货编码	存货名称	单位	数量	单价	金额/元
耳机	04 耳机	401	CJC－818MV 头戴式耳机	个	750	21.00	15 750.00
		402	月光宝盒 EP2526 耳机	个	190	19.00	3 610.00
		403	DX－129 入耳式耳机	个	880	25.00	22 000.00
			合 计				230 360.00

3. 设置存货核算系统参数

(1) 销售成本核算方式为销售出库单，其余默认系统提供参数。

(2) 录入期初数据：同库存管理期初数据。

4. 设置存货核算系统科目

(1) 设置存货科目。

鼠标库、键盘库、摄像头库、耳机存货科目为“1405 库存商品”。

(2) 设置存货对方科目。

盘盈入库的对方科目为“1901 待处理财产损溢”。

销售出库、销售退货的对方科目均为“6401 主营业务成本”。

盘亏出库的对方科目为“1901 待处理财产损溢”。

(3) 税金科目：

鼠标库、键盘库、摄像头库、耳机科目为“22210101 进项税额”。

九、总账管理系统初始设置

(一) 设置参数(表 4－27)

表 4－27 总账管理系统参数资料

选项卡	参数设置
凭证	取消“制单序时控制” 取消“现金流量科目必录现金流量项目” 自动填补凭证断号 其他采用系统默认值
权限	出纳凭证必须经由出纳签字 取消“允许修改、作废他人填制的凭证” 其他采用系统默认值
会计日历	采用系统默认值
其他	部门、个人、项目排序方式均按编码排序

(二) 录入期初余额

1. 总账账户期初余额(表 4-28)

表 4-28 期初余额表

科 目 名 称	方向	期初余额/元
库存现金(1001)	借	10 000.00
银行存款(1002)	借	507 054.40
应收票据(1121)	借	8 000.00
银行承兑汇票(112101)	借	8 000.00
应收账款(1122)	借	44 070.00
预付账款(1123)	借	5 000.00
坏账准备(1231)	贷	1 200.00
库存商品(1405)	借	230 360.00
固定资产(1601)	借	847 000.00
累计折旧(1602)	贷	156 503.40
短期借款(200101)	贷	19 626.20
应付票据(2201)	贷	3 000.00
商业承兑汇票(220102)	贷	3 000.00
应付账款(2202)	贷	68 320.00
一般应付款(220201)	贷	44 635.00
暂估应付款(220202)	贷	22 500.00
预收账款(2203)	贷	4 000.00
实收资本(4001)	贷	1 400 000.00
资本公积(4002)	贷	92 679.80

2. 辅助核算账户期初余额(表 4-29～表 4-35)

表 4-29 应收账款(112201)期初余额

日 期	客户简称	摘 要	方向	金额/元
2018-12-09	金润发超市	销售 N500 游戏大鼠标 500 只,无税单价 78 元/只,票号 68754320	借	44 070.00

表 4-30 预收账款(2203)期初余额

日 期	客户简称	摘 要	方向	金额/元	结算方式
2018-12-15	华润苏果	收到华润苏果超市预付的货款,票号 32918324	贷	4 000.00	转账支票

4

表 4-31 应收票据——银行承兑汇票(112101)期初余额

日　期	客户简称	摘　　要	方向	金额/元	结算方式
2018-12-19	金联强商贸	收到金联强商贸签发的银行承兑汇票，签发日期 2018-12-19，到期日 2019-05-19，票号 88754321	借	8 000.00	银行承兑汇票

表 4-32 应付账款——一般应付款(220201)期初余额

日　期	供应商简称	摘　　要	方向	金额/元
2018-12-25	至上制品	2018 年 12 月 25 日，采购 MS-201OR 2.4G 无线鼠标 600 只，不含税单价 50 元。发票号 68730091	贷	33 900.00
2018-12-21	高登商业	2018 年 12 月 21 日，采购月光宝盒 EP2526 耳机 500 个，不含税单价 19 元，票号 68910082	贷	10 735.00

表 4-33 应付账款——暂估应付款(220202)

日　期	供应商简称	摘　　要	方向	金额/元
2018-12-28	至上制品	采购 N107 有线鼠标 750 只，不含税单价为 30 元	贷	22 500.00

表 4-34 预付账款(1123)期初余额

日　期	供应商简称	摘　　要	方向	金额/元	结算方式
2018-12-09	日月新公司	预付日月新公司货款，票号 68412561	借	5 000.00	电汇

表 4-35 应付票据——商业承兑汇(220102)期初余额

日　期	供应商简称	摘　　要	方向	金额/元	结算方式
2018-12-15	高登商业	向高登商业签发的商业承兑汇票，签发日期 2018 年 12 月 15 日，到期日 2019 年 3 月 15 日，票面利率 3%，票号 88680123	贷	3 000.00	商业承兑汇票

(三) 设置期间损益转账定义

定义“期间损益结转”凭证，本年利润科目设置为“4103 本年利润”。

第二部分　试题题面

4

一、系统初始化

【总体要求】

使用 101 账套的总账、采购管理、销售管理、库存管理、存货核算、应收款管理、应付款管理系统完成以下初始化任务。(满分 20 分)

【工作任务】

【任务 1.1】 指定现金科目，银行存款科目。

【任务 1.2】 增加付款条件(表 4-36)。

表 4-36 付款条件

付款条件编码	信用天数	优惠天数 1	优惠率 1	优惠天数 2	优惠率 2
01	30	10	2	20	1

【任务 1.3】 设置鼠标库和键盘库的计价方式为先进先出法。

【任务 1.4】 设置销售成本核算方式为销售发票,暂估方式为单到回冲。

【任务 1.5】 设置应收管理系统基本科目:应收科目、预收科目、税金科目、现金折扣科目。

【任务 1.6】 录入总账期初余额(表 4-37),并试算平衡。

表 4-37 总账期初余额

日期	票号	客户简称	部门	货物名称	数量	含税单价	金额/元
2018-12-03	68754598	恒鑫商贸	销售部	HY-MA75 双 USB 接口键盘	1 000.00	56.5	92 660.00
				DX-129 入耳式耳机	800.00	45.2	

【任务 1.7】 录入期初采购入库单,并进行采购、存货期初记账。

2018 年 12 月 25 日,采购部邵云飞从至上制品采购 N107 有线鼠标 750 只,不含税单价为 30 元,已入库,普通采购,入库类别为采购入库,采购发票未到,款未付,价款合计 22 500 元。

【任务 1.8】 设置采购入库的对方科目、暂估科目。

【任务 1.9】 设置总账系统参数:“数量小数位”“单价小数位”“本位币精度”分别为 2、2、2。

【任务 1.10】 增加结算方式(表 4-38)。

表 4-38 结算方式

结算方式编码	结算方式名称
302	商业承兑汇票
6	同城特约委托收款

【任务 1.11】 设置库存管理系统参数:出库单成本为“最新成本”。

二、业务处理与会计核算

【总体要求】

使用 101 账套的总账、采购管理、销售管理、应收款管理、应付款管理、库存管理和存货管理系统完成以下业务处理。(满分 70 分)

【工作任务】

对江苏西域良品电子商贸有限公司 2019 年 1 月份发生的业务进行处理。(注:存货按

业务发生日期逐笔记账和制单，暂估业务除外）

【任务 2.1】 1 日，采购部邵云飞与至上制品签订合同。取得相关凭证如图 4－1～图 4－4 所示。

购销合同

供货方：东莞至上制品厂　　合同号：CG0001

购买方：江苏西城良品电子商贸有限公司　　签订日期：2019年01月01日

为保护买卖双方的合法权益，买卖双方根据《中华人民共和国合同法》的有关规定，经友好协商，一致同意签订本合同并共同遵守。

一、商品的名称、数量及金额

商品名称	规格型号	计量单位	数量	单价（不含税）	金额（不含税）	税率	税额
MS-2010R 2.4G无线鼠标		只	500	50.00	25000.00	13%	3250.00
N500 游戏大鼠标		只	600	52.00	31200.00	13%	4056.00
合计			1100	—	￥56200.00	—	￥7306.00
货款总计（大写）：人民币陆万叁仟伍佰零陆元整					（小写）：￥63506.00		

二、质量验收标准：按国家行业标准执行。

三、交货日期：2019年01月01日。

四、交货地点：江苏西城良品电子商贸有限公司。

五、结算方式：电汇，合同签订当天支付全部货款。

六、发运方式及费用承担：公路运输，相关费用由供货方承担。

七、其　他：存在商品质量及溢余等情况，经双方协商，另行解决。

八、违约条款：违约方须赔偿对方一切经济损失。但遇天灾人祸或其他人力不能控制之因素而导致延误交货，需方不能要求供方赔偿任何损失。

九、合同纠纷解决方式：经双方协商解决，如协商不成的，可向当地仲裁委员会提出申诉解决。

十、本合同一式两份，双方各执一份，自签订之日起生效。

供方（盖章）
税　号：1301857233544816864215
开户银行：中国工商银行东莞万江区支行
银行账号：6222000025532490
地　址：东莞万江区荚屋村第二工业区
法定代表：张子兴
联系电话：0769-23294071

需方（盖章）
税　号：189002789201014680
开户银行：中国工商银行南京市上元大街支行
银行账号：6220987022300068
地　址：南京市江宁区上元大街18号
法定代表：张晓明
联系电话：025-52168868

图 4－1 【1 月 1 日业务】原始凭证 1

4

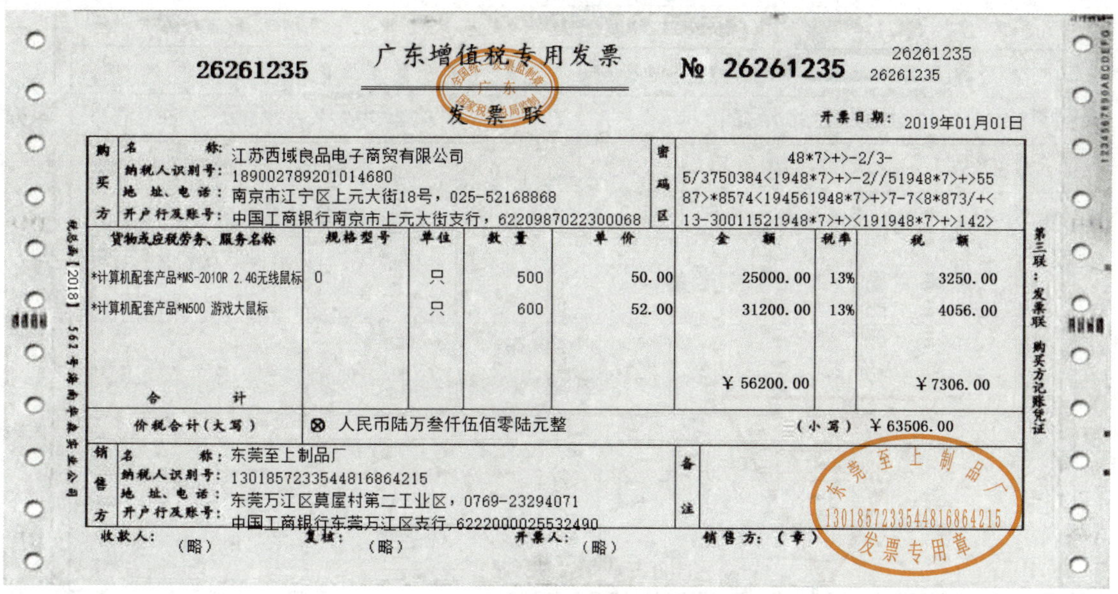

26261235 广东增值税专用发票 № 26261235 26261235 26261235

发票联

开票日期：2019年01月01日

购买方	名称：江苏西域良品电子商贸有限公司 纳税人识别号：189002789201014680 地址、电话：南京市江宁区上元大街18号，025-52168868 开户行及账号：中国工商银行南京市上元大街支行，6220987022300068	密码区	48*7>+>-2/3- 5/3750384<1948*7>+>-2//51948*7>+>55 87>*8574<194561948*7>+>7-7<8*873/+< 13-30011521948*7>+><191948*7>+>142>

货物或应税劳务、服务名称	规格型号	单位	数量	单价	金额	税率	税额
*计算机配套产品*MS-2010R 2.4G无线鼠标	0	只	500	50.00	25000.00	13%	3250.00
*计算机配套产品*N500 游戏大鼠标		只	600	52.00	31200.00	13%	4056.00
合计					¥56200.00		¥7306.00
价税合计（大写）	⊗ 人民币陆万叁仟伍佰零陆元整				（小写）¥63506.00		

销售方	名称：东莞至上制品厂 纳税人识别号：1301857233544816864215 地址、电话：东莞万江区莫屋村第二工业区，0769-23294071 开户行及账号：中国工商银行东莞万江区支行，6222000025532490	备注	东莞至上制品厂 1301857233544816864215 发票专用章

收款人：（略） 复核：（略） 开票人：（略） 销售方：（章）

税总函【2018】561号海南华森实业公司

第三联：发票联 购买方记账凭证

图4-2 【1月1日业务】原始凭证2

入 库 单

2019年 01月 01日 单号 12

交来单位及部门	东莞至上制品厂	发票号码或生产单号	（无）	验收仓库	鼠标	入库日期	2019年01月01日

编号	名称及规格	单位	数量 交库	数量 实收	单价	金额	备注
101	MS-2010R 2.4G无线鼠标	只	500	500			
103	N500 游戏大鼠标	只	600	600			
合计			1100	1100	—		—

部门经理：（略） 会计：（略） 仓库：（略） 经办人：（略）

会计联

图4-3 【1月1日业务】原始凭证3

4

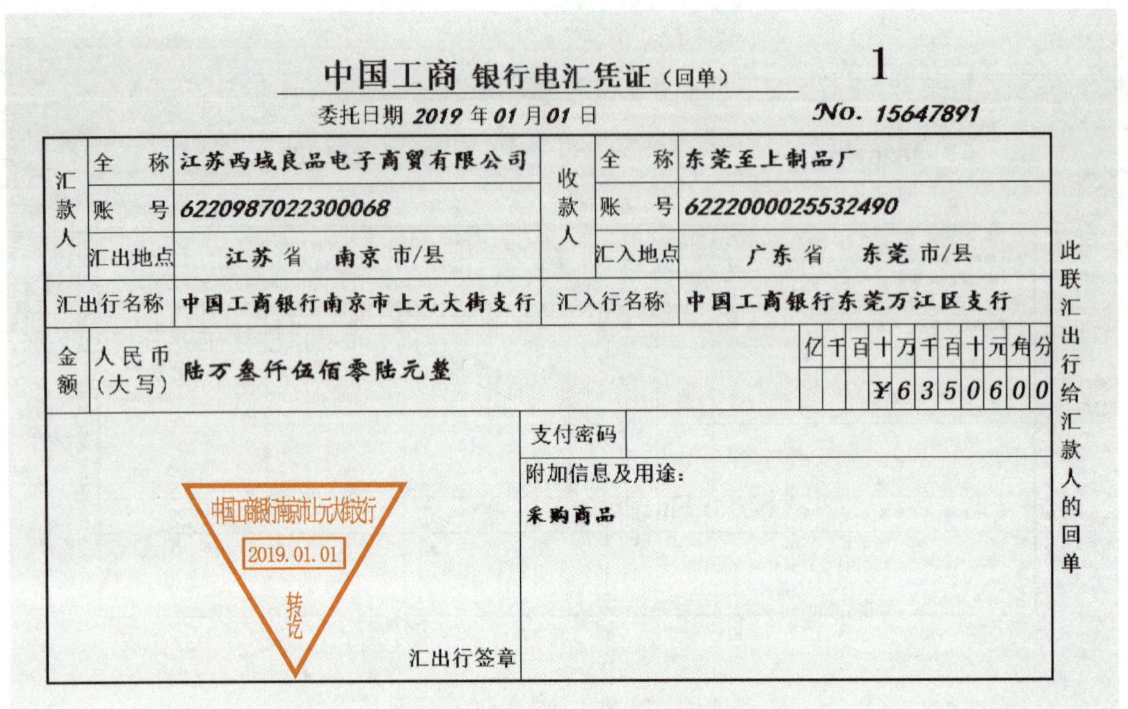

中国工商 银行电汇凭证（回单） 1

委托日期 2019 年 01 月 01 日　　No. 15647891

汇款人	全　称	江苏西域良品电子商贸有限公司	收款人	全　称	东莞至上制品厂
	账　号	6220987022300068		账　号	6222000025532490
	汇出地点	江苏 省　南京 市/县		汇入地点	广东 省　东莞 市/县
汇出行名称		中国工商银行南京市上元大街支行	汇入行名称		中国工商银行东莞万江区支行
金额	人民币（大写）	陆万叁仟伍佰零陆元整		亿千百十万千百十元角分	¥ 6 3 5 0 6 0 0

支付密码

附加信息及用途：采购商品

中国工商银行南京市上元大街支行　2019.01.01　转讫

汇出行签章

此联汇出行给汇款人的回单

图 4-4 【1 月 1 日业务】原始凭证 4

【任务 2.2】 2 日，收到 2018 年 12 月 25 日从至上制品采购 N107 有线鼠标的发票。取得相关凭证如图 4-5、图 4-6 所示。

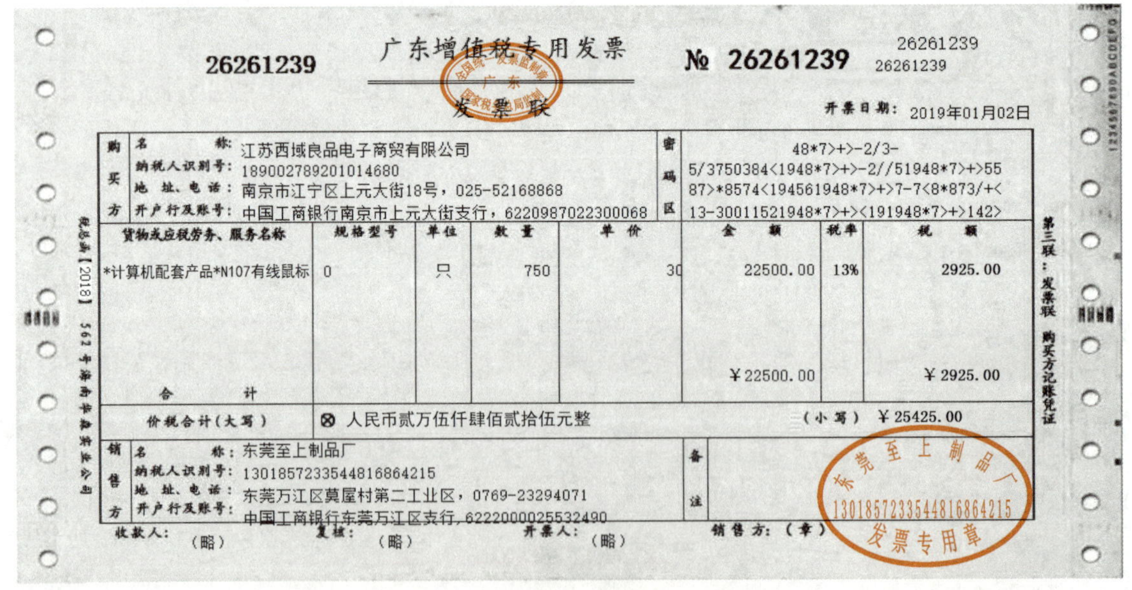

26261239　**广东增值税专用发票**　№ 26261239　26261239 26261239

发票联

开票日期：2019年01月02日

购买方	名称：江苏西域良品电子商贸有限公司 纳税人识别号：189002789201014680 地址、电话：南京市江宁区上元大街18号，025-52168868 开户行及账号：中国工商银行南京市上元大街支行，6220987022300068	密码区	48*7>+>-2/3- 5/3750384<1948*7>+>-2//51948*7>+>55 87>*8574<194561948*7>+>7-7<8*873/+< 13-30011521948*7>+><191948*7>+>142>

货物或应税劳务、服务名称	规格型号	单位	数量	单价	金额	税率	税额
*计算机配套产品*N107有线鼠标	0	只	750	30	22500.00	13%	2925.00
合　计					¥22500.00		¥2925.00
价税合计（大写）	⊗ 人民币贰万伍仟肆佰贰拾伍元整				（小写）¥25425.00		

销售方	名称：东莞至上制品厂 纳税人识别号：130185723354481686421 5 地址、电话：东莞万江区莫屋村第二工业区，0769-23294071 开户行及账号：中国工商银行东莞万江区支行，6222000025532490	备注	东莞至上制品厂 130185723354481686421 5 发票专用章

收款人：（略）　复核：（略）　开票人：（略）　销售方：（章）

第三联：发票联 购买方记账凭证

图 4-5 【1 月 2 日业务】原始凭证 1

【任务 2.3】 4 日，销售部范晓军与家乐福超市有限公司签订销售合同。取得相关凭证如图 4-7～图 4-11 所示。

4

中国工商 银行电汇凭证（回单） 1

委托日期 2019 年 01 月 02 日　　No. 15647895

汇款人	全称	江苏西域良品电子商贸有限公司	收款人	全称	东莞至上制品厂
	账号	6220987022300068		账号	6222000025532490
	汇出地点	江苏 省 南京 市/县		汇入地点	广东 省 东莞 市/县
汇出行名称		中国工商银行南京市上元大街支行	汇入行名称		中国工商银行东莞万江区支行
金额	人民币（大写）	贰万伍仟肆佰贰拾伍元整	亿千百十万千百十元角分		¥2542500
中国工商银行南京市上元大街支行 2019.01.02 转讫 汇出行签章			支付密码		
			附加信息及用途：采购商品		

此联汇出行给汇款人的回单

图 4－6 【1 月 2 日业务】原始凭证 2

购销合同

供货方：江苏西域良品电子商贸有限公司　　合同号：XS0001

购买方：南京家乐福超市有限公司　　签订日期：2019年01月04日

为保护买卖双方的合法权益，买卖双方根据《中华人民共和国合同法》的有关规定，经友好协商，一致同意签订本合同并共同遵守。

一、商品的名称、数量及金额

商品名称	规格型号	计量单位	数量	单价（不含税）	金额（不含税）	税率	税额
HY-KA7 USB无边框键盘		只	800	50.00	40000.00	13%	5200.00
CJC-818MV 头戴式耳机		个	750	35.00	26250.00	13%	3412.50
合计			1550	—	¥66250.00	—	¥8612.50
货款总计（大写）：人民币柒万肆仟捌佰陆拾贰元伍角整					（小写）：¥74862.50		

二、质量验收标准：按国家行业标准执行。

三、交货日期：2019年01月04日。

四、交货地点：南京家乐福超市有限公司。

五、结算方式：转账支票。付款时间：2019年1月04日收取贰万元￥20000.00，剩余部分2019年03月15日收取。

六、发运方式及费用承担：公路运输，相关费用由供货方承担。

七、其　他：存在商品质量及溢余等情况，经双方协商，另行解决。

八、违约条款：违约方须赔偿对方一切经济损失。但遇天灾人祸或其他人力不能控制之因素而导致延误交货，需方不能要求供方赔偿任何损失。

九、合同纠纷解决方式：经双方协商解决，如协商不成的，可向当地仲裁委员会提出申诉解决。

十、本合同一式两份，双方各执一份，自签订之日起生效。

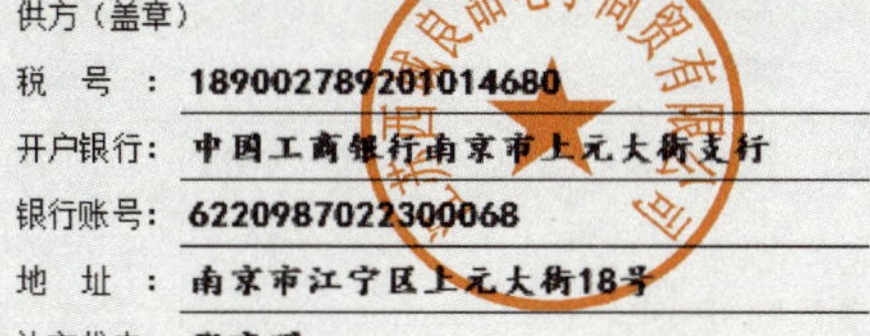

供方（盖章）		需方（盖章）	
税号	189002789201014680	税号	321098739102864216
开户银行	中国工商银行南京市上元大街支行	开户银行	中国工商银行白下区洪武路支行
银行账号	6220987022300068	银行账号	3222000065322106
地址	南京市江宁区上元大街18号	地址	江苏省南京市白下区洪武路88号
法定代表	张晓明	法定代表	王凤宇
联系电话	025-52168868	联系电话	025-84782888

图 4－7 【1 月 4 日业务】原始凭证 1

4

26321459 **江苏增值税专用发票** №26321459 26321459 26321459

此联不作报销、扣税凭证使用

开票日期：2019年01月04日

购买方	名称：南京家乐福超市有限公司 纳税人识别号：321098739102864216 地址、电话：江苏省南京市白下区洪武路88号，025-84782888 开户行及账号：中国工商银行白下区洪武路支行, 3222000065322106				密码区	48*7>+>-2/3- 9875/3750384<1948*7>+>-2//51948*7>+>5544 45987>*8574<194561948*7>+>7-7<8*873/+<424 7913-30011521948*7>+><191948*7>+>142>>8-		
货物或应税劳务、服务名称	规格型号	单位	数量	单价	金额	税率	税额	
*计算机配套产品*HY-KA7 USB无边框键盘	0	只	800	50.00	40000.00	13%	5200.00	
*电子元件*CJC-818MV 头载式耳机		个	750	35.00	26250.00	13%	3412.50	
合计					￥66250.00		￥8612.50	
价税合计（大写）	⊗人民币柒万肆仟捌佰陆拾贰元伍角整				（小写）￥74862.50			
销售方	名称：江苏西域良品电子商贸有限公司 纳税人识别号：189002789201014680 地址、电话：南京市江宁区上元大街18号，025-52168868 开户行及账号：中国工商银行南京市上元大街支行，6220987022300068				备注	江苏西域良品电子商贸有限公司 189002789201014680 发票专用章		

收款人：（略） 复核：（略） 开票人：（略） 销售方：（章）

第一联：记账联 销售方记账凭证

图 4－8 【1 月 4 日业务】原始凭证 2

出 库 单

出货单位：江苏西域良品电子商贸有限公司 2019 年 01 月 04 日 单号：21

提货单位或领货部	南京家乐福超市有限公司	销售单号		发出仓库	键盘	出库日期	2019年01月04日
编号	名称及规格	单位	数量 应发	数量 实发	单价	金额	
202	HY-KA7 USB无边框键盘	只	800	800			
	合计		800	800	—		

部门经理：（略） 会计：（略） 仓库：（略） 经办人：（略）

会计联

图 4－9 【1 月 4 日业务】原始凭证 3

4

出 库 单

出货单位：江苏西域良品电子商贸有限公司　　2019 年 01 月 04 日　　单号：23

提货单位或领货部	南京家乐福超市有限公司	销售单号		发出仓库	耳机	出库日期	2019年01月04日
编号	名称及规格	单位	数量 应发	数量 实发	单价	金额	
401	CJC-818MV 头戴式耳机	个	750	750			
合计			750	750	—		

会计联

部门经理：（略）　会计：（略）　仓库：（略）　经办人：（略）

图 4-10 【1 月 4 日业务】原始凭证 4

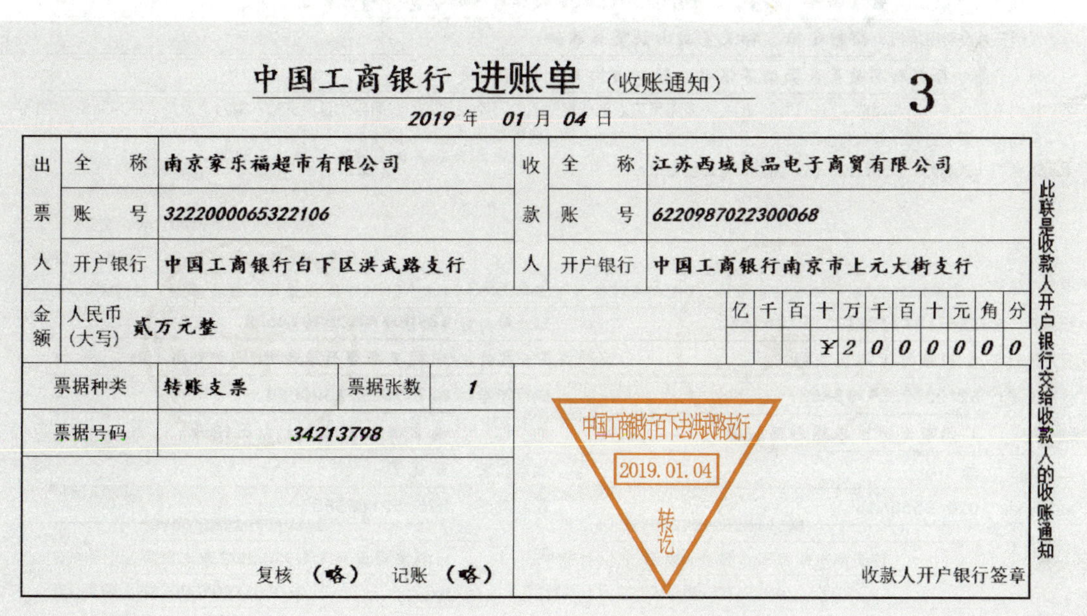

中国工商银行 进账单（收账通知）　3

2019 年 01 月 04 日

出票人	全称	南京家乐福超市有限公司	收款人	全称	江苏西域良品电子商贸有限公司
	账号	3222000065322106		账号	6220987022300068
	开户银行	中国工商银行白下区洪武路支行		开户银行	中国工商银行南京市上元大街支行
金额	人民币（大写）	贰万元整		亿千百十万千百十元角分	¥2000000
票据种类	转账支票	票据张数	1		
票据号码	34213798				

复核（略）　记账（略）　　收款人开户银行签章

此联是收款人开户银行交给收款人的收账通知

图 4-11 【1 月 4 日业务】原始凭证 5

4

【任务 2.4】 6 日，采购部邵云飞与紫战公司签订采购合同。取得相关凭证如图4－12～图 4－14 所示。

购销合同

供货方：广州紫战电子科技有限公司　　合同号：CG0002

购买方：江苏西域良品电子商贸有限公司　　签订日期：2019年01月06日

为保护买卖双方的合法权益，买卖双方根据《中华人民共和国合同法》的有关规定，经友好协商，一致同意签订本合同并共同遵守。

一、商品的名称、数量及金额

商品名称	规格型号	计量单位	数量	单价（不含税）	金额（不含税）	税率	税额
HY-KA7 USB无边框键盘		只	1000	35.00	35000.00	13%	4550.00
K50 有线游戏键盘		只	500	36.00	18000.00	13%	2340.00
合计			1500	—	¥53000.00	—	¥6890.00
货款总计（大写）：人民币伍万玖仟捌佰玖拾元整					（小写）：¥59890.00		

二、质量验收标准：按国家行业标准执行。

三、交货日期：2019年01月06日。

四、交货地点：江苏西域良品电子商贸有限公司。

五、结算方式：电汇，付款条件（2/10,1/10,n/30），现金折扣计算依据不含增值税。

六、发运方式及费用承担：公路运输，相关费用由供货方承担。

七、其　他：存在商品质量及溢余等情况，经双方协商，另行解决。

八、违约条款：违约方须赔偿对方一切经济损失。但遇天灾人祸或其他人力不能控制之因素而导致延误交货，需方不能要求供方赔偿任何损失。

九、合同纠纷解决方式：经双方协商解决，如协商不成的，可向当地仲裁委员会提出申诉解决。

十、本合同一式两份，双方各执一份，自签订之日起生效。

供方（盖章）		需方（盖章）	
税号：	32411577732125727 34567	税号：	189002789201014680
开户银行：	中国银行天河区支行	开户银行：	中国工商银行南京市上元大街支行
银行账号：	6210060059793452	银行账号：	6220987022300068
地址：	广州市天河区石牌西路36号	地址：	南京市江宁区上元大街18号
法定代表：	陈小山	法定代表：	张晓明
联系电话：	020-85556888	联系电话：	025-52168868

图 4－12 【1 月 6 日业务】原始凭证 1

4

35649874 广东增值税专用发票 № 35649874 35649874 35649874

发票联

开票日期：2019年01月06日

购买方	名称：江苏西域良品电子商贸有限公司 纳税人识别号：189002789201014680 地址、电话：南京市江宁区上元大街18号，025-52168868 开户行及账号：中国工商银行南京市上元大街支行，6220987022300068	密码区	48*7>+>-2/3-5/3750384<1948*7>+>-2//51948*7>+>5587>*8574<194561948*7>+>7-7<8*873/+<13-30011521948*7>+><191948*7>+>142>

货物或应税劳务、服务名称	规格型号	单位	数量	单价	金额	税率	税额
*计算机配套产品*HY-KA7 USB无边框键盘	0	只	1000	35.00	35000.00	13%	4550.00
*计算机配套产品*K50 有线游戏键盘		只	500	36.00	18000.00	13%	2340.00
合计					￥53000.00		￥6890.00
价税合计（大写）	⊗ 人民币伍万玖仟捌佰玖拾元整				（小写）￥59890.00		

销售方	名称：广州紫战电子科技有限公司 纳税人识别号：3241157773212572734567 地址、电话：广州市天河区石牌西路36号，020-85556888 开户行及账号：中国银行天河区支行，6210060059793452	备注	

收款人：（略） 复核：（略） 开票人：（略） 销售方：（章）

第三联：发票联 购买方记账凭证

图 4-13 【1月6日业务】原始凭证 2

入 库 单

2019 年 01 月 06 日 单号 15

交来单位及部门	广州紫战电子科技有限公司	发票号码或生产单号	（无）	验收仓库	键盘	入库日期	2019年01月06日

编号	名称及规格	单位	数量 交库	数量 实收	单价	金额	备注
202	HY-KA7 USB无边框键盘	只	1000	1000			
203	K50 有线游戏键盘	只	500	500			
合计			1500	1500	—		—

部门经理：（略） 会计：（略） 仓库：（略） 经办人：（略）

会计联

图 4-14 【1月6日业务】原始凭证 3

4

【任务 2.5】 8 日，销售部范晓军与恒鑫商贸签订购销合同。取得相关凭证如图 4－15、图 4－16 所示。

购销合同

供货方：江苏西域良品电子商贸有限公司　　合同号：XS0002

购买方：合肥恒鑫商贸有限公司　　签订日期：2019年01月08日

为保护买卖双方的合法权益，买卖双方根据《中华人民共和国合同法》的有关规定，经友好协商，一致同意签订本合同并共同遵守。

一、商品的名称、数量及金额

商品名称	规格型号	计量单位	数量	单价（不含税）	金额（不含税）	税率	税额
DX-129 入耳式耳机		个	800	40.00	32000.00	13%	4160.00
合计			800	—	¥32000.00	—	¥4160.00
货款总计（大写）：人民币叁万陆仟壹佰陆拾元整					（小写）：¥36160.00		

二、质量验收标准：按国家行业标准执行。

三、交货日期：2019年01月25日。

四、交货地点：江苏西域良品电子商贸有限公司。

五、结算方式：电汇。2019年1月08日预付款项壹万元整（¥10000.00），剩余货款付款时间：2019年01月25日。

六、发运方式及费用承担：公路运输，相关费用由供货方承担。

七、其　他：存在商品质量及溢余等情况，经双方协商，另行解决。

八、违约条款：违约方须赔偿对方一切经济损失。但遇天灾人祸或其他人为不能控制之因素而导致延误交货，需方不能要求供方赔偿任何损失。

九、合同纠纷解决方式：经双方协商解决，如协商不成的，可向当地仲裁委员会提出申诉解决。

十、本合同一式两份，双方各执一份，自签订之日起生效。

供方（盖章）

税　号：189002789201014680

开户银行：中国工商银行南京市上元大街支行

银行账号：6220987022300068

地　址：南京市江宁区上元大街18号

法定代表：张晓明

联系电话：025-52168868

需方（盖章）

税　号：321056436126975435

开户银行：中国建设银行七路中关西湖花园支行

银行账号：6277620185600022

地　址：安徽合肥市双七路中关西湖花园22号

法定代表：陈建军

联系电话：0551-64267412

图 4－15 【1 月 8 日业务】原始凭证 1

【任务 2.6】 10 日，销售部王丽丽收到南大便利店的零售日报表。取得相关凭证如图 4－17～图 4－20 所示。

4

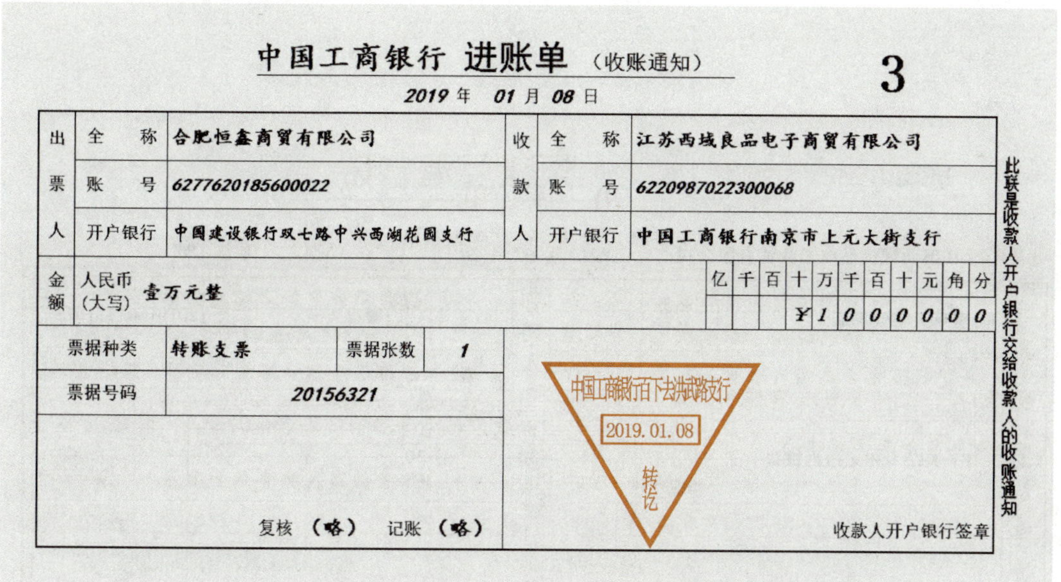

中国工商银行 进账单（收账通知）　　3

2019 年 01 月 08 日

出票人	全称	合肥恒鑫商贸有限公司	收款人	全称	江苏西域良品电子商贸有限公司
	账号	627762018560002 2		账号	6220987022300068
	开户银行	中国建设银行双七路中兴西湖花园支行		开户银行	中国工商银行南京市上元大街支行
金额	人民币（大写）	壹万元整		亿千百十万千百十元角分	￥1000000
票据种类	转账支票	票据张数	1		
票据号码	20156321				

复核（略）　记账（略）　　收款人开户银行签章

中国工商银行百下去洪武路支行 2019.01.08 转讫

此联是收款人开户银行交给收款人的收账通知

图 4－16　【1 月 8 日业务】原始凭证 2

零售日报明细　　NO：20190129

订货日期	品名	数量	含税单价	价税合计
2019.01.10	MS-201OR 2.4G无线鼠标	30	70.00	2100.00
2019.01.10	月光宝盒 EP2526耳机	50	32.00	1600.00
2019.01.10	HY-KA7 USB无边框键盘	30	55.00	1650.00
	合计			5350.00

图 4－17　【1 月 10 日业务】原始凭证 1

出　库　单

出货单位：江苏西域良品电子商贸有限公司　　2019 年 01 月 10 日　　单号：25

提货单位或领货部门	南京大学便利店	销售单号		发出仓库	耳机	出库日期	2019年01月10日

编号	名称及规格	单位	数量 应发	数量 实发	单价	金额
402	月光宝盒 EP2526耳机	只	50	50		
	合计		50	50	—	

会计联

部门经理：（略）　会计：（略）　仓库：（略）　经办人：（略）

图 4－18　【1 月 10 日业务】原始凭证 2

4

出 库 单

出货单位：江苏西域良品电子商贸有限公司　　2019 年 01 月 10 日　　单号：26

提货单位或领货部	南京大学便利店	销售单号		发出仓库	键盘	出库日期	2019年01月10日
编 号	名称及规格	单 位	数量 应发	数量 实发	单 价	金 额	
202	HY-KA7 USB无边框键盘	只	30	30			
合计			30	30	—		

会计联

部门经理：（略）　会计：（略）　仓库：（略）　经办人：（略）

图 4-19 【1 月 10 日业务】原始凭证 3

收 款 收 据　　NO.00490021

2019年01月10日

今 收 到：王丽丽

交 来：购货款

金额（大写）　零佰　零拾　零万　伍仟　叁佰　伍拾　零元　零角　零分

¥ 5350.00　☑ 现金　☐ 支票　☐ 信用卡　☐ 其他　现金收讫　收款单位（盖章）

核准略　会计略　记账略　出纳略　经手人略

第三联交财务

图 4-20 【1 月 10 日业务】原始凭证 4

【任务 2.7】 12 日，本月 1 日购入的 50 只 MS－201OR 2.4G 无线鼠标有质量问题，办理退货。取得相关凭证如图 4－21～图 4－23 所示。

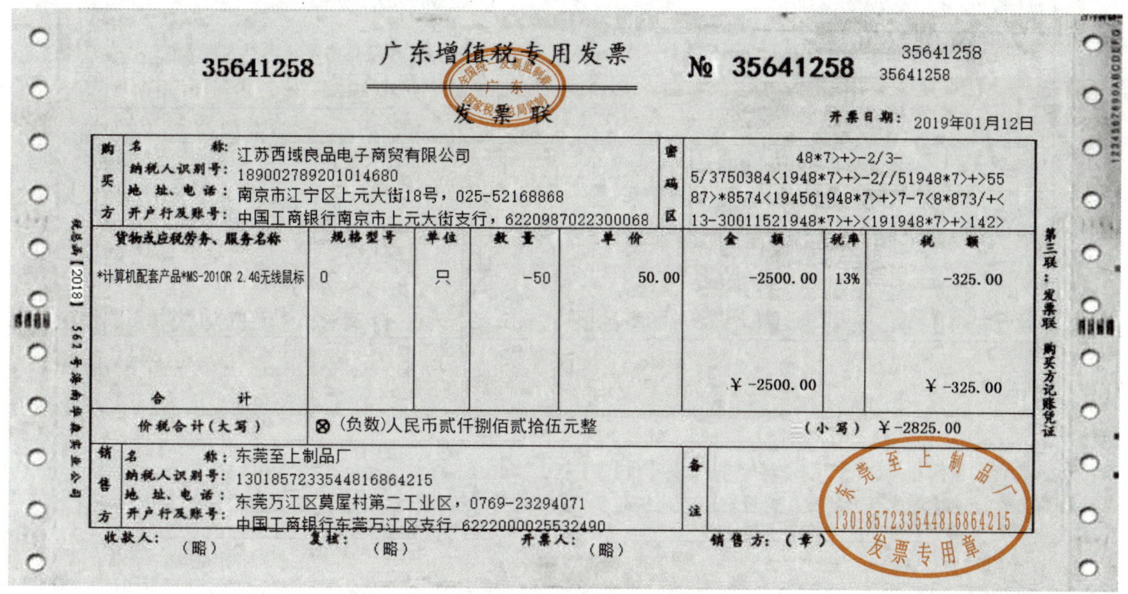

35641258　　广东增值税专用发票　　№ 35641258　　35641258 35641258

发票联

开票日期：2019年01月12日

购买方	名称：江苏西域良品电子商贸有限公司 纳税人识别号：189002789201014680 地址、电话：南京市江宁区上元大街18号，025-52168868 开户行及账号：中国工商银行南京市上元大街支行，6220987022300068	密码区	48*7>+>-2/3- 5/3750384<1948*7>+>-2//51948*7>+>55 87>*8574<194561948*7>+>7-7<8*873/+< 13-30011521948*7>+><191948*7>+>142>

货物或应税劳务、服务名称	规格型号	单位	数量	单价	金额	税率	税额
*计算机配套产品*MS-2010R 2.4G无线鼠标	0	只	-50	50.00	-2500.00	13%	-325.00
合计					￥-2500.00		￥-325.00
价税合计（大写）	⊗（负数）人民币贰仟捌佰贰拾伍元整				（小写）￥-2825.00		

销售方	名称：东莞至上制品厂 纳税人识别号：1301857233544816864215 地址、电话：东莞万江区莫屋村第二工业区，0769-23294071 开户行及账号：中国工商银行东莞万江区支行，6222000025532490	备注	

收款人：（略）　复核：（略）　开票人：（略）　销售方：（章）

第三联：发票联　购买方记账凭证

图 4－21　【1 月 12 日业务】原始凭证 1

入　库　单

2019 年　01 月　12 日　　　单号 16

交来单位及部门	东莞至上制品厂	发票号码或生产单号	（无）		验收仓库	鼠标	入库日期	2019年01月12日
编号	名称及规格	单位	数量 交库	数量 实收	单价	金额	备注	
101	MS-2010R 2.4G无线鼠标	只	-50	-50				
合计			-50	-50	—		—	

部门经理：（略）　会计：（略）　仓库：（略）　经办人：（略）

会计联

图 4－22　【1 月 12 日业务】原始凭证 2

【任务 2.8】 13 日，采购部邵云飞与紫战公司签订采购合同。取得相关凭证如图 4－24 所示。

4

中国工商银行 进账单（收账通知） 3

2019 年 01 月 12 日

出票人			收款人		
出票人	全 称	东莞至上制品厂	收款人	全 称	江苏西域良品电子商贸有限公司
出票人	账 号	6222000025532490	收款人	账 号	6220987022300068
出票人	开户银行	中国工商银行东莞万江区支行	收款人	开户银行	中国工商银行南京市上元大街支行
金额	人民币（大写）	贰仟捌佰贰拾伍元整	亿千百十万千百十元角分		¥2825 00
票据种类	转账支票	票据张数 1			
票据号码	34213799		中国工商银行东莞万江区支行 2019.01.12 转讫		
	复核（略） 记账（略）				收款人开户银行签章

此联是收款人开户银行交给收款人的收账通知

图 4－23 【1 月 12 日业务】原始凭证 3

购销合同

供货方：广州紫践电子科技有限公司　　合同号：CG0003

购买方：江苏西域良品电子商贸有限公司　　签订日期：2019年01月13日

为保护买卖双方的合法权益，买卖双方根据《中华人民共和国合同法》的有关规定，经友好协商，一致同意签订本合同并共同遵守。

一、商品的名称、数量及金额

商品名称	规格型号	计量单位	数量	单价（不含税）	金额（不含税）	税率	税额
PKS-820G 超清摄像头		个	500	50.00	25000.00	13%	3250.00
第一眼 L8摄像头		个	400	35.00	14000.00	13%	1820.00
网魔V6摄像头		个	600	20.00	12000.00	13%	2040.00
合计			1500	—	¥51000.00	—	¥7110.00
货款总计（大写）：人民币伍万捌仟壹佰壹拾元整					（小写）：¥58110.00		

二、质量验收标准：按国家行业标准执行。

三、交货日期：2019年01月20日。

四、交货地点：江苏西域良品电子商贸有限公司。

五、结算方式：银行承兑汇票，付款时间：2019年1月20日。

六、发运方式及费用承担：公路运输，相关费用由供货方承担。

七、其　　他：存在商品质量及溢余等情况，经双方协商，另行解决。

八、违约条款：违约方须赔偿对方一切经济损失。但遇天灾人祸或其他人为不能控制之因素而导致延误交货，需方不能要求供方赔偿任何损失。

九、合同纠纷解决方式：经双方协商解决，如协商不成的，可向当地仲裁委员会提出申诉解决。

十、本合同一式两份，双方各执一份，自签订之日起生效。

4

供方（盖章）		需方（盖章）	
税号：	324115777321257273 4567	税号：	189002789201014680
开户银行：	中国银行天河区支行	开户银行：	中国工商银行南京市上元大街支行
银行账号：	6210060059793452	银行账号：	6220987022300068
地址：	广州市天河区石牌西路36号	地址：	南京市江宁区上元大街18号
法定代表：	陈小山	法定代表：	张晓明
联系电话：	020-85556888	联系电话：	025-52168868

（印章：紫践电子科技有限公司；西域良品电子商贸有限公司）

图 4－24 【1 月 13 日业务】原始凭证

【任务 2.9】 15 日,支付货款(付款单与核销合并制单)。取得相关凭证如图 4-25 所示。

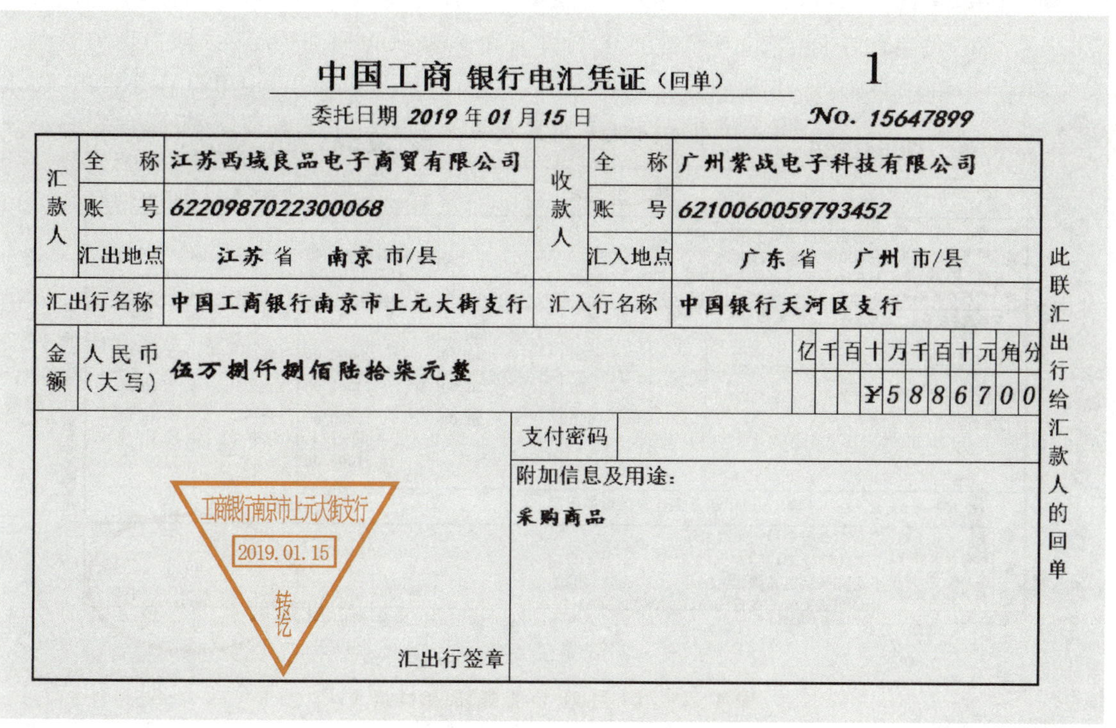

中国工商银行电汇凭证(回单) 1

委托日期 2019 年 01 月 15 日　No. 15647899

汇款人	全称	江苏西域良品电子商贸有限公司	收款人	全称	广州紫战电子科技有限公司
	账号	6220987022300068		账号	6210060059793452
	汇出地点	江苏 省 南京 市/县		汇入地点	广东 省 广州 市/县
汇出行名称		中国工商银行南京市上元大街支行	汇入行名称		中国银行天河区支行
金额	人民币(大写)	伍万捌仟捌佰陆拾柒元整	亿千百十万千百十元角分		¥5886700
汇出行签章			支付密码		
			附加信息及用途: 采购商品		

工商银行南京市上元大街支行 2019.01.15 转讫

此联汇出行给汇款人的回单

图 4-25 【1 月 15 日业务】原始凭证

【任务 2.10】 17 日,收到货款。取得相关凭证如图 4-26 所示。

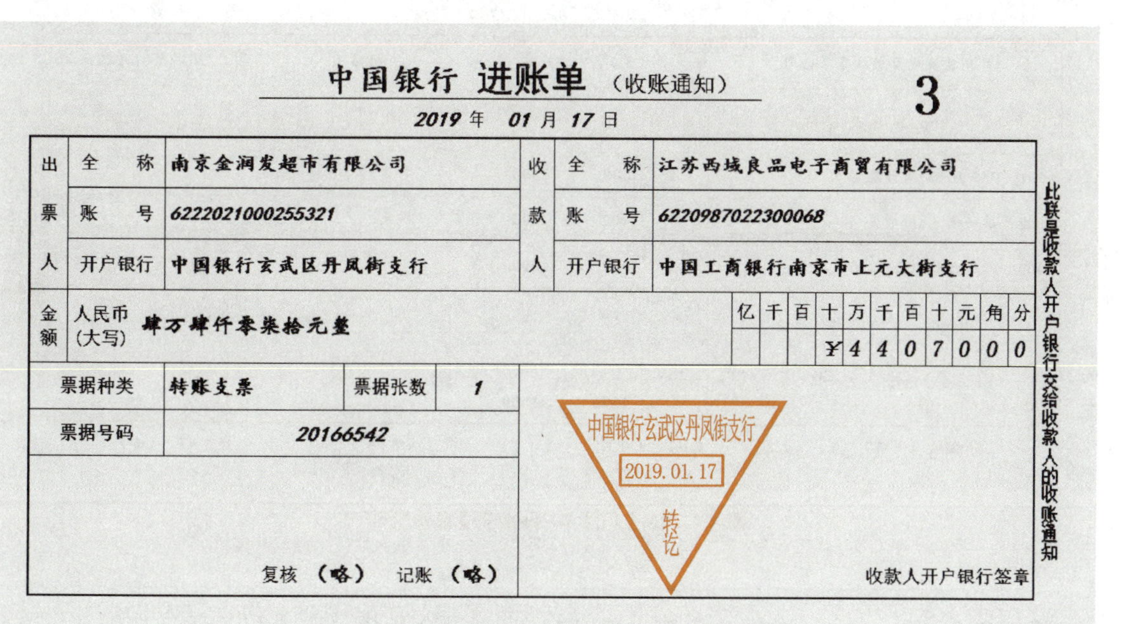

中国银行 进账单 (收账通知) 3

2019 年 01 月 17 日

出票人	全称	南京金润发超市有限公司	收款人	全称	江苏西域良品电子商贸有限公司
	账号	6222021000255321		账号	6220987022300068
	开户银行	中国银行玄武区丹凤街支行		开户银行	中国工商银行南京市上元大街支行
金额	人民币(大写)	肆万肆仟零柒拾元整	亿千百十万千百十元角分		¥4407000
票据种类	转账支票	票据张数	1		
票据号码		20166542			
复核 (略) 记账 (略)					收款人开户银行签章

中国银行玄武区丹凤街支行 2019.01.17 转讫

此联是收款人开户银行交给收款人的收账通知

图 4-26 【1 月 17 日业务】原始凭证

4

【任务 2.11】 20 日，收到从紫战公司采购的商品(CG0003)，同时开出银行承兑汇票支付货款。取得相关凭证如图 4－27～图 4－29 所示。

36541236　　广东增值税专用发票　　№ 36541236　36541236　36541236

发票联

开票日期：2019年01月20日

购买方	名　　称：江苏西域良品电子商贸有限公司 纳税人识别号：189002789201014680 地 址、电 话：南京市江宁区上元大街18号，025-52168868 开户行及账号：中国工商银行南京市上元大街支行，6220987022300068	密码区	48*7>+>-2/3- 5/3750384<1948*7>+>-2//51948*7>+>55 87>*8574<194561948*7>+>7-7<8*873/+< 13-30011521948*7>+><191948*7>+>142>

货物或应税劳务、服务名称	规格型号	单位	数量	单价	金额	税率	税额
*计算机外部设备*PKS-820G 超清摄像头		个	500	50.00	25000.00	13%	3250.00
*计算机外部设备*第一眼 L8摄像头		个	400	35.00	14000.00	13%	1820.00
*计算机外部设备*网魔V6摄像头		个	600	20.00	12000.00	13%	2040.00
合　　计					¥51000.00		¥7110.00
价税合计(大写)	⊗ 人民币伍万捌仟壹佰壹拾元整				(小写) ¥58110.00		

销售方	名　　称：广州紫战电子科技有限公司 纳税人识别号：324115777321257273 4567 地 址、电 话：广州市天河区石牌西路36号，020-85556888 开户行及账号：中国银行天河区支行，6210060059793452	备注	

收款人：(略)　　复核：(略)　　开票人：(略)　　销售方：(章)

税总函[2018]562号海南华森实业公司

第三联：发票联　购买方记账凭证

广州紫战电子科技有限公司　324115777321257273 4567　发票专用章

图 4－27 【1 月 20 日业务】原始凭证 1

入　库　单

2019 年 01 月 20 日　　　　单号 19

交来单位及部门	广州紫战电子科技有限公司		发票号码或生产单号	(无)		验收仓库	摄像头	入库日期	2019年01月20日
编号	名称及规格	单位	数量 交库	数量 实收	单价	金额	备注		
301	PKS-820G 超清摄像头	个	500	500					
302	第一眼 L8摄像头	个	400	400					
303	网魔V6摄像头	个	600	600					
合　　计			1500	1500	—		—		

会计联

部门经理：(略)　　会计：(略)　　仓库：(略)　　经办人：(略)

图 4－28 【1 月 20 日业务】原始凭证 2

【任务 2.12】 25 日，向恒鑫商贸发货，同时收到剩余货款。取得相关凭证如图 4－30～图 4－32 所示。

4

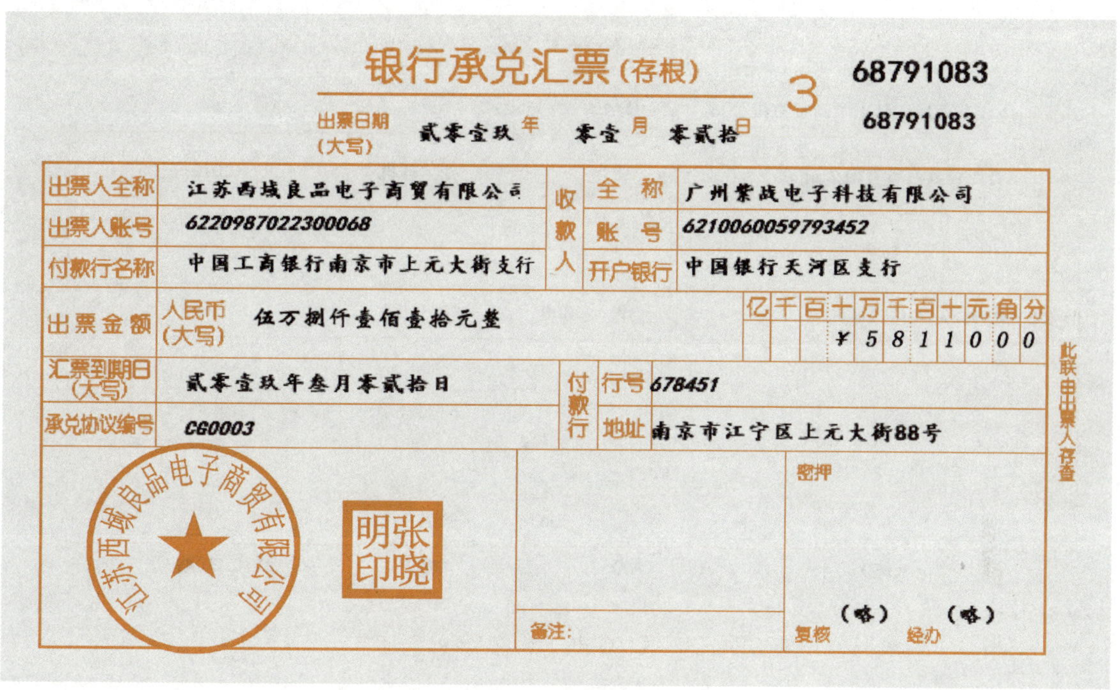

银行承兑汇票（存根） 3 68791083

68791083

出票日期（大写） 贰零壹玖年零壹月零贰拾日

出票人全称	江苏西域良品电子商贸有限公司	收款人	全称	广州紫战电子科技有限公司
出票人账号	6220987022300068		账号	6210060059793452
付款行名称	中国工商银行南京市上元大街支行		开户银行	中国银行天河区支行
出票金额	人民币（大写） 伍万捌仟壹佰壹拾元整			亿千百十万千百十元角分 ¥ 5 8 1 1 0 0 0
汇票到期日（大写）	贰零壹玖年叁月零贰拾日	付款行	行号	678451
承兑协议编号	CG0003		地址	南京市江宁区上元大街88号

江苏西域良品电子商贸有限公司 明张印晓

备注：

密押

复核（略） 经办（略）

此联由出票人存查

图 4-29 【1 月 20 日业务】原始凭证 3

江苏增值税专用发票 56341258 №56341258 56341258 56341258

此联不作报销、扣税凭证使用

开票日期：2019年01月25日

购买方	名称：合肥恒鑫商贸有限公司 纳税人识别号：321056436126975435 地址、电话：安徽合肥市双七路中兴西湖花园22号，0551-64267412 开户行及账号：中国建设银行双七路中兴西湖花园支行，6277620185600022				密码区	48*7>+>-2/3- 9875/3750384<1948*7>+>-2//51948*7>+>55445 45987>*8574<194561948*7>+>7-7<8*873/+<424 67913-30011521948*7>+><191948*7>+>142>>8-		
货物或应税劳务、服务名称	规格型号	单位	数量	单价	金额	税率	税额
*电子元件*DX-129入耳式耳机		个	800	40.20	32000.00	13%	4160.00
合计					¥32000.00		¥4160.00
价税合计（大写）	⊗人民币叁万陆仟壹佰陆拾元整				（小写）¥36160.00		
销售方	名称：江苏西域良品电子商贸有限公司 纳税人识别号：189002789201014680 地址、电话：南京市江宁区上元大街18号，025-52168868 开户行及账号：中国工商银行南京市上元大街支行，6220987022300068				备注	江苏西域良品电子商贸有限公司 189002789201014680 发票专用章	

收款人：（略） 复核：（略） 开票人：（略） 销售方：（章）

第一联：记账联 销售方记账凭证

图 4-30 【1 月 25 日业务】原始凭证 1

4

出 库 单

出货单位：江苏西域良品电子商贸有限公司　　2019 年 01 月 25 日　　单号：28

提货单位或领货部	合肥恒鑫商贸有限公司	销售单号		发出仓库	耳机	出库日期	2019-1-25
编号	名称及规格	单位	数量 应发	数量 实发	单价	金额	
403	DX-129 入耳式耳机	个	800	800			
合计			800	800	—		

会计联

部门经理：（略）　会计：（略）　仓库：（略）　经办人：（略）

图 4－31 【1 月 25 日业务】原始凭证 2

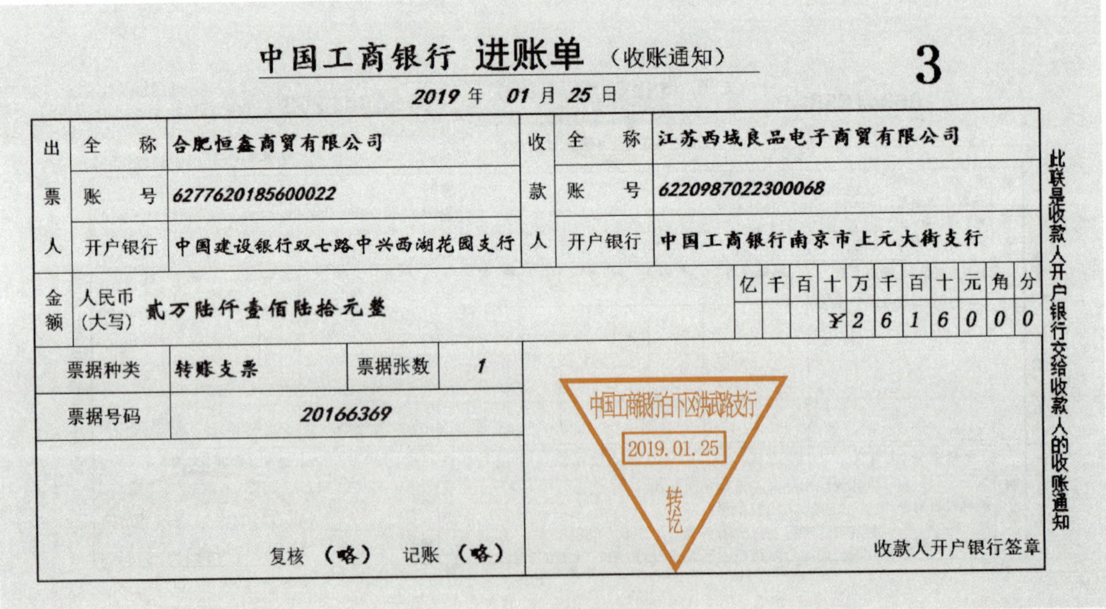

中国工商银行 进账单 （收账通知） 3

2019 年 01 月 25 日

出票人	全称	合肥恒鑫商贸有限公司	收款人	全称	江苏西域良品电子商贸有限公司
	账号	6277620185600022		账号	6220987022300068
	开户银行	中国建设银行双七路中兴西湖花园支行		开户银行	中国工商银行南京市上元大街支行
金额	人民币（大写）	贰万陆仟壹佰陆拾元整		亿千百十万千百十元角分	￥2616000
票据种类	转账支票	票据张数	1		
票据号码	20166369				

复核（略）　记账（略）

中国工商银行白下区洪武路支行 2019.01.25 转讫

收款人开户银行签章

此联是收款人开户银行交给收款人的收账通知

图 4－32 【1 月 25 日业务】原始凭证 3

4

【任务 2.13】 30 日，对鼠标库进行盘点，盘亏 MS－201OR 2.4G 无线鼠标 20 个，原因待查。

【任务 2.14】 31 日，经查，盘亏系仓库管理员失职造成，损失由其赔偿。

【任务 2.15】 31 日，结转损益，收入和支出分别结转。

三、会计报表编制

【总体要求】

使用 101 账套的 UFO 报表管理系统完成以下工作任务。（满分 10 分）

【工作任务】

【任务 3.1】 打开考生文件夹％testdir％下名为 zcfzb.rep 的资产负债表，其中有 6 个计算公式未填写，利用账务函数定义计算公式，重新计算并保存。

【任务 3.2】 打开考生文件夹％testdir％下名为 lrb.rep 的利润表，请仔细阅读计算公式，将本月数中的 2 个错误公式修改正确，重新计算并保存。

参考文献

［1］ 李静宜，张琳.ERP供应链管理实务［M］.北京：清华大学出版社，2015.

［2］ 王新玲.用友U8V10.1会计信息化应用教程［M］.北京：人民邮电出版社，2016.

［3］ 王珠强.会计电算化——用友ERP-U8V10.1版［M］.北京：人民邮电出版社，2018.

［4］ 李继鹏，董文婧，李勉.用友ERP供应链管理系统实验教程（U8V10.1版）［M］.北京：清华大学出版社，2014.

［5］ 周玉清，刘伯莹，周强.ERP原理与应用［M］.北京：清华大学出版社，2014.

［6］ 陈丰，毛华扬，黄继平.ERP原理与应用［M］.北京：中国人民大学出版社，2018.

编号：____________

软件授权提货单

学校和院系名称：______________________ **（需院系盖章）**

联系人：__________ 联系方式：______________

感谢贵校使用牛永芹等编写的《ERP 供应链管理系统综合实训（用友 U8 V10.1 版）》（第四版）。为便于学校统一组织教学，学校可凭本提货单向北京朔日科技有限公司（简称“朔日科技”）免费申请安装《无纸化测评系统》（以学校为单位申请免费安装 1 次、60 个站点以内，不限学生账号数量，自安装日起免费 180 天使用期）。

提货方式：

1. 详细填写本提货单第一行学校和院系名称（盖院系章）及相关信息。
2. 把本提货单传真或者拍照发给高等教育出版社相关业务部门审核（联系方式见下），获得提货单编号。
3. 凭编号和院系名称，向朔日科技申请使用。
4. 本提货单最终解释权归朔日科技所有。

高等教育出版社联系方式：

姓名：胡伟峰 手机：13761157915 座机：021-56718737
传真：021-56718517 QQ：122803063

朔日科技联系方式：

客服手机：13436600425 客服座机：010-53396387 客服QQ：307610454

北京朔日科技有限公司

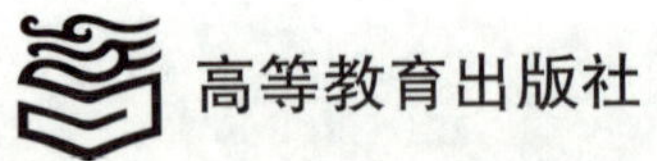

教学资源索取单

尊敬的老师：

您好！感谢您使用牛永芹等编写的《ERP供应链管理系统综合实训》(用友U8 V10.1版)(第四版)。

为便于教学，我社教材多配有课程相关教学资源，如贵校已选用了本书，您只要加入以下教师论坛 QQ 群，或者关注微信公众号“高职财经教学研究”，或者把下表中的相关信息以电子邮件方式发至我社即可免费获得。

我们的联系方式：

(以下 3 个“会计教师论坛”QQ 群，加任何一个即可享受服务，请勿重复加入)

QQ3 群：473802328　　QQ2 群：370279388　　QQ1 群：554729666

财经基础课 QQ 群：374014299　　旅游大类 QQ 群：142032733

市场营销 QQ 群：177267889　　国际商务 QQ 群：314205275

微信公众号：高职财经教学研究

另外，我们研发有 **8 门财会类课程试题库：“基础会计”“财务会计”“成本计算与管理”“财务管理”“管理会计”“税务会计”“税法”“审计基础与实务”**。题库共 25 000 多道试题，知识点全覆盖，题型丰富，可自动组卷与批改。如贵校选用了高教社沪版相关课程教材，我们将免费提供给老师 **8 门课程**题库生成的**各 6 套试卷及答案**(Word 格式难中易三档)，老师也可与我们联系获取更多免费题库资源。

联系电话：(021)56961310/56718921　电子邮箱：800078148@b.qq.com

服务 QQ：800078148(教学资源)

姓　名		性别		出生年月		专　业	
学　校				学院、系		教 研 室	
学校地址						邮　编	
职　务				职　称		办公电话	
E-mail						手　机	
通信地址						邮　编	
本书使用情况	用于______学时教学，每学年使用______册。						

您还希望从我社获得哪些服务？

☐ 教师培训　　☐ 教学研讨活动

☐ 寄送样书　　☐ 相关图书出版信息

☐ 其他________________________